Michael Grinder • Ohne viele Worte

Michael Grinder

Ohne viele Worte

Nonverbale Muster für erfolgreiches Unterrichten

VAK Verlag für Angewandte Kinesiologie GmbH
Freiburg im Breisgau

Titel der amerikanischen Originalausgabe:
ENVoY. Your personal guide to classroom management
© Michael Grinder, 1993
Erschienen bei Michael Grinder & Associates,
Battle Ground / Washington
ISBN 18834700

Die Deutsche Bibliothek – CIP-Einheitsaufnahme:

Grinder, Michael:
Ohne viele Worte : nonverbale Muster für erfolgreiches
Unterrichten / Michael Grinder. [Übers.: Gabriele Dolke]. – 2. Aufl.
Freiburg im Breisgau : Verl. für Angewandte Kinesiologie, 1997
Einheitssacht.: ENVoY <dt.>
ISBN 3-924077-73-8

2. Auflage 1997
© VAK Verlag für Angewandte Kinesiologie GmbH, Freiburg 1995
Übersetzung: Gabriele Dolke
Illustrationen: Polly Hobbs
Umschlag: Hugo Waschkowski
Lektorat und Layout: Norbert Gehlen
Druck: Rombach GmbH Druck- und Verlagshaus, Freiburg
Printed in Germany
ISBN 3-924077-73-8

Vorwort der Übersetzerin

An das erste Mal, als ich Michael Grinder begegnete, erinnere ich mich noch genau: Es war ein Spätsommerabend 1988, ich stand kurz vor dem Diplom in Psychologie und hatte eine NLP-Practitioner-Ausbildung begonnen. Ich hatte mich bereit erklärt, bei seinem ersten Seminar in Deutschland zu dolmetschen. Mein erster Eindruck von dem erfolgreichen NLP-Trainer: eher klein, drahtig, sportlicher Typ, in Jeans und weißem Shetlandpullover, mit klaren, wachen Augen und sehr angenehmer, melodischer Stimme. Schon in den ersten Minuten des Kennenlernens löste sich meine anfängliche Aufregung und verwandelte sich in Faszination und Vorfreude auf das Seminar.

Michael Grinder beeindruckt in seinen Seminaren durch seine brillante, humorvolle Präsentation und seine absolute Kongruenz von Wort und Tat – er ist ein wirkliches Genie der nonverbalen Kommunikation. Die hohe Schule der Gruppendynamik beherrscht er wie kaum ein anderer. Mit seinem Koffer voller Requisiten begeistert er die Teilnehmer. Lachen fördert tiefe Atmung und bessere Durchblutung des Gehirns, und die Inhalte werden dann direkt im Langzeitgedächtnis gespeichert. „82 Prozent jeglicher Kommunikation sind nonverbal", sagt Michael – und was er sagt, das lebt er auch.

Konnte man bisher die „Schätze" der nonverbalen Pädagogik nur in Seminaren entdecken, eröffnet das Erscheinen dieses Buches und der Begleitvideos nun die Möglichkeit, die vielen Fertigkeiten und Techniken für den Unterrichtsalltag auch autodidaktisch oder gemeinsam mit Kolleginnen und Kollegen zu erlernen. Das Buch ist als „kinästhetisches Arbeitsbuch" angelegt und fordert zum sofortigen Ausprobieren heraus. Sein Ziel ist, „Mikrofertigkeiten" zu vermitteln, einfache, praktikable Techniken, die jeder Lehrer, Trainer oder Dozent direkt im Alltag üben und einsetzen kann. Michael Grinder besticht durch Einfachheit: „Mich kümmern keine großen Visionen, wenn sie nicht in die Tat umgesetzt werden. Mich interessiert, ob ein Mensch das, was er als wichtig und richtig erkannt hat, auch in seinem Leben verwirklicht."

Was oberflächlich betrachtet als perfekte Technik erscheint, läßt bei näherem Hinsehen und Erleben eine von Mitgefühl und Demut geprägte Grundhaltung erkennen. Aus Michaels persönlicher Lebensgeschichte als „Problemschüler" erwächst die Leidenschaft zu tun, was getan werden will – *ohne viele Worte*. Anstatt Techniken zum Überleben im „pädagogischen Alltagskampf" zu schaffen, beruht sein neuer Ansatz darauf, Beziehungen herzustellen, die auf Vertrauen und Einfluß gründen. Dies erschließt neue Ressourcen und Fähigkeiten der Menschen, mit denen man arbeitet; so *unterstützt* man sie dabei, zu lernen und sich zu entfalten. Das Lernen findet auf drei Ebenen statt: auf der Ebene der Inhalte und Fertigkeiten, auf der des gruppendynamischen Prozesses und auf der höchsten Ebene der „Erlaubnis". Erlaubnis *(permission)* ist auch in diesem Buch ein Schlüsselthema. Ich kann dem anderen nur etwas geben, wenn ich von ihm die Erlaubnis habe. Der andere wird es nur annehmen, wenn er genügend Sicherheit und Vertrauen hat.

Aber: „Nur wenn ich genügend Wahrnehmungsfähigkeiten habe, kann ich ein Timing entwickeln, um die Erlaubnis zu gewinnen", – so bringt Michael Grinder einen seiner Grundsätze auf den Punkt. Deshalb schult er die Wahrnehmung in dreierlei Perspektiven: für sich selbst, für die Anwendung auf andere (Schüler und Kollegen) und darüber hinaus zur Reflexion über das eigene Tun. Denn nur durch Tun kann man einen Beitrag leisten zu einer „besseren Welt". Und nur durch Reflexion über das eigene Tun (allein oder mit Kollegen) kann man lernen zu wissen, was man tut. In diesem Sinne ist Michael Grinder sicherlich der „Vater" einer neuen Art des Lehrens, Botschafter einer „nonverbalen Pädagogik".

Über Michael Grinders Arbeit zu *lesen* ist nahezu paradox: Wie kann man *ohne viele Worte* schreiben? Eigentlich muß man ihn sehen, erleben und seine Fähigkeiten selbst erlernen.

Und doch läutet dieses Buch einen Paradigmenwechsel ein: Es rückt die Beziehung zwischen Lehrer und Schüler rückt in den Mittelpunkt: Die Entwicklung partnerschaftlicher Beziehungen, in denen beide Seiten gewinnen (*Win-win*-Beziehungen), ist die Voraussetzung für eine wirkungsvolle Vermittlung des Lernstoffs, ist Bedingung dafür, daß Schüler lernen. Gleich einem wohlsortierten Werkzeugkasten bietet *Ohne viele Worte* konkretes Handwerkszeug zum Umgang mit schwierigen Unterrichtssituationen. Zugleich beginnt mit diesem Buch eine Vision zu leben: das kollegiale Coaching-Modell.

Michael Grinder gibt Raum zum Lernen und Entdecken. Er ermutigt die Leser, die problematischen Situationen zuerst einmal „auf die nicht empfohlene Weise", sprich: mit herkömmlichen Mitteln zu beantworten. Dadurch verliert man die Angst davor, Fehler zu machen und sich zu blamieren, und zweitens findet man heraus, was nicht funktioniert, und ist für den „Ernstfall" schon vorbereitet. Probiert man dann die „empfohlene Weise", hat man sofort ein Erfolgserlebnis.

Vielleicht sind Sie, liebe Leserin, lieber Leser, nun gespannt darauf, die Fertigkeiten kennenzulernen (oder wiederzuentdecken, was Sie selbst schon erfolgreich tun). Geben Sie sich die Erlaubnis, zu lernen und zu entdecken, was wirkt, und genau das zu übernehmen, was Sie für sich und Ihren Unterricht gebrauchen können.

Ich möchte abschließend die Gelegenheit wahrnehmen, Dank zu sagen. Ich danke allen Teilnehmerinnen und Teilnehmern der Seminare, die lange und vielleicht auch ein wenig ungeduldig auf das Erscheinen dieses Buches gewartet haben.

Mein herzlicher Dank gilt Rudolf Schulte-Pelkum, Organisator vieler gelungener Seminare, der als guter Geist im Hintergrund für die „Qualitätskontrolle" sorgte.

Ich danke Gail Grinder für ihre liebevolle Unterstützung über viele Meilen hinweg. Und schließlich danke ich Michael, meinem wichtigsten Lehrer, Mentor und Freund, dafür, daß er mir die Chance gab, von ihm zu lernen, und daß er mich bei weitreichenden Entwicklungen und Veränderungen meines beruflichen und persönlichen Lebens unterstützt hat.

Und nun wünsche ich Ihnen, liebe Leser, Freude und Erfolg beim Arbeiten mit diesem Buch. Lassen Sie sich durch kollegiales Feedback bereichern, um noch mehr Schätze der nonverbalen Pädagogik zu entdecken!

Gabriele Dolke

Widmung

Für meine Mutter und meinen Vater

Wie es in einem Lied heißt: „Ich bin ein lebendes Vermächtnis ..." meiner Eltern, denn der eine gab mir die Begeisterung und die Kühnheit zu glauben, daß ich etwas zu geben habe, und die andere war mir Modell eines sanften Geschlechts.

Ich widme dieses Buch auch meinen anderen Verwandten und Freunden, die so sehr an Gail und mich glaubten, daß sie unsere finanzielle und emotionale „Nabelschnur" bildeten, als wir den Schritt vom Lehrer zum selbständigen „Unternehmer" wagten.

Mit viel Liebe und Dankbarkeit.

Danksagung

Dieses Buch gibt eine präzise Aufschlüsselung der Muster, die den gelungensten Formen des nonverbalen Umgehens mit anderen Menschen im Bildungsbereich zugrunde liegen. Als solches ist es keine Erfindung, sondern Ergebnis von Beobachtung. Mit der folgenden Aufzählung möchte ich all den Menschen danken, die geholfen haben, dieses detaillierte Entschlüsseln zu ermöglichen:

Judith DeLozier und John Grinder – dafür, daß sie mich im Sehen und Hören geschult haben.

Carol Cummings, Robert Garmston, David Lundsgaard, Kate McPherson, Gary Phillips und Dennis Westover – dafür, daß sie mich in die Methoden des Coaching und der Erziehungsberatung eingeführt haben.

Cheryl Livneh – für ihre Klugheit, mit der sie zum Coaching und zum Lernen in Form des Praktikums ermutigte.

Ron Rock – für seine sanfte Nachhilfe zu meiner Einsicht in die Notwendigkeit, eine professionelle Redakteurin zu engagieren.

Patty Kellogg – dafür, daß sie mir half, über die Kommunikation mit mir allein hinauszuwachsen.

Paula Bramble – unsere „Computerschutzheilige".

Thomas Grinder – dafür, daß er mich gelehrt hat, wie ich mich vertreten lassen und dafür bei Gail daheim bleiben kann.

Diane McIntosh – die bahnbrechende Arbeit als „Coach am Arbeitsplatz" leistete.

Polly Hobbs – für den Buchtitel, die Illustrationen und ihre Inspiration.

Barbara Lawson – für wertvolle konzeptionelle Verbesserungsvorschläge und die letzte Durchsicht.

Cathy Coffin, Janice Sayler und Ruth Vandercook – für ihre Arbeit als Lektorinnen.

David Balding, Amy Manning, Marla Ransom und Val Wilkerson – für ihre Hilfe beim Illustrieren.

Christine Crooks & Gabriele Dolke – für konzeptionelle Ideen und inhaltliche Beiträge.

Joyce Patterson – für das Bereitstellen der Musik.

National Training Associates – diese Organisation zeichnet verantwortlich für die staatliche Anerkennung unseres Practitioner-Zertifikates.

Ich danke auch den folgenden amerikanischen und internationalen Organisatoren und Unterstützern des Projektes: Susan Albert, Mary Ellen Brunaugh, Lindagail Campbell, O.J. Cotes, Diana Delich, Carol D'Souza, Henning Eberhagen, David Halstead, Glenda Hutchinson, Bob Lady, Pat Lassanske, Margo Long, Linda McGeachy, Rudolf Schulte-Pelkum, Dr. Lindsey Smith und Marianne Thompson.

Und schließlich danke ich Gail Grinder, meiner privaten und beruflichen Partnerin, die mich im Gleichgewicht hielt, so daß mein Enthusiasmus für das Projekt mit meinem Zuhause und meiner Familie im Einklang blieb. Danke für all die Stunden des Tippens, im Glauben an *unseren* Beitrag zu der Welt, die wir lieben – Erziehung und Bildung.

Inhalt

Vorwort 12

Einleitung 13

    So können Sie mit der ENVoY-Methode arbeiten 15

    Erläuterung der Fachbegriffe 17

Teil I: Arbeitsblätter

Kapitel 1: Die sieben Schätze **21**

    Körperhaltung einfrieren 25

    Lauter (P a u s e) Flüstern 28

    Melden oder Zurufen 31

    Anweisungen zur Überleitung 37

    Die wichtigsten 20 Sekunden 41

    Das Geheimnis der Aufmerksamkeit: AUS/Neutral/AN 42

    Von Macht zu Einfluß 45

Kapitel 2: Aufmerksamkeit gewinnen **49**

    Körperhaltung einfrieren: Verfeinerungen 50

    Eröffnung mit visuellen Anweisungen 53

    Unvollständige Sätze 57

    Positive Kommentare 59

    Entgiften des Klassenzimmers 60

    Unterbrechen & Atmen 63

    Gelbe Ampel 66

Kapitel 3: Unterrichten **69**

    Melden oder Zurufen: Verfeinerungen 70

    Mehr nonverbale Signale 75

    Überlappen 78

    Körper nah, Augen fern 81

    Verbaler Rapport mit „schwer erreichbaren" Schülern 82

    Aktivierende Wörter zuletzt 87

Kapitel 4: Übergang zur Stillarbeit **89**

    Anweisungen zur Überleitung: Verfeinerungen 91

    Anweisungen zur Überleitung für Fortgeschrittene 93

    Aufrechterhalten der produktiven Atmosphäre: Private Stimme 97

    Aufrechterhalten der produktiven Atmosphäre: Geschwindigkeit beim Gehen .. 99

    Aufrechterhalten der produktiven Atmosphäre: 5 SEK. 100

Kapitel 5: Stillarbeit **103**

    Von Macht zu Einfluß 105
    AUS/Neutral/AN: Verfeinerungen 114
    Positive Verstärkung: Einzelkontakt 119
    Positive Verstärkung: Gruppenfeedback 121
    Eins, zwei, drei – dann ist der Lehrer frei 123
    Phantomhand 125

TEIL II: BEOBACHTUNGSBÖGEN

    Einführung 131
    Leitlinien für den Coach 131

Kapitel 6: Beobachtungsbögen: Die sieben Schätze **135**

    Körperhaltung einfrieren 136
    Lauter (Pause) Flüstern 138
    Melden oder Zurufen 141
    Anweisungen zur Überleitung 145
    Die wichtigsten 20 Sekunden 147
    AUS/Neutral/AN 149
    Von Macht zu Einfluß 151

Kapitel 7: Beobachtungsbögen: Aufmerksamkeit gewinnen **155**

    Körperhaltung einfrieren: Verfeinerungen 156
    Eröffnung mit visuellen Anweisungen 158
    Unvollständige Sätze 161
    Positive Kommentare 163
    Entgiften des Klassenzimmers 165
    Unterbrechen & Atmen 167
    Gelbe Ampel 171

Kapitel 8: Beobachtungsbögen: Unterrichten **173**

    Melden oder Zurufen: Verfeinerungen 174
    Mehr nonverbale Signale 178
    Überlappen 180
    Körper nah, Augen fern 181
    Verbaler Rapport mit „schwer erreichbaren" Schülern 182
    Aktivierende Wörter zuletzt 185

Kapitel 9: Beobachtungsbögen: Übergang zur Stillarbeit **187**

    Anweisungen zur Überleitung: Verfeinerungen 188

    Anweisungen zur Überleitung für Fortgeschrittene 191

    Aufrechterhalten der produktiven Atmosphäre: Private Stimme 193

    Aufrechterhalten der produktiven Atmosphäre: Geschwindigkeit beim Gehen .. 195

    Aufrechterhalten der produktiven Atmosphäre: 5 SEK. 196

Kapitel 10: Beobachtungsbögen: Stillarbeit **199**

    Von Macht zu Einfluß 201

    AUS/Neutral/AN-Verfeinerungen 207

    Positive Verstärkung: Einzelkontakt 213

    Positive Verstärkung: Gruppenfeedback 216

    Eins, zwei, drei – dann ist der Lehrer frei 217

    Phantomhand 218

Kapitel 11: Das letzte Kapitel **221**

ANHANG

    1. Checklisten zum Überblick über die Kapitel 223

        Checkliste zu Kapitel 1: Die sieben Schätze 224

        Checkliste zu Kapitel 2: Aufmerksamkeit gewinnen 227

        Checkliste zu Kapitel 3: Unterrichten 231

        Checkliste zu Kapitel 4: Übergang zur Stillarbeit 234

        Checkliste zu Kapitel 5: Stillarbeit 237

    2. Kollegiales Coaching – eine Alternative zur Hospitation 241

    3. Ausbildungsangebote 244

    4. Michael-Grinder-Videos 245

    5. Feedback 247

    6. Be-merkens-werte Zitate 249

    7. Stichwortverzeichnis 251

    8. Über den Autor 253

Vorwort

Im Henry-Ford-Park, außerhalb von Dearborn (Michigan), gibt es eine Huldigung für Henry Fords engen Freund, Thomas Edison. Wenn Sie eine Führung mitmachen, können Sie entdecken, daß Edison genausoviel aus dem lernte, was nicht funktionierte, wie aus der Erfindung selbst. Er kannte kein Versagen, für ihn gab es nur Feedback. Am Ende der Führung durch die Ausstellung der vielen Erfindungen Edisons – von der Glühbirne bis zum Telefon – kommt oft die Frage: „Was war Edisons wichtigste Entdeckung?"

Nachdem die sieben größten Geschenke Edisons an die Menschheit genannt worden sind, fragt die Gruppe vielleicht den Führer: „Tja, und was ist nun sein stolzester Beitrag?" Worauf die überraschende Antwort folgt: „Sein Labor – die Basis all seiner Erfindungen."

Edisons Erfindungen haben unsere Einstellung zur Technik und unsere Gewohnheiten im täglichen Leben deutlich verändert. Wie Edisons Vorstellungen unsere alltäglichen Gewohnheiten verändert haben, so kann dieses Buch Ihren Unterricht verändern und Sie auf eine neue Ebene führen.

Ein Wort zum Titel: Im Englischen wurde für dieses Werk der Titel *ENVoY* gewählt; dies aus zwei Gründen: Die Großbuchstaben E, N, V, Y stehen für *Educational Non-Verbal Yardsticks* (etwa: Maßstäbe für eine nonverbale Pädagogik). Und zweitens ist ein *envoy* ein Botschafter oder Gesandter, also jemand, der in der Lage ist, eine bestimmte Kultur zu erklären und zu deuten, und zwar sowohl den eigenen Mitgliedern als auch den Menschen, denen diese Kultur neu ist. [Das Kurzwort *ENVoY* ist seit Veröffentlichung der Originalausgabe 1993 bei Insidern – auch im deutschen Sprachraum – bereits zum Synonym, zur gängigen Bezeichnung dieses Werkes und seiner Methode geworden. Deshalb wird es – statt eines neuen, künstlich geschaffenen deutschen Kürzels – auch in diesem Buch ab und zu verwendet. Und es erscheint im Titel der parallel zu diesem Buch produzierten, im Anhang vorgestellten Videoserie. Anmerkung der Übersetzerin]

Unser Anliegen ist es, die Neigung zum verbalen „Unterrichtsmanagement" *, also zum verbalen Organisieren und Disziplinieren im Unterricht, zu verringern und die Aufmerksamkeit für unsere nonverbalen Botschaften zu erhöhen. Deshalb werden uns – *ohne viele Worte* – eine weibliche und eine männliche Maus sozusagen als Botschafter durch das ganze Buch begleiten. Diese Botschafter werden uns immer wieder daran erinnern, daß effektives Unterrichtsmanagement heißt: *leise* sein wie eine . . .

[* Im Englischen ist *classroom management* ein feststehender Begriff. „Management" oder „managen" meint hier die Art des Umgehens (mit Schülern und anderen Lernenden), des Organisierens, Führens und Disziplinierens, die Art und Weise, wie man als Lehrer, Ausbilder, Dozent oder Trainer Lernprozesse und vor allem die Beziehungsebene gestaltet. A.d.Ü.]

Einleitung

Irrtümlich lieben wir den Einfluß von Macht,
doch sollten wir die Macht des Einflusses lieben.

Als Pädagogen sind wir schon immer Ersatzeltern gewesen, aber heutzutage sind wir für einige Schüler die einzigen erwachsenen Rollenmodelle. Zunehmend verschaffen sich diese Schüler Aufmerksamkeit um jeden Preis. Für sie ist negative Aufmerksamkeit immer noch besser als überhaupt keine Aufmerksamkeit. Wie beeinflußt dies unsere Art des Umgangs mit Schülern und unsere Art, die Klasse zu „managen"?

Mehr denn je brauchen Kinder heutzutage konsequente und faire Regeln und Maßstäbe, während es gleichzeitig genausowichtig ist, eine gute Beziehung zwischen Lehrer und Schüler zu bewahren. Früher konnte ein Lehrer mit *Macht* disziplinieren, um Regeln durchzusetzen. Eine zunehmende Anzahl unserer Schüler ist jedoch nicht motiviert, sich angemessen zu verhalten und im Unterricht zu lernen, wenn wir die alte, autoritäre Methode der Macht benutzen. Wir können lernen, diesen Typ von Schülern zu verstehen; undwir können Wege finden, die dazu führen, daß sie sich angemessen verhalten und lernen: Wenn wir aufhören, aus einer Machtposition heraus zu handeln, und anfangen, Beziehungen aufzubauen, die sich auf *Einfluß* gründen. Die *ENVoY-Methode* gründet sich auf Einfluß. Sie gewährleistet respektvolle Beziehungen. Ein Meister unserer Kunst machte kürzlich die Bemerkung:

„Bevor Schüler sich darum kümmern, was Sie *wissen*,
müssen sie wissen, daß Sie sich um sie *kümmern*."

Dieses Buch erstreckt sich in seinen Konsequenzen weit über den Klassenraum hinaus auf ein viel größeres Gebiet. In der Vergangenheit war es üblich, Lehrer aufgrund der Annahme zu entlohnen, daß kluges Handeln aus Erfahrung und Wissen entstehe. Wenn das wahr wäre, würde ein Doktortitel jemanden zu einem besseren Lehrer machen, und dann wären die Universitätsprofessoren unsere besten Kommunikatoren. Daß auf institutioneller Ebene nach dieser Prämisse gehandelt wird, erkennt man daran, daß die Höhe des Gehaltes nach der Berufserfahrung und nach den (Hochschul-) Abschlüssen bemessen wird, die jemand erworben hat. Jedoch ist Wissen noch nicht dasselbe wie effektives Unterrichten, und Erfahrung führt dazu, daß man *Gewohnheiten* entwickelt, die sowohl gut als auch schlecht sein können. Vor kurzem entdeckte ich ein Plakat, dessen Text den in diesem Buch beschriebenen Paradigmenwechsel teilweise zusammenfaßt:

„Übung macht nicht perfekt, Übung macht beständig ..."

Bringt uns unsere berufliche Erfahrung die Beständigkeit, die wir uns wünschen? Wir müssen unseren Blick über die *Ebene des Inhalts* dessen, *was* wir unterrichten, hinaus auf die *Ebene des Prozesses* richten, nämlich auf die Art und Weise, *wie* wir unser Wissen vermitteln. Vom Berufsverband der Lehrer in den USA veröffentlichte Studien zeigen, daß 82 Prozent jeglicher Kommunikation des Lehrers nonverbale Botschaften sind. Aus Tradition haben wir den Schwerpunkt unserer Aufmerksamkeit auf die *verbale* Ebene gelegt. Wie das Untersuchungsergebnis zeigt, ist der systematische Einsatz *nonverbaler* Botschaften die wichtigste Fähigkeit jedes Pädagogen. Indem wir das ganze Spektrum nonverbaler Fertigkeiten anwenden, die in diesem Buch zu finden sind, können wir lernen, *ohne viele Worte,* kunstvoll und mit Finesse zu managen und so die starke, von *Einfluß* geprägte Beziehung mit unseren Schülern zu pflegen. Dieses Buch wird Sie dabei in zweierlei Hinsicht unterstützen: Erstens stellt es die Strategien dar, mit deren Hilfe man zum Meister des nonverbalen Managements wird, der Disziplinierung und des nonverbalen Umgangs mit Schülern, während man zugleich die Beziehung schützt und bewahrt; und zweitens beinhaltet es Vorschläge zur kollegialen Unterstützung im Berufsalltag.

Das Pendel professioneller Fortbildung und Weiterentwicklung hat mehr und mehr in Richtung des kollegialen *Coachings* ausgeschlagen. Zu Anfang wurde behauptet: Wenn ein Kollege einen anderen in seinem Unterricht besuchen könnte, um ihn zu beobachten, zu unterstützen und Vorschläge zu machen, so würde letzterer dadurch kompetenter. In den Schulen, in denen die Kollegen voneinander Feedback haben wollten, schien es, als wäre dieses Coaching zum Medium für die professionelle Weiterentwicklung geworden. Das Kollegium war begeistert. Allerdings nahm die Beteiligung der Kollegen mit der Zeit ab. Eine genauere Untersuchung brachte ein interessantes Muster ans Tageslicht: Der beobachtete Lehrer wollte gern weiterhin die Rückmeldung des Kollegen haben, aber der Coach scheute sich, die Einladung zum Beobachten anzunehmen. Wir erkannten, daß es nicht schon das Coaching als solches war, das den Fortschritt brachte, sondern die Fähigkeiten des Coaches und das Ausmaß, in dem er sich dabei wohl fühlte. Mindestens auf zwei Ebenen sind Fähigkeiten erforderlich: Erstens braucht man das Rüstzeug für kenntnisreiche Beobachtungen und zweitens die Fähigkeit zu respektvollem Feedback. Deshalb eröffnet Teil I dieses Buches Möglichkeiten zur Selbstbeobachtung und Reflexion, während Teil II strukturiertes Beobachten und wertfreies Feedback vermittelt. Das Buch bietet damit ein Modell für respektvolles und ökologisches Verstärken von Fertigkeiten zum nonverbalen Management, zum nonverbalen Umgang mit Lernenden.

Ein Schriftsteller stellte die rhetorische Frage: „Aus welcher Quelle entspringt die Kompetenz im Beruf?" Die Antwort lautet: Aus unseren kollektiven, einsichtsvollen Reflexionen über unsere Erfahrungen. Es ist absolut notwendig, die Schätze, die hinter unseren verschlossenen Klassentüren verborgen sind, miteinander zu teilen, und der Weg zu diesem Ziel führt über freiwilliges, kollegial strukturiertes Beobachten und wertfreies Feedback. Wenn wir den Unterricht unserer Kollegen besuchen, wird uns dies befähigen, den Prozeß-„Wald" von den Inhalts-„Bäumen" zu unterscheiden. Unsere *gemeinsame* Weisheit bezüglich des Unterrichtsmanagements sowie die Fähigkeit, Schüler durch positive Beziehungen zu beeinflussen, liegen in *Ihrer* Hand. Dies sind die Voraussetzungen für effektives Unterrichten.

Übrigens, die dritte Zeile des vorhin erwähnten Plakates, die den Paradigmenwechsel vervollständigt, lautet:

„... perfekte Übung macht perfekt."

Michael & Gail Grinder

Einleitung

So können Sie mit der ENVoY-Methode arbeiten

Sich Untersuchungsergebnisse über nonverbale Kommunikation im Unterricht vor Augen zu führen, das bringt die meisten Lehrer noch nicht dazu, ihre Gewohnheiten zu verändern. Daher setzen wir hier die ausgereifteste Methode professioneller Entwicklung ein: praktische Übungen, die Sie alleine machen können (TEIL I), und kollegiales Coaching (TEIL II).

Wir unterscheiden vier Phasen einer Unterrichtsstunde, in denen „Management"-Techniken eingesetzt werden:
Aufmerksamkeit gewinnen
Unterrichten
Übergang zur Stillarbeit
Stillarbeit

(Das „Unterrichten" ist hier im engeren Sinne gemeint: als Lehren, Vortragen, Darstellen, Präsentieren des Stoffes durch den Lehrer, im Unterschied zur Gruppen- oder Einzelarbeit.) Diesen vier Phasen werden mehr als dreißig Fertigkeiten für Lehrer zugeordnet. Da die Arbeitsblätter dieses Buches zum Kopieren gedacht sind, haben wir sie mit Symbolen gekennzeichnet, die die jeweilige Phase anzeigen und damit den Überblick erleichtern. (Siehe Seite 22) Wenn dieses Arbeitsbuch in der Lehrerausbildung oder -fortbildung verwendet wird, können die Teilnehmer auf jedem Arbeitsblatt oben links ihre Namen eintragen. Die Kapitel sind so aufgebaut, daß Sie in deutlich erkennbaren Schritten zur Meisterschaft geführt werden. In jedem Kapitel gibt es einen Überblick über die Fertigkeiten sowie Hinweise, auf welches Unterrichtsniveau sich das Arbeitsblatt bezieht.

TEIL I: Arbeitsblätter

Die Kapitel 1 bis 5 umfassen praktische Übungen. Sie werden selbst am besten wissen, welche Übungen Sie mehrmals wiederholen möchten, bevor Sie zur nächsten Fertigkeit gehen. Seien Sie anspruchsvoll genug zu erkennen, daß eine Gewohnheit sich erst dann bildet, wenn man eine Technik zwischen sechs- und zwanzigmal durchführt. Glücklicherweise haben wir die Möglichkeit, diese Vorgehensweisen hundertmal pro Woche einzusetzen.

Kapitel 1: Umfaßt die sieben Hauptfertigkeiten für alle vier Unterrichtsphasen. Dies wird eine sofortige Verbesserung Ihrer nonverbalen Kommunikation im Unterricht gewährleisten. Lesen und üben Sie dieses Kapitel als allererstes.

Kapitel 2 bis 5: Diese Kapitel befassen sich nacheinander mit den nonverbalen Fertigkeiten in den vier Lernphasen. Wenn Sie Kapitel 1 abgeschlossen haben, können Sie die Reihenfolge dieser Kapitel für Ihre weitere Arbeit frei wählen.

TEIL II: Beobachtungsbögen

Die Kapitel 6 bis 10 umfassen die den ersten fünf Kapiteln entsprechenden Arbeitsblätter für die kollegiale Zusammenarbeit. Nachdem Sie eine Fähigkeit genügend geübt haben, laden Sie einen Kollegen ein, Sie bei der Anwendung dieser Fertigkeit zu beobachten.

Unterschiedliche pägagogische Arbeitsfelder

Nicht alle Fertigkeiten sind für alle Lehrergruppen gleichermaßen von Bedeutung. Für Lehrende, die mit Lernenden jeweils über längere Zeit zusammenarbeiten, wird das gesamte Buch von Interesse sein. Hochschulprofessoren und -dozenten werden sich mehr zu den Fertigkeiten hingezogen fühlen, die sich auf die ersten zwei Phasen beziehen: *Aufmerksamkeit gewinnen* und *Unterrichten*. Lehrer der Sekundarstufe I und II sowie Fachlehrer werden die Kapitel 1 bis 3 und 6 bis 9 besonders schätzen.

Bei manchen Fertigkeiten beziehen sich die Beispiele auf eine bestimmte Klassenstufe. Sie werden erkennen, wie Sie sie für die Bedürfnisse *Ihrer* jeweiligen Lerngruppe modifizieren können.

Videotraining

Zusätzlich zu diesem Buch steht eine dreiteilige Videoserie zur Verfügung: *ENVoY: Nonverbale Maßstäbe für ein produktives Lernklima*. Sie gibt einen Überblick über die „sieben Schätze" und demonstriert sämtliche in diesem Buch vermittelten Fertigkeiten anhand von Beispielen. Sie wurde während eines Trainingsseminars gedreht und gibt genaue Anleitungen, damit Sie die einzelnen Fertigkeiten allein oder mit Kolleginnen und Kollegen ausprobieren und systematisch üben können. (Nähere Informationen dazu finden Sie im Anhang, Seite 245)

Copyright und Vervielfältigung

Wir bitten Sie, das Urheberrecht des Autors und das Copyright des Verlags zu respektieren und allen interessierten Pädagogen den Kauf eines eigenen Buches zu empfehlen. Die Käufer dieses Buches haben die Erlaubnis, alle Seiten zu kopieren und *für sich* zu verwenden. Dies betrifft vor allem:

- die Arbeitsblätter von Kapitel 1 bis 5.
- die Beobachtungsbögen von Kapitel 6 bis 10, die ein anderer Lehrer (Beobachter/Coach) in bezug auf *Ihre* Fertigkeiten ausfüllt.
- Beobachtungsbögen (Kapitel 6 bis 10), die *Sie selbst* in bezug auf Kollegen ausfüllen.

Letztere sind jedoch nur zur Übung Ihrer eigenen Beobachtungsfähigkeiten gedacht und sollten auf keinen Fall mit der beobachteten Person besprochen werden.

Aus-, Fort- und Weiterbildungsinstitute mögen sich ermutigt fühlen, dieses Buch als Handbuch für die professionelle Entwicklung einzusetzen. Für Rückmeldungen über die Erfahrungen damit sind wir dankbar. (Nähere Hinweise dazu im Anhang, Seite 247) Dasjenige, was die Ausbildenden davon direkt in die Tat umsetzen und ihren Lehramtskandidaten *ohne viele Worte* vorleben, spricht natürlich für sich. Wahr ist allerdings auch der Spruch: „Ein Straßenschild muß nicht selbst an dem Zielort, den es anzeigt, gewesen sein, um jemandem den Weg dorthin zu weisen."

Ein Wort an die Leserin / den Leser

Als Autor bin ich darum bemüht, das Lesen so leicht und flüssig wie möglich zu machen und zugleich sowohl die geneigten Leser*innen* als auch die männlichen Kollegen so respektvoll wie möglich anzusprechen; dies erfordert, die männliche und die weibliche Form gleichberechtigt zu verwenden. Da es zu umständlich erschien, jedesmal „der Lehrer/die Lehrerin" und „er/sie" zu benutzen und da die Schreibweise „der/die LehrerIn" oder „Lehrer/in" noch nicht ausgereift erscheint, haben wir unseren Wunsch, beide Geschlechter gleichermaßen anzusprechen, folgendermaßen umgesetzt: Bei allen Fertigkeiten, die in den Phasen *Unterrichten* und *Stillarbeit* auftauchen, verwenden wir die weibliche Form „die Lehrerin". Analog dazu wird in den Phasen *Aufmerksamkeit gewinnen* und *Übergang zur Stillarbeit* die männliche Form „der Lehrer" verwendet. Um die Gleichbehandlung der *Lernenden* zu gewährleisten, haben wir es genau umgekehrt gemacht. Alle Überschriften und Pluralformen sollen aufgrund der Konvention in der Form „die Lehrer", „die Schüler" bleiben. Die Illustrationen zeigen mal eine Lehrerin, mal einen Lehrer.

Einleitung

Erläuterung der Fachbegriffe

Anweisungen zur Überleitung

Instruktionen, die man beim *Übergang zur Stillarbeit* für die *Stillarbeit* gibt. Es wird empfohlen, sie visuell darzustellen und solche Anweisungen, die man immer wieder benutzt, auf ein (haltbares) Schild zu schreiben, um sie schneller zeigen oder aufhängen zu können.

Auditiv

Neben „kinästhetisch" und „visuell" die dritte Kategorie der Typologie, nach der in diesem Buch sowohl Lehrstile als auch Lernstile charakterisiert werden. Auditive Schüler erinnern vor allem das, was sie *gehört* und *worüber* sie gesprochen haben. Ihre Neigung, unaufgefordert Kommentare und Diskussionen zu liefern, wird von Pädagogen oft als „nervend" empfunden. Sie sind bei Hausaufgaben viel besser als bei Klassenarbeiten und Tests, da bei den Hausaufgaben die Inhalte meistens in der gleichen Reihenfolge vertieft werden wie im Unterricht, während bei Tests und Klassenarbeiten die Unterrichtsthemen oft in neuer Reihenfolge abgefragt werden.

Dissoziieren

Zu seinen Gefühlen auf Distanz gehen. Eine gute Strategie für stressige Zeiten, besonders beim Disziplinieren, da der Lehrer dann besser in der Lage ist, die angemessene Länge und Vehemenz einer Intervention zu bestimmen.

Einflußansatz

Ein Stil des Disziplinierens und Umgehens mit den Schülern, bei dem die Lehrerin *indirekt* auf den Schüler zugeht. Dabei nähert sie sich zum Beispiel dem Schüler von der Seite und richtet den Blick auf seine Arbeit. Die Lehrerin atmet währenddessen entspannt und steht nicht so nah beim Schüler, als wenn sie *Macht* einsetzen würde. Der Wert dieses Vorgehens liegt darin, daß der Schüler wahrscheinlich eher *an seine Arbeit* geht. Der Schüler glaubt, daß er folgsam ist, weil er es selbst *will.* Dieser Ansatz bewahrt die Beziehung zwischen Lehrer und Schüler. Die Pädagogik sollte sich diese Vorgehensweise dringend zu eigen machen.

Entgiften

Das Sortieren der mentalen Zustände der Klasse, indem man sie systematisch mit bestimmten nonverbalen Attributen (etwa Plätzen im Raum) verbindet. Beispiele: für Disziplinieren und Unterrichten jeweils andere Plätze im Raum wählen; zwischen Berufstätigkeit und Privatleben trennen.

Exit-Anweisungen

Kurzform (vor allem in der *ENVoY*-Videoserie verwendet) für *Anweisungen zur Überleitung.*

Hemisphärentheorie

Die Lehre von der Funktionsweise der beiden Gehirnhälften. Die *linke* Seite gilt als realitätsorientiert, logisch, sequentiell und hat einen inneren Fokus. Schüler mit dieser Präferenz lernen am liebsten, indem sie Beispiele an der Tafel sehen und nachmachen. So wird in der Schule meistens vorgegangen. Die *rechte* Seite des Gehirns funktioniert nicht zielgerichtet, sie ist kreativ und impulsiv; dies ist der Stil von kinästhetischen Schülern. Schüler mit diesem Denkstil sind taktil orientiert. Sie lernen gut durch Selbstmachen; durch Projekte, bei denen sie mit anfassen und mitgestalten können; durch Bewegung und Berührung;

sie knüpfen ihre Erinnerung an bestimmte Plätze im Raum usw. Obwohl die Hemisphärentheorie wissenschaftlich nicht mehr gestützt wird, ist sie ein nützliches Modell, um die Sensibilität der Lehrer in bezug auf die Motivation und die Bedürfnisse der Schüler zu erhöhen und angemessene Reaktionen darauf zu ermöglichen.

Kinästhetisch

Kinästhetische Schüler lernen am liebsten durch Bewegung und Berührung. Die Schule ist für sie oft zu statisch. Sie lieben Unterhaltung und treffen gerne ihre eigene Wahl. Dies sind die Schüler, die von Lehrern am häufigsten zur Ordnung gerufen oder bestraft werden.

Linkshemisphärische Schüler

Siehe *Hemisphärentheorie*

Machtansatz

Ein Stil des Disziplinierens und Umgehens mit den Schülern, bei dem die Lehrerin *direkt* den Schüler konfrontiert, der sich unangemessen verhalten hat. Dabei geht die Lehrerin von vorne auf den Schüler zu und schaut ihm in die Augen. Sie atmet flach und gestreßt und tritt sehr nahe an den Schüler heran. Die Schwäche dieses Vorgehens ist, daß der Schüler oft von seinem *abgelenkten Zustand* nur zum *neutralen* (Leerlauf) übergeht, statt direkt wieder *an seine Aufgabe* zu gehen. Der Schüler gehorcht nur wegen der Vorgehensweise der Lehrerin und wird dabei *negativ verstärkt*. Um die Beziehung zwischen Lehrer und Schüler zu bewahren, muß in der Pädagogik, in Erziehung und Bildung dieser Ansatz durch den *Einflußansatz* ersetzt werden.

Neutraler Zustand

Ein dritter mentaler Zustand zwischem dem AN- und dem AUS-geschalteten Zustand, zwischen dem AN-der-Arbeit-Sein und dem AUS-scheren, zwischen der Konzentration auf den Unterricht und dem Abgelenktsein. Eine Art Vakuum oder Leerlauf. Siehe auch *Vakuumpause*.

Negative Verstärkung

Wenn Lehrer Schüler wegen unangemessenen Verhaltens korrigieren, erfahren die Schüler dadurch Kontakt. Schüler, die zu Hause nicht genügend Kontakt mit Erwachsenen haben, suchen unwillkürlich jeglichen Kontakt, und sei er auch negativ. Der Lehrer verstärkt dadurch unabsichtlich das negative Verhalten. Dies ist oft die Schwäche des *Machtansatzes*.

NLP

Neurolinguistisches Programmieren, ein Kommunikationsansatz, der von John Grinder und Richard Bandler entwickelt wurde. Er basierte auf einem psychologischen Modell. Das NLP wurde ursprünglich als eine Sammlung von Vorannahmen und Fertigkeiten konzipiert, die primär für ein individuelles „Eins-zu-eins"-Setting entwickelt worden waren, also für den Kontakt von nur einer Person mit einer anderen. NLP in der Pädagogik, in Erziehung und Bildung (also NLP für Gruppen) besteht aus einer Vielzahl von Mustern, die von erfolgreich arbeitenden Lehrern, Ausbildern, Trainern und anderen angewandt werden; sie sind auf ein Gruppensetting, einen Unterrichtsraum zugeschnitten. Das vorliegende ist eins von mehreren Büchern, die diese Muster im Detail darstellen und vermitteln.

Problemschüler

Ein Begriff, mit dem dasjenige Viertel der Schülerpopulation beschrieben wird, das dafür anfällig ist, aus dem System herauszufallen. Es gibt bei diesen Schülern zwei Kategorien:

diejenigen, die aus psychologischen und Reifungsgründen gefährdet sind, und diejenigen, die visuell nicht ansprechbar sind (zum Beispiel kinästhetische, rechtshemisphärisch orientierte oder betont auditive Schüler).

Rechtshemisphärische Schüler

Siehe *Hemisphärentheorie*

Rechtshemisphärische Tage

Tage, an denen die normalen Gewohnheiten des Schulalltags durchbrochen werden und die Schüler sich mehr kinästhetisch verhalten. Diese Tage treten meistens in der Woche vor den Winter- oder Sommerferien auf, an Projekttagen oder an dem Tag, an dem zum ersten Mal Schnee fällt, usw. An diesen Tagen sollte die Lehrerin die Hervorhebung ihrer Lehrerrolle, den Lehrervortrag, neuen Stoff, Autorität und kritisches Denken *vermindern* und gleichzeitig die Gruppenprozesse *verstärken*, mehr Materialien einsetzen, keinen neuen Stoff durchnehmen, sondern vielmehr bereits Bekanntes wiederholen und den Rapport, die gute Beziehung zu den Schülern, *verstärken*.

Unterbrechen und Atmen

Das Manöver am Ende des Disziplinierens, wenn Sie aus der vorherigen Körperhaltung gezielt und klar herausgehen (den damit verbundenen mentalen Zustand unterbrechen) und gleichzeitig atmen. Dies ermöglicht sowohl der Lehrerin als auch dem Schüler, die Disziplinierung zu vergessen (Amnesie), so daß sich alle auf den noch anstehenden Lernstoff konzentrieren können. Sprechen Sie nach dem Unterbrechen und Atmen mit einer weicheren und langsameren Stimme.

Vakuumpause

Der Moment, in dem der Schüler die Konzentration auf eine Sache beendet, aber noch nicht auf die nächste konzentriert ist. Der Schüler befindet sich in einer Art Schwebezustand; er ist zeitweilig im „Neutralen" (Leerlauf).

Visuell

Visuellen Schülern fällt die Schule am leichtesten. Sie lernen, indem sie sich an das erinnern, was sie *sehen*. Sie haben die Fähigkeit, Informationen im Kopf neu zu sortieren; dies ist die Fähigkeit, die man braucht, um in Tests und Klassenarbeiten gut abzuschneiden. Sie haben die Tendenz, methodisch und schnell zu denken. Visuelles Unterrichten besteht unter anderem darin, alles sortiert und ordentlich zu machen, Inhalte an der Tafel oder auf dem Projektor zu zeigen, vorzumachen, wie etwas zu tun ist, usw.

Visuelle Atmosphäre

Wenn die Klasse produktiv ist. Dieser Begriff bezieht sich vor allem auf die Phase der Stillarbeit in der Stunde. Es ist ein Ergebnis davon, daß die Lehrerin ihre Anweisungen visuell gibt und nonverbale Verhaltensweisen zeigt, die die Konzentration fördern: nach Beendigung aller Ansagen eine Pause machen; mit leiserer Stimme sprechen, wenn sie den Schülern hilft; langsam und ruhig im Raum umhergehen; minimale verbale und maximale nonverbale Kommunikation einsetzen.

Mäusequiz

Der Radar wurde erstmals im Jahre 1904 entwickelt. Wie lange dauerte es, bis er tatsächlich eingesetzt wurde?

Auf Schatzsuche ...

Teil I
Arbeitsblätter

Kapitel 1

Die sieben Schätze

„Das rechte Wort mag wirksam sein,
aber nie war ein Wort so wirksam
wie eine Pause zur rechten Zeit."

Mark Twain

Dieses Kapitel beschreibt die sieben wichtigsten Fertigkeiten zur Verbesserung Ihres Lehrstils. Sobald Sie sich diese Fertigkeiten zur Gewohnheit gemacht haben, werden Sie von anderen Teilen dieses Buches, die Sie sich auswählen, um so mehr profitieren. Einige Anwender dieses Handbuchs sind sogar schon mehr als zufrieden, nachdem sie einfach nur diese grundlegenden Kompetenzen erlernt haben.

Vielleicht sind Sie beim Lesen versucht zu sagen: „Das ist doch simpel!" Geben Sie sich im pädagogischen Bereich jedoch nicht mit dem rein kognitiven Verständnis zufrieden. Das ist nämlich nicht das entscheidende; warum sonst sind denn Doktoren und Professoren nicht immer die besten Kommunikatoren beim Unterrichten bzw. Lehren?

Sie brauchen keine dieser nonverbalen Fertigkeiten zu lernen, wenn Sie eine „pflegeleichte" Klasse haben oder wenn Sie ohnehin „voll da" sind.

Bewußt einsetzen sollten Sie diese Techniken jedoch vor allem in zwei Situationen: Zum einen an schlechten Tagen, wenn Sie „nicht ganz da" sind – damit Sie wissen, wie Sie sich wieder in den Vollbesitz Ihrer Fähigkeiten bringen können. Daher ist die *ENVoY*-Methode so angelegt, daß Sie beim Üben einer nonverbalen Fertigkeit zunächst die am wenigsten empfohlene Art ausprobieren sollten und dann erst die vorgeschlagene Methode. Dies hat zwei Vorteile: Sie gewinnen Selbsterfahrung und die Erkenntnis, wodurch sich ein Tag, an dem man „nicht ganz da" ist, von einem „Voll-da"-Tag unterscheidet; an ersterem werden Ihre nonverbalen Reaktionen dadurch beeinträchtigt, daß Sie unter Streß sind; ein Tag, an dem Sie „voll da" sind, zeichnet sich dadurch aus, daß Sie die in hier beschriebene nonverbale Kommunikation einsetzen.

Der zweite Fall, für den die bewußte Kenntnis dieser Techniken notwendig ist, liegt dann vor, wenn Sie jemand anderen professionell unterstützen, also „coachen" wollen. Wie oft müssen wir als Ausbildende unseren geliebten Lehramtskandidaten, die mit Recht Tausende von Fragen stellen, die Antwort geben: „Ich weiß nicht, wie oder warum ich das heute so gemacht habe! Es tut mir leid, daß ich Ihnen das nicht besser erklären kann."

Name: _____

Die sieben wirkungsvollsten Fertigkeiten sind im folgenden jeweils einer der **vier Phasen** des Unterrichts zugeordnet, zu der sie gehören. Da die Arbeitsblätter dieses Buches zum Kopieren gedacht sind, haben wir sie **mit Symbolen gekennzeichnet**, die die jeweilige Phase anzeigen. Wird dieses Arbeitsbuch in der Lehreraus- oder -fortbildung verwendet, so können die Teilnehmer auf jedem Arbeitsblatt oben links ihre Namen eintragen. (Falls ein Arbeitsblatt mehr als eine Seite umfaßt, finden Sie auf den darauf folgenden Seiten oben rechts im Kolumnentitel die jeweilige Technik, um die es geht, nochmals vermerkt.)

Aufmerksamkeit gewinnen

Körperhaltung einfrieren   (Symbol für die Unterrichtsphase)

Lauter (Pause) Flüstern   (Kapitelnummer)

Unterrichten

Melden oder Zurufen

Übergang zur Stillarbeit

Anweisungen zur Überleitung

Die wichtigsten 20 Sekunden

Stillarbeit

AUS/Neutral/AN

Von Macht zu Einfluß

Wir ermutigen Sie, mit Geduld voranzugehen. Mit unserem „Mäusequiz" laden wir Sie ein, darüber nachzudenken, wieviel Geduld manchmal nötig ist, um eine Idee so weit zu entwickeln, daß sie Früchte trägt.

Die Kraft, mit der die „sieben Schätze" Sie – oder besser gesagt: Ihre Schüler – beeinflussen können, wird offenbar, wenn Sie die beiden folgenden fundamentalen Prinzipien lernen und üben:

*Die systematische Anwendung nonverbaler Signale
ist die Essenz meisterhafter Kommunikation.*

*Die wirkungsvollste nonverbale Fertigkeit ist die
PAUSE.*

Mäusequiz

Der Radar wurde erst 1939 eingesetzt – 35 Jahre, nachdem er entdeckt wurde.

Der Reißverschluß wurde erstmals 1883 entwickelt. Wie lange dauerte es, bis er tatsächlich in den alltäglichen Gebrauch kam?

Laß Wort und Tat dasselbe sein ... (Shakespeare)

24 Michael Grinder: *Ohne viele Worte* (VAK)

Name: _____

Körperhaltung einfrieren

Die Eröffnung einer Stunde ist ein kritischer Moment, denn die Stimmung und die Erwartungen werden aufgebaut; daher ist wirkungsvolle Kommunikation hier besonders wichtig. Die traditionelle Art, die Aufmerksamkeit einer Lerngruppe zu gewinnen, ist die, daß der Lehrer darauf hinweist, daß es Zeit ist anzufangen. Die konkrete Formulierung variiert je nach Klassenstufe und dem individuellen Stil des Lehrers: „Also, Kinder ...", „Darf ich um Aufmerksamkeit bitten?", „Leute, hört mal ...", „Hey Kids!", „Guten Morgen, Klasse 4", „Alle mal herschauen", usw. All das vermittelt verbal: „STOP – konzentriert euch nach vorn!"

Folgende nonverbale Techniken des Lehrers unterstützen seine verbalen Bemühungen um die Aufmerksamkeit der Lernenden:

- still stehen (daher der Name dieser Fertigkeit)
- vorn im Raum vor der Klasse stehen (der Platz der Autorität, den die Schüler auch mit Aufmerksamkeit verknüpfen)
- Füße parallel, Zehen zeigen nach vorn
- Gewicht auf beiden Füßen
- kurze mündliche Anweisungen

Was passiert, wenn eine Diskrepanz auftritt zwischen der verbalen Botschaft des Lehrers (STOP ...!) und seiner nonverbalen Kommunikation (... wenn er selbst sich dabei bewegt)? Wenn Sie die Schüler bitten, das, was sie im Moment tun, zu *stoppen*, werden sie zu Ihnen aufblicken. Wenn Sie selbst dabei aber durch die Klasse gehen, bemerken die Schüler, daß Sie sich selbst widersprechen, indem Sie sich weiter durch den Raum *bewegen*. Meistens machen die Schüler dann einfach weiter, wo sie gerade unterbrochen wurden. Dies gilt besonders dann, wenn Sie Schülern bei der Einzelarbeit helfen und dabei erkennen, daß Sie die Aufmerksamkeit der ganzen Klasse brauchen, um eine bestimmte Frage noch näher zu erläutern. Sie haben vielleicht das Gefühl, ganz schnell etwas richtigstellen zu müssen; daher tun Sie genau das, was Sie für den schnellsten Weg halten, die Aufmerksamkeit der Schüler zu gewinnen: Während Sie noch dabei sind, nach vorn zu gehen, versuchen Sie verbal schon, die Aufmerksamkeit der Klasse zu gewinnen.

Die hier vorgeschlagene Fertigkeit ist darauf ausgerichtet, daß Sie ohne Worte stillstehen oder Ihre *Körperhaltung einfrieren*, während Sie verbal die Lerngruppe um Aufmerksamkeit bitten. Die Forschung hat gezeigt, daß die nonverbale Kommunikation wirkungsvoller ist. Die folgenden Aufgaben bieten Ihnen die Gelegenheit zu testen, inwieweit diese Behauptung auf Ihren Unterricht zutrifft. (Weitere Fertigkeiten werden unter *Körperhaltung einfrieren: Verfeinerungen* behandelt.)

1. Schreiben Sie auf, was Sie am häufigsten sagen, wenn Sie die Aufmerksamkeit der Lernenden gewinnen wollen:

Name: Körperhaltung einfrieren

2. Benutzen Sie zwei Tage lang diese Formulierungen und *bewegen* Sie sich dabei. Beschreiben Sie die Reaktionen der Klasse:

3. Benutzen Sie an den nächsten beiden Tagen die gleichen Formulierungen, aber frieren Sie diesmal beim Sprechen Ihre Körperhaltung ein. Wenn Sie bei der Stillarbeit helfen und den Schülern mehr Informationen geben müssen, drängt es Sie vielleicht, ihren Lieblingssatz schon beim Nach-vorn-Gehen zu sagen. Achten Sie darauf, daß Sie schweigend nach vorn gehen, Ihre Körperhaltung einfrieren und sich dann die Aufmerksamkeit der Klasse holen. Beschreiben Sie den Unterschied zwischen diesen und den ersten zwei Tagen:

Alle mal herhören!

Michael Grinder: *Ohne viele Worte* (VAK)

Mäusequiz

Der Reißverschluß kam 1913 in den Handel – 30 Jahre, nachdem er entwickelt worden war.

Löslicher Kaffee wurde erstmals 1934 zubereitet. Wie lange dauerte es, bis er tatsächlich auf den Markt kam?

Name: _____

Lauter (P a u s e) Flüstern

Es gibt vielfältige Möglichkeiten, die Aufmerksamkeit einer Klasse zu gewinnen. Einige passen für bestimmte Klassenstufen besser als für andere. Zum Beispiel kann der Lehrer einer dritten Klasse die Kinder per Händeklatschen zu etwas auffordern. Diese Technik würde in einer neunten Klasse auf keinen Fall funktionieren. Eine der am meisten verbreiteten Methoden ist, einfach zu sagen: „Leute (Kinder, meine Damen und Herren, o.ä.), hört mal bitte her!" Die Lautstärke Ihrer eigenen Stimme sollte dabei nur wenig über der Klassenlautstärke liegen, also etwas Lauter sein. Nachdem Sie die Aufmerksamkeit haben, machen Sie eine (P a u s e) ; dann senken Sie Ihre Stimme und sprechen im Flüsterton.

Dieses Vorgehen schafft oder verstärkt eine Atmosphäre, in der die Schüler ruhig, aufnahmefähig und produktiv sind. Schreiben Sie sich ein Schild, das Sie an der hinteren Klassenwand aufhängen, oder machen Sie sich eine Notiz, die Sie daran erinnert: Lauter (P a u s e) Flüstern.

1. Datum: Zeit: Ungewöhnliche Umstände:

2. Beschreiben Sie bitte, *wie* Sie die Aufmerksamkeit Ihrer Schüler gewonnen haben:

3. Wie lange haben Sie schätzungsweise pausiert: Sekunden. Woher wußten Sie, wie lange Sie warten mußten?

4. Um wieviel leiser war Ihre Stimme, als Sie wieder zu sprechen begannen, und wie lange dauerte es, bis Sie zu Ihrer normalen Stimmlage zurückgekehrt sind?

5. Beschreiben Sie die Ergebnisse:

Name: _____

Lauter (Pause) Flüstern

Szenario eines „Horrortages"

Was tun, wenn die Schüler auf Ihre Worte nicht reagieren? Was macht man mit einer Klasse, die zu laut ist (wie an rechtshemisphärischen Tagen, zum Beispiel in der Woche vor den Winterferien)? Wie schaffen Sie den Übergang, wenn die Schüler nicht reagieren?

Man kann die kollektive Lautstärke im Klassenzimmer registrieren und sich darauf kalibrieren, das heißt: man kann sich genau darauf einstimmen. Wenn Sie ganz plötzlich etwas lauter einsetzen als die Schüler, wird die Klasse durch Ihre Stimme geschockt oder unterbrochen. Die Aufmerksamkeit der Schüler wird nach außen gelenkt, und die Wahrscheinlichkeit, daß sie zuhören, ist größer.

Nachdem Sie nun die Lautstärke der Klasse überdeutlich „gepaced" haben, so daß Sie *etwas* lauter waren, haben Sie einen Punkt erreicht, an dem Sie *Einfluß* nehmen können. (*Pacing*, eingedeutscht als Verb: „pacen" = mitgehen. Ein Begriff aus dem NLP, der bedeutet, daß man sich an eine andere Person verbal und nonverbal anpaßt, das heißt sich durch Körperhaltung, Stimme, Ausdruck, Sprache und Einstellung einschwingt, mit ihr im Gleichklang ist. – Pacing und Leading: Wenn Sie gut *gepaced* haben, können Sie danach auch gut *führen*. Anmerkung der Übersetzerin) An diesem Punkt haben Sie nur sehr wenig Zeit zur Verfügung, um die Klasse zum Inhalt zu führen. Sie haben zwei effektive Möglichkeiten zur Auswahl:

1. Sie gehen *unvermittelt, in einem einzigen Schritt* zum Flüstern über:

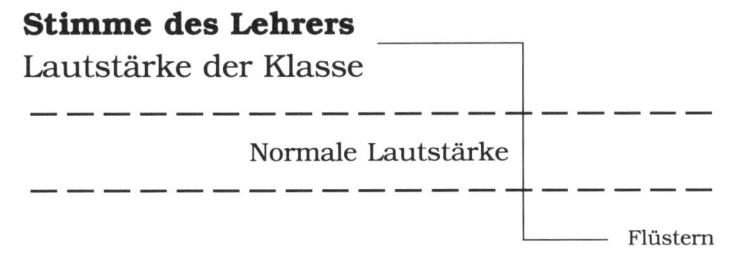

   Stimme des Lehrers
   Lautstärke der Klasse
   -
   Normale Lautstärke
   -
   Flüstern

2. Sie gehen *stufenweise* zum Flüstern über.

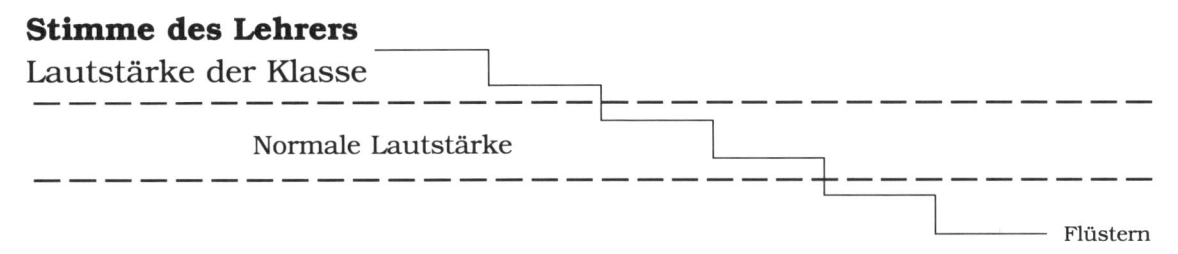

   Stimme des Lehrers
   Lautstärke der Klasse
   -
   Normale Lautstärke
   -
   Flüstern

Michael Grinder: *Ohne viele Worte* (VAK)

Name: _____					Lauter (Pause) Flüstern

Wenn Sie Ihre Stimme gut unter Kontrolle haben, können Sie den Übergang schrittweise vollziehen. Manchmal ist das Ihre einzige Rettung, aber diese Fertigkeit erfordert mehr Disziplin und Kontrolle, denn Sie müssen daran denken, daß Sie Ihre Stimmlautstärke ganz allmählich erst vom Lauten zur normalen Stimmlage bringen und dann immer leiser werden, bis zu einem Flüstern. Für die meisten Lehrer ist es leichter, direkt zum Flüstern zu gehen. Achten Sie bitte in beiden Fällen – ob Sie nun direkt oder stufenweise zum Flüstern übergehen – darauf, daß Sie längere Sätze bilden, langsamer und in einem sanfteren Tonfall sprechen. So bringen Sie die Schüler eher zum Zuhören.

Wenn es stimmt, daß die Alternativen 1 und 2 (siehe vorige Seite) wirkungsvoll sind, was machen Lehrer dann falsch, wenn sie ineffektiv sind? Wir tun wahrscheinlich eines von zwei Dingen: Entweder wir machen *keine* Pause zwischen dem Lautersprechen (Beispiel: „Leute ...") und unserer inhaltlichen Botschaft. (Beispiel: „Schlagt bitte Seite 32 auf. Wir wollen für den morgigen Test wiederholen.") Oder wir sprechen weiterhin in der Disziplinierungslautstärke, wenn wir schon beim Inhalt sind. Dies beobachtet man oft bei Sportlehrern und Trainern. Das Schlimmste, was uns passieren kann, ist natürlich, daß wir keine Pause machen *und* weiter mit lauter Stimme reden.

1. Achten Sie auf eine Situation, in der die Geräuschkulisse in der Klasse so laut ist, daß eine Aufforderung zur Ruhe mit normaler Stimme nicht wirken würde. Schreiben Sie später Datum und ungefähre Zeit hier auf:

2. Sprechen Sie mit scharfer Stimme, die Lautstärke etwas über der Klassenlautstärke, und gehen Sie dann direkt zum Flüstern über. Notieren Sie hier die Reaktionen.

3. Greifen Sie eine weitere Situation auf, in der Ihre Klasse so laut ist, daß eine normale Aufforderung zur Ruhe nicht wirken würde. Schreiben Sie Tag und Uhrzeit auf:

4. Diesmal sprechen Sie wieder mit scharfer Stimme, etwas lauter als die Klasse, und gehen dann langsam Schritt für Schritt vom lauten Sprechen zu normaler Lautstärke und weiter zum Flüstern über. Reaktionen?

5. Beschreiben Sie, welcher Stil Ihnen besser liegt und welche Resultate Sie mit den jeweiligen Techniken erreicht haben.

Name: _____

Melden oder Zurufen

In der *Unterrichts*phase einer Stunde wählt die Lehrerin aus, ob sie der Klasse Informationen durch eigenes Vortragen vermitteln will oder in Form der Interaktion zwischen Lehrerin und Schülern. Die Interaktion kann auf zweierlei Art erfolgen: Die Schüler können ihre Antworten direkt *in die Klasse rufen,* oder sie können *sich melden* und warten, bis sie aufgerufen werden. Insgesamt gibt es also drei Formen des Erarbeitens von Stoff:

Lehrervortrag

Melden

Zurufen

Jede Form hat bestimmte Funktionen und Charakteristika.

Lehrervortrag: Die Lehrerin kann mehr Stoff durchnehmen und hat meist mehr Kontrolle.

Zurufen: Diese Methode erweckt potentiell die größte Begeisterung bei den Schülern, und es kann sein, daß durch den Sturm der Begeisterung und Energie die Wellen so hoch schlagen, daß die Kontrolle im Klassenzimmer schwierig wird.

Melden: Diese Form liegt irgendwo zwischen den beiden anderen. Die Kontrolle ist größer als beim *Zurufen,* aber geringer, als wenn die Lehrerin als einzige spricht. Andererseits ist die Begeisterung größer als beim *Lehrervortrag* und geringer als beim *Zurufen.* Ein deutlicher Vorteil dieser Mischform besteht darin, daß die Lehrerin die einzelnen Schüler überprüfen kann. Wie? Wenn die Lehrerin allein spricht, hat sie nicht die Gelegenheit herauszufinden, ob bestimmte Schüler mitkommen und den Stoff verstehen. Das *Zurufen* ist eine Aktivität, bei der die Schüler gut mit einbezogen werden, jedoch dominieren meist diejenigen, die schneller denken. Wenn man die Form *Melden* anwendet, bestimmt die Lehrerin die Zeitspanne, bevor die Antwort gegeben wird. Dies verlängert die „Wartezeit", was zur Folge hat, daß mehr Schüler die erforderliche Zeit haben, um nachzudenken und aufzuzeigen. Dann weiß die Lehrerin, welche Schüler den Stoff verstehen und mitkommen.

Drei Möglichkeiten zum Aktivieren dieser Unterrichtsformen

Es gibt drei Möglichkeiten, wie man jede dieser drei Formen aktivieren oder aufrechterhalten kann:

- Verbal: Die Lehrerin kann verbal aussprechen, welche Form gerade dran ist.
- Nonverbal: Die Lehrerin kann die Form durch Gestik verdeutlichen.
- Impuls: Das Gesetz der Trägheit besagt, daß ein bewegliches Objekt zum Fortsetzen der Bewegung neigt, ein ruhendes Objekt zum Verharren. Es geht also um den Impuls. Die Anwendung dieses Prinzips auf die drei Formen bedeutet, daß ein Muster, wenn es für eine gewisse Zeitspanne angewendet wurde (sei es verbal, nonverbal oder durch beides eingeführt), die Tendenz hat, weiterhin zu wirken, selbst wenn die verbale und die nonverbale Ebene weggelassen werden.

Name: _____ Melden oder Zurufen

Hier eine Übersicht über die drei Unterrichtsformen (Muster) und die Aktivierungsebenen:

MUSTER:	Lehrervortrag	Melden	Zurufen
Verbale Ebene:	„Bitte alle mal zuhören." „Ich möchte euch etwas sagen."	„Meldet euch, wenn ..."	„Alle sind gefragt ..."
Nonverbale Ebene:	Lehrerin zeigt auf sich selbst, mit Geste zum Stopsignal, wie ein Verkehrspolizist.	Lehrerin macht es vor, indem sie ihre Hand hebt.	Lehrerin zeigt zwischen sich und der Klasse hin und her.
Impuls:	(Dies tritt von selbst ein, wenn die Lehrerin das gleiche Muster mehrere Male nacheinander aktiviert hat.)		

Vorschläge:

1. **Der sicherste Weg**, ein Muster einzuführen, besteht darin, daß man sowohl die verbale Ebene benutzt als auch gleichzeitig eine entsprechende Geste einführt (modelliert). Jedesmal, wenn Sie zu einem anderen Stil wechseln, denken Sie daran, die verbale und die nonverbale Botschaft parallel zu geben.

2. **Die bessere Taktik** besteht darin, am Anfang mindestens zweimal hintereinander die verbale und die nonverbale Ebene parallel zu machen, dann die verbale Ebene wegzulassen und nur noch das nonverbale Signal zu geben. Die nonverbale Ebene hat viele positive Auswirkungen: Die Klasse ist ruhiger, die Schüler werden mehr visuell ausgerichtet, sie achten mehr auf die Lehrerin, und Ihre eigene Stimme steht ganz für den Inhalt oder für positive Verstärkung zur Verfügung.

3. **Die optimale Technik** ist, vom Einsatz beider Ebenen (Nr. 1) zur Phase des Nonverbalen allein weiterzugehen (Nr. 2), schließlich auch das nonverbale Signal wegzulassen und zu beobachten, daß die Klasse in den meisten Fällen den Impuls beibehält und weiterhin in dem eingeführten Reaktionsmuster bleibt.

4. **Seien Sie achtsam**, wenn Sie von der Form des *Zurufens* zu einer der beiden anderen wechseln; sprechen Sie leise, und bleiben Sie still stehen, wenn Sie eine der anderen beiden Formen, *Lehrervortrag* oder *Melden*, initiieren. Mit anderen Worten, bei der Anwendung des obigen Diagramms haben Sie es leicht, wenn Sie von der linken zur rechten Spalte übergehen, aber wenn Sie von rechts nach links wechseln, müssen Sie vorsichtig sein.

Name: _____ Melden oder Zurufen

Machen Sie Inventur!

1. Entwickeln Sie zwei Tage lang verbale Anweisungen und nonverbale Gesten für jede der drei Unterrichtsformen. Wenn Sie dafür bereits Standardsätze und nonverbale Botschaften haben, achten Sie darauf, wie sie lauten und aussehen. Schreiben Sie bitte die verbale und die nonverbale Kommunikation unten auf.

    Lehrervortrag:

    Melden:

    Zurufen:

2. Normalerweise neigt man als Lehrerin beim Unterrichten dazu, ein bestimmtes Muster (oder auch zwei) öfter als die anderen beiden einzusetzen. Welche Form haben Sie häufiger angewendet? Eine der Möglichkeiten, dies herauszufinden ist, daß Sie selbst oder jemand anders für Sie in ein- bis dreiminütigen Intervallen aufschreibt, welches Muster am meisten eingesetzt wurde:

    Datum: Beginn der Berechnung: Ende: Länge der Intervalle: Min.

    Lehrervortrag   *Melden*   *Zurufen*

    Welches ist Ihr bevorzugtes Muster?

    Ist dies typisch oder gab es irgendwelche ungewöhnliche Umstände?

3. Achten Sie darauf, ob es ein bestimmtes Muster oder eine Reihenfolge gibt, die Sie aus Gewohnheit anwenden. Manchmal eröffnet die Lehrerin zum Beispiel mit einem Vortrag, um etwas darzustellen; dann wechselt sie zum Melden, um zu beobachten, ob die Schüler es verstanden haben; und schließlich läßt sie die Klasse Stillarbeit machen. Es kann aber auch sein, daß die Lehrerin zum Beispiel die Stunde damit eröffnet, daß die Schüler über etwas nachdenken und sprechen sollen, was Sie schon erlebt oder gelernt haben, so daß die Lehrerin „vom Bekannten zum Unbekannten" unterrichten kann. Ihr persönliches Muster oder die Reihenfolge, die Sie verwenden, kann von Ihrem Fach oder Stoff abhängig sein. Schreiben Sie daher einige solcher Muster auf und auch, wann Sie sie einsetzen.

    Muster oder Reihenfolge der Unterrichtsformen und wann/wo sie eingesetzt wird:

    Andere Reihenfolge der Unterrichtsformen und wann/wo sie eingesetzt wird:

Name: Melden oder Zurufen

Strategien

Der sicherste Weg:

4. Setzen Sie mindestens einen Tag (oder länger) sowohl die verbalen als auch die nonverbalen Botschaften ein, sooft sie eine der drei Unterrichtsformen aktivieren wollen.
Datum der Umsetzung:

Beschreiben Sie bitte, wie sich die Ergebnisse im Vergleich zu vorher verändern:

Lehrervortrag:

Melden:

Zurufen:

Die bessere Taktik:

5. Setzen Sie mindestens einen Tag oder länger zum Aktivieren aller drei Formen sowohl die verbalen als auch die nonverbalen Botschaften ein. Nachdem Sie die verbale und die nonverbale Botschaft zwei- oder dreimal zusammen eingesetzt haben, lassen Sie die verbale weg und benutzen Sie nur noch die nonverbale. Datum der Umsetzung:

Beschreiben Sie bitte, wie lange Sie die verbalen und die nonverbalen Botschaften zusammen einsetzen mußten, bevor Sie die verbale fallenlassen und nur noch nonverbal kommunizieren konnten:

Lehrervortrag:

Melden:

Zurufen:

Name: Melden oder Zurufen

Die optimale Technik:

6. Setzen Sie mindestens einen Tag oder länger beim Aktivieren jeder Form sowohl die verbale als auch die nonverbale Kommunikation ein; lassen sie danach zuerst die verbale, dann die nonverbale Ebene weg. Datum der Umsetzung:

Beschreiben Sie bitte, wie lange Sie die nonverbale Gestik allein einsetzen mußten, bevor Sie auch diese weglassen konnten und die Klasse aufgrund des Impulses weiterhin in der gleichen Form blieb:

Lehrervortrag:

Melden:

Zurufen:

Seien Sie achtsam!

7. Die meisten Lehrer berichten, daß die gefährlichste Reihenfolge die ist, wenn man vom Modus des *Zurufens* zum *Melden* wechseln will. Ist dies auch Ihre unbeständigste Sequenz? Ein Rat dazu: Wenn Sie von mehr zu weniger Schülerbeteiligung wechseln, sprechen Sie leiser und bleiben Sie still stehen. Probieren Sie diese Vorschläge aus, und schreiben Sie bitte auf, wie sie gewirkt haben:

Michael Grinder: *Ohne viele Worte* (VAK)

Rechnen: S. 70, Nr. 7-14 bis morgen,
wird eingesammelt.
Kap. 3, 9 + 10 bis Mittwoch,
Mit Zirkel und Lineal
poho

Name: _____

Anweisungen zur Überleitung

Die Stunden der Grundschule und der Sekundarstufe I (Kl. 5-10) setzen sich meist aus Lehrervortrag oder Präsentation, Anweisungen zur Stillarbeit und der Stillarbeit zusammen. Bei den höheren Klassen der Sekundarstufe I und fast allen Oberstufenklassen wird der Unterricht in Vortragsform gehalten und endet meist mit Hausaufgaben. Für alle Stufen gilt: Die Anweisungen, die am Ende des Lehrervortrags gegeben werden, zeigen an, daß der Lehrer danach sozusagen von der Bühne abtritt, also für die ganze Klasse weniger oder nicht mehr zur Verfügung steht, und daß die Schüler zu einer anderen Arbeitsphase übergehen sollen. Wir bezeichnen diese Arbeitsanweisungen als *Anweisungen zur Überleitung*. (In der Videoserie werden sie als „Exit-Anweisungen" bezeichnet, in Anlehnung an das engl. *exit* = Abtreten, Abgang, Ausgang.) Diese *Anweisungen zur Überleitung* bestehen normalerweise aus ein bis drei Aufgaben. Die Primarstufe, die nur von einem Klassenlehrer unterrichtet wird, könnte folgende *Anweisungen zur Überleitung* bekommen:

> „Macht die Rechenaufgaben auf Seite 65, Nummer eins bis zehn. Alle Aufgaben bitte vorzeigen. Das muß heute fertig werden. Dann arbeitet an eurer Rechtschreibung; Kapitel 20 bis Freitag. Danach könnt ihr etwas lesen."

In der Sekundarstufe II (und den höheren Klassen von Sek. I) wird meist jedes Fach von einer anderen Lehrkraft unterrichtet. Ein Beispiel für *Anweisungen zur Überleitung* könnte hier sein:

> „Die Hausaufgabe für heute sind auf Seite 65 die Fragen eins bis zehn am Ende des Kapitels. Schreibt eure Antworten in ganzen Sätzen auf. Sie müssen bis morgen fertig sein. Denkt an die Klassenarbeit am Freitag. Sie zählt 25 Prozent der Zeugnisnote. Es wäre clever, sich mit den Themen ... zu befassen."

Diese Beispiele zeigen die Komplexität der *Anweisungen zur Überleitung*. Den meisten Schülern sind die einzelnen Aspekte der Anweisung klar. Sie fühlen sich jedoch manchmal von der Menge der Information erschlagen, vor allem, wenn die Anleitungen nur mündlich gegeben werden. Zeugnis dafür, wie verwirrend die mündliche Form der Anweisungen ist, gibt die Erfahrung, daß häufig Schüler nach vorn kommen und wiederholt nach den genauen Details fragen. Die verstörten Schüler leiten ihre Fragen oft ein mit: „Haben Sie gesagt, daß ...?" oder „Mit anderen Worten, wir sollen ...?" oder „Ich möchte wissen, ob ich das richtig verstanden habe; wir sollen also ...?" Manchmal ist es ein bestimmter Aspekt: „Wo sollen wir das hinlegen, wenn es fertig ist ...?" Manchmal möchten wir den Schülern die Antwort am liebsten entgegenschreien, denn die Information, die sie suchen, ist für uns so offensichtlich. Dies gilt besonders dann, wenn der Lehrer schon seit Beginn des Schuljahres in dieser Weise vorgeht. Jemand hat einmal gesagt: „Lehrer sind Saisonarbeiter, deren Zunge als allererstes Körperteil müde wird und sich abnutzt." Die Ursache Ihrer Frustration und die Ihrer Schüler liegt darin, daß es schwierig ist, so viele Informationen durch bloßes Zuhören zu behalten.

Die Lösung besteht darin, die *Anweisungen zur Überleitung* an die Tafel zu schreiben, so daß dort eine dauerhafte visuelle Repräsentation des Gesagten steht. *Visuelle Anweisungen zur Überleitung* verstärken erstens die Klarheit der Botschaft und verdoppeln zweitens die Dauer des Behaltens. Dies befreit den Lehrer davon, sich wie ein Papagei immer wiederholen zu müssen. Er ist jetzt frei, den einzelnen Schülern in der Phase der *Stillarbeit* (Einzelarbeit) zu helfen.

Name: _____   Anweisungen zur Überleitung

1. Schreiben Sie ein typisches **Beispiel** Ihrer *Anweisungen zur Überleitung* auf. Achten Sie darauf, so genau zu sein, daß Sie einen „Bürokraten" zufriedenstellen könnten hinsichtlich dessen, *was* getan werden soll, *wie* es zu tun ist, *wann* es fertig sein soll und *wo* es hingetan werden soll, wenn es fertig ist. Und – am allerwichtigsten – fügen Sie hinzu, was die Schüler tun sollen, wenn sie fertig sind.

2. **Nonverbale Signale setzen:** Die beste Möglichkeit, den Schülern deutlich zu machen, welche von all den Informationen an der Tafel die *Anweisungen zur Überleitung* sind, ist die, sie immer an den gleichen Platz auf der Tafel und immer in der gleichen Farbe und Schriftart anzuschreiben. Einige Klassenlehrer in der Grundschule benutzen immer die gleiche Farbe für ein bestimmtes Fach, zum Beispiel Blau für Mathematik. Ein vorausschauender Lehrer der vierten Klasse drückt den kinästhetischen Schülern am Ende des Unterrichts einen Stempel auf die Hand, so daß die Schüler sich zu Hause daran erinnern, daß noch Hausaufgaben zu machen sind. Die Farbe des Stempelkissens stimmt mit der Farbe des Faches überein, zum Beispiel Grün für Deutsch. Beschreiben Sie die nonverbalen Methoden, die Sie anwenden wollen, so daß selbst Schüler, die vom Tagträumen wieder auf die Erde gekommen sind, erkennen, welche von all den Informationen an der Tafel die *Anweisungen zur Überleitung* sind:

3. **Schilder einsetzen:** Lehrer haben nicht die Zeit, all die oben (Nr. 1) genannten Informationen ausführlich an die Tafel zu schreiben. Ein Vorschlag ist, die Information, die regelmäßig gebraucht wird, auf ein Pappschild zu schreiben und es mit Folie zu überziehen (zu laminieren). Manchmal braucht man die gleiche Information in ein und derselben Form immer wieder. Gegebenenfalls sollte der Lehrer auf dem Schild Lücken lassen, um dann mit einem wasserlöslichen Folienschreiber die spezifische Information für den bestimmten Tag einzutragen. Das Beispiel von oben ist auf der folgenden Seite noch einmal dargestellt, gefolgt von der Schildversion in Kursivschrift. Bei mehreren Fächern kann der Lehrer für jedes Fach ein eigenes Schild verwenden. Kontrollieren Sie die Effektivität der Schilder und achten Sie darauf, ob weitere Informationen „be-schildert" werden könnten.

Name: _____   Anweisungen zur Überleitung

„Macht die Rechenaufgaben auf Seite 65, Aufgaben eins bis zehn. Alle Aufgaben bitte vorzeigen. Das muß heute fertig werden. Dann arbeitet an eurer Rechtschreibung; Kapitel 20 bis Freitag. Wenn ihr das fertig habt, könnt ihr etwas lesen."

Rechnen, Seite: _____ *Nr.:* _____ *bis:* _____
Fertig bis: _____
Danach:
Rechtschreiben, Kapitel: _____ *bis:* _____
Fertig bis: _____
Danach:

Übersetzen Sie Ihre *Anweisungen zur Überleitung*, die Sie unter Nr. 1 aufgeschrieben haben, in eine Schildversion:

Michael Grinder: *Ohne viele Worte* (VAK)

Nr. 3, 5, 7, 9
Mittagspause
Karton auf meinem Tisch

Aufgaben für Kunst

Zeichnet Schuhe nach direkter Beobachtung. Stilleben –

Schuhe als Anschauungsobjekte auf dem Kunsttisch.

Name: _____

Die wichtigsten 20 Sekunden

Wenn der Lehrer den frontalen Unterricht beendet und die Schüler mit der Stillarbeit beginnen, vollzieht sich ein Übergang von der Gruppenorientierung zur Einzelunterstützung. Dieser Übergang gelingt am besten durch eine Kombination von visuellen *Anweisungen zur Überleitung* und Modellieren (Vor- und Deutlichmachen) Ihrer Erwartung, daß die Schüler sich konzentrieren werden. Die produktivste Atmosphäre bei der Stillarbeit – unabhängig davon, ob die Schüler allein oder mit einem Partner arbeiten (zum Beispiel beim kooperativen Lernen) – ist die visuelle, das bedeutet: zielgerichtet und überwiegend still. Vorschläge zum Modellieren dieser visuellen Atmosphäre:

1. Lesen Sie die *Anweisungen zur Überleitung* vor.

2. Fragen Sie, ob es Fragen gibt. Beantworten Sie sie mündlich, während Sie gleichzeitig die zusätzlichen Antworten oder Informationen an die Tafel schreiben.

3. Entlassen Sie die Schüler mit Sätzen wie: „Ihr könnt jetzt anfangen."

4. *Die wichtigsten 20 Sekunden (20 SEK.):*
   Gehen Sie in eine *eingefrorene Körperhaltung* und warten Sie zwanzig Sekunden lang, während Sie für die Schüler modellieren, wie ruhig und konzentriert sie sich verhalten sollen. Wenn Schüler um Hilfe bitten, indem sie sich melden oder in die Klasse rufen, lassen Sie Ihre Augen einmal über alle Schüler wandern, bleiben Sie visuell sehr ruhig stehen und bedeuten Sie ihnen mit einer Handgeste, daß Sie in einer Sekunde da sein werden. Einige Grundschullehrer haben einen Hula-Hoop-Reifen um sich herum, in dem sie während dieser zwanzig Sekunden stehen. Die kinästhetischen Schüler, die Unterstützung suchen, können dieses anschauliche Symbol des Reifens sehen und erinnern sich auf konkrete Weise daran, daß der Lehrer noch nicht zur Verfügung steht.

5. Bewegen Sie sich langsam durch den Raum, um den Schülern einzeln zu helfen.

Einer der wichtigsten Nebeneffekte dieser Technik, die Lehrer zu schätzen wissen, ist der, daß die Schüler, die sonst zu uns nach vorn kommen und uns bitten, die Information noch einmal zu wiederholen, lernen, dies in den *20 SEK.* innerlich zu tun. Dies spart Zeit und macht sie unabhängiger. Die Dauer sollte je nach Klassenstufe variieren. Für Zweitkläßler können Sie auch nur zehn Sekunden innehalten.

Anleitung: Gehen Sie nach Punkt 1 bis 5 vor und notieren Sie, wie dieses Verfahren funktioniert hat. Um diese Gewohnheit sowohl für Sie selbst als auch für die Klasse zu festigen, konzentrieren Sie sich eine Woche lang ausschließlich auf diese Technik. Dann werden Sie es schon automatisch so machen wollen. Markieren Sie hier alle Tage, an denen Sie die jeweilige Technik einsetzen:

Mo Di Mi Do Fr (Sa)   1. Lesen Sie die visuellen *Anweisungen zur Überleitung* vor.

Mo Di Mi Do Fr (Sa)   2. Fragen Sie, ob es Nachfragen gibt, und schreiben Sie die Antworten während der mündlichen Beantwortung an.

Mo Di Mi Do Fr (Sa)   3. Entlassen Sie die Schüler, indem Sie sagen: ...

Mo Di Mi Do Fr (Sa)   4. Bleiben Sie in den *20 SEK.* still und geduldig stehen.

Mo Di Mi Do Fr (Sa)   5. Gehen Sie langsam zu einzelnen Schülern, um ihnen zu helfen.

Schreiben Sie Ihre Ergebnisse auf:

Michael Grinder: *Ohne viele Worte* (VAK)

Name:

Das Geheimnis der Aufmerksamkeit: AUS/Neutral/AN

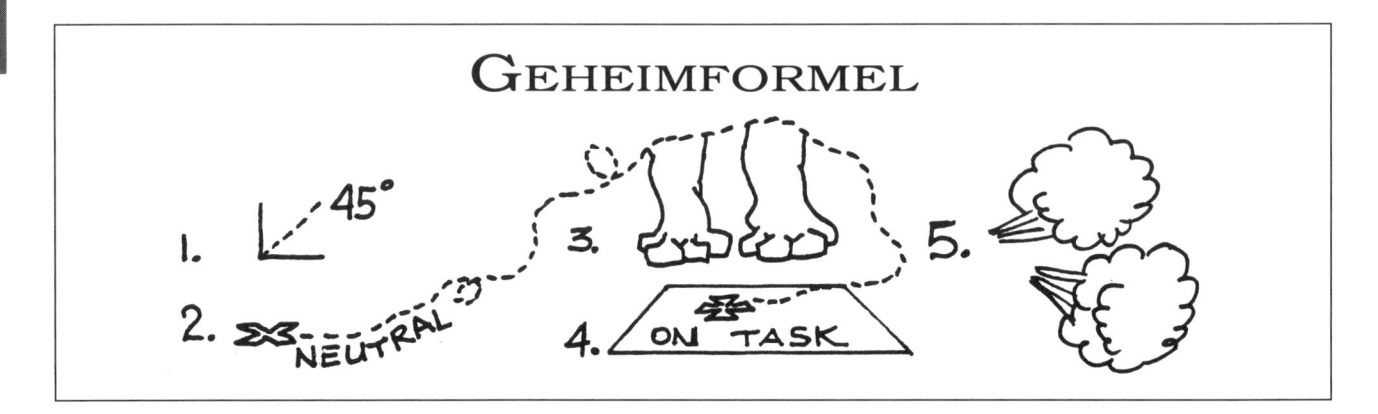

GEHEIMFORMEL

1. ∟ 45°
2. ✂✂ NEUTRAL
3. 👣👣 (Füße)
4. ON TASK
5. 💨💨

Kinästhetische Schüler sind bei der Stillarbeit oft sehr leicht abgelenkt und brauchen vielleicht individuelle Aufmerksamkeit, um bei den Aufgaben zu bleiben. Das löst bei Lehrern häufig das Gefühl aus, sie müßten direkt neben dem Schüler stehenbleiben, damit dieser weiterarbeitet. Im Durchschnitt gibt es in jeder Klasse zwei bis sechs Schüler, auf die diese Beschreibung zutrifft. An manchen Tagen muß die Lehrerin buchstäblich von einem Schüler zum nächsten rennen, um sie wieder an ihre Aufgabe zurückzuführen. Oberflächlich betrachtet sieht es so aus, als wäre der Schüler entweder „AN"- oder „AUS"-geschaltet, aber bei genauerem Hinschauen erkennt man, daß es einen dritten mentalen Zustand zwischen diesen beiden gibt, den wir als „neutralen" Zustand bezeichnen wollen. [In der Videoserie zu diesem Buch lautet der Titel „AUS/Leerlauf/AN".] Dies ist wichtig, denn wenn die Lehrerin mit langen Fangarmen herumläuft, um die Schüler wieder an ihre Arbeit zu führen, bringt sie sie wahrscheinlich nur von AUS in den neutralen Bereich. Es ist wie bei der Gangschaltung eines Autos: In Wirklichkeit schalten wir nicht von einem Gang (oder mentalen Zustand) in einen anderen – wir gehen immer durch den Leerlauf.

Durch Ausprobieren (Versuch und Irrtum) haben Lehrer gelernt, daß die kinästhetischen Schüler oft nicht besonders gut hören oder sehen, so daß man als Lehrperson sie berühren oder zumindest immer nahe bei ihnen sein muß, um ihre Aufmerksamkeit zu gewinnen. Ungefähr ab der vierten Klasse reagieren gewisse Schüler auf die Anwesenheit der Lehrerin mit Schuldgefühlen. Dies erinnert mich an eine Anekdote, bei der nach der Beschreibung mit Sicherheit eine kinästhetische Person beteiligt war: In einer stürmischen Nacht bricht ein großer Ast von einem riesigen Baum im Garten ab und zertrümmert ein Fenster im oberen Stockwerk. Die Mutter, die unten schläft, wacht auf und hat sofort Angst um die Sicherheit ihres Sohnes, der oben schläft. Sie schreit: „Eli!" Und spontan antwortet Eli: „Mama, diesmal war ich es aber nicht!"

Was tun Problemschüler, wenn die Lehrerin auf sie zukommt? Sie halten die Luft an! Das folgende Szenario ereignet sich häufig unbeabsichtigt:

a) Schüler ist von seiner Arbeit abgelenkt = AUS
b) Lehrerin kommt auf ihn zu
c) Schüler hält den Atem an = Neutral
d) Lehrerin geht wieder
e) Schüler kann wieder atmen, schaltet wieder ... AUS

Name: _____

AUS/Neutral/AN

1. Es sei wärmstens empfohlen, daß Sie nur zwei Schüler für diese Übung auswählen und sich darauf konzentrieren, mindestens zwei oder drei Wochen mit ihnen zu arbeiten. Da Sie ein *neues* Vorgehen lernen, suchen Sie sich bitte nicht Ihre beiden „schlimmsten" Schüler aus. Es ist für Sie viel besser, sich erst einmal zwei „marginale", nur gering abgelenkte Schüler auszusuchen, denn damit werden Sie in der Lage sein, Ihr Timing zu perfektionieren. Später können Sie diese Techniken dann bei schwierigeren und noch mehr abgelenkten Schülern anwenden. Schreiben Sie die Initialen von zwei Schülern auf, die Schwierigkeiten haben, bei der Aufgabe zu bleiben:

2. Gehen Sie – zu einer bestimmten Zeit der Stillarbeit – bewußt hastig und in einer strafenden Art auf diese Schüler zu. Achten Sie darauf, ob sie dazu neigen, den Atem anzuhalten. Dann gehen Sie wieder weg und schauen Sie, ob die Schüler die Tendenz haben, wieder von ihrer Arbeit abzuschweifen, wenn Sie weggehen. Beschreiben Sie, was passiert.

   Erster Schüler:

   Zweiter Schüler:

3. Gehen Sie in der gleichen Stillarbeitsphase auf langsame Weise auf diese Schüler zu und bleiben Sie stehen, bis sie schließlich atmen und sich wieder auf ihre Arbeit konzentrieren. Dann gehen Sie langsam weg; es sei wärmstens empfohlen, daß Sie nach hinten weggehen, so daß die Schüler nicht genau wissen, wann Sie gegangen sind. Beschreiben Sie Ihre Geschwindigkeit beim Herangehen, wie lange Sie stehengeblieben sind, wie Sie sehen konnten, daß die Schüler weitergeatmet haben und an ihrer Aufgabe waren, wie Sie langsam weggegangen sind, und natürlich die Ergebnisse:

Mäusequiz

Löslicher Kaffee wurde erst 1956 auf den Markt gebracht – 22 Jahre, nachdem er entwickelt worden war.

Die Fotografie wurde erstmals 1782 entdeckt. Wie lange dauerte es bis zu ihrer Verbreitung?

Name: _____

Von Macht zu Einfluß

Es ist unabdingbar, daß Sie die Arbeitsblätter von *AUS/Neutral/AN* ausgefüllt haben, bevor Sie mit diesem beginnen. Die Fertigkeiten, die in den vorangegangenen Abschnitten besprochen wurden, werden nun weiter verfeinert; dazu soll der Unterschied zwischen dem *Macht*ansatz und dem Herangehen mit *Einfluß* verdeutlicht werden.

	Der Machtansatz	**Der Einflußansatz**
1.	Die Lehrerin geht von vorn auf den Schüler zu.	Lehrerin geht von der Seite an den Schüler heran.
2.	Lehrerin schaut dem Schüler in die Augen.	Die Augen der Lehrerin sind auf die Arbeit des Schülers gerichtet.
3.	Lehrerin atmet nicht.	Lehrerin atmet.
4.	Lehrerin steht nah beim Schüler.	Lehrerin ist weiter vom Schüler entfernt.
5.	Lehrerin wartet, bis der Schüler im Neutralen ist.	Lehrerin wartet, bis der Schüler AN seiner Arbeit ist.

(Nr. 5 bezieht sich auf die Seiten 42-43 zum *Geheimnis der Aufmerksamkeit: AUS/Neutral/AN*.)

Wohl wissend, daß es noch viel mehr Aspekte gibt als nur die oben genannten Unterschiede, könnten wir das Gesagte so zusammenfassen:
Macht ist direkt und **Einfluß ist indirekt**.

Eine Lehrerin, die *Macht* ausübt, vermittelt den Anschein, als wenn sie sich persönlich durch die Schüler bedroht fühlte, und folglich ist das Eingreifen „konfrontativ". Die Lehrerin, die *Einfluß* nimmt, trennt das Verhalten des Schülers von seiner Person. Der Fokus liegt auf der Aufgabe.

Funktioniert der *Macht*ansatz? In vielen Fällen ja, denn es gibt eine zunehmende Anzahl von Schülern, die zu Hause nicht besonders viel menschlichen Kontakt mit Erwachsenen haben. Wir wissen, daß Schüler es auf jeden Fall vorziehen, positiven Kontakt zu haben, aber ihre zweite Präferenz ist, lieber überhaupt irgendeinen Kontakt zu haben als gar keinen. Dieser Schüleranteil ist unbewußt immer bereit, sich in Schwierigkeiten zu bringen, um nur in irgendeiner Form Kontakt mit Erwachsenen zu haben. Ein Schriftsteller hat einmal gesagt: „Es gelingt Kindern immer, unsere Aufmerksamkeit auf sich ziehen; die Frage, ob sie positiv oder negativ ist, hängt davon ab, wie schnell und häufig wir sie ihnen geben." Die *Einfluß*methode wurde entwickelt, um das „Syndrom der negativen Verstärkung" zu durchbrechen. Die Schwäche des *Macht*ansatzes ist, daß die Lehrerin körperlich anwesend sein muß, damit der Schüler gehorcht. Es gibt keine Selbstmotivation.

Wie könnte eine Lehrerin in der Phase der Stillarbeit ihren *Einfluß* auf einen Schüler vergrößern, so daß er ganz „AN" seiner Aufgabe ist? Da es oft die körperliche Nähe der Lehrerin zum kinästhetischen Schüler ist, die diesen wieder an seine Arbeit bringt, könnte sich die Lehrerin *indirekt* in den Bereich des Schülers bewegen. Je weiter die Lehrerin vom Schüler entfernt sein und ihn dennoch beeinflussen kann, desto mehr glaubt der Schüler, daß er aus eigenem Willen AN der Aufgabe sei, und nicht etwa, weil die Lehrerin neben ihm steht. Dies ist wahrer *Einfluß*.

Michael Grinder: *Ohne viele Worte* (VAK)

Name: _____

Von Macht zu Einfluß

Sobald der Schüler AN seiner Aufgabe ist und zweimal aus- und eingeatmet hat, kann die Lehrerin sich nähern.

Auf folgende Weise setzen Sie den *indirekten* Ansatz mit *Einfluß* ein:

1. Bewegen Sie sich auf den Schüler zu, ohne ihn direkt anzuschauen, bis der Schüler von AUS zumindest in den neutralen Zustand wechselt. (Zum Beispiel können Sie es so machen, daß Sie im Winkel von 45 Grad zum Gesicht des Schülers stehen.)

2. Pause

3. Schauen Sie auf die Arbeit eines Nachbarschülers, während Sie peripher *(indirekt)* den besagten Schüler beobachten. *Was* sollen Sie beobachten? Sie wollen sehen, ob der Schüler vom neutralen Zustand wieder AN die Aufgabe geht. Warten Sie, bis er weiteratmet, denn dann wird er wahrscheinlich aus dem Leerlauf wieder in Gang kommen und sich auf seine Aufgabe konzentrieren. Falls der Schüler sich wieder AUS-schaltet, gehen Sie augenblicklich näher. Wenn die *indirekte* Herangehensweise nicht ausreicht, um den Schüler wieder an seine Arbeit zu bringen, sollten Sie kurzfristig einige Elemente des Machtansatzes hinzufügen. Zum Beispiel könnten Sie den Schüler direkt anschauen. Wenn das nicht reicht, rufen Sie ihn bei seinem Namen.

4. Sobald der Schüler AN ist und zwei Atemzüge gemacht hat, gehen Sie auf seine Seite hinüber. An diesem Punkt hat die Lehrerin viele Möglichkeiten: Sie kann etwas sagen oder nicht, Blickkontakt herstellen oder einfach nur auf die Arbeit des Schülers schauen, usw. Die Entscheidung hängt davon ab, was das beste ist, um das „negative Verstärkungssyndrom" in „positiven Kontakt" zu verwandeln. Nutzen Sie diesen Grundsatz beim Ausprobieren.

Name: Von Macht zu Einfluß

Übung:

I. Wählen Sie zwei Schüler aus, bei denen Sie diese Technik üben wollen. Um Ihre Erfolgschance zu erhöhen, denken Sie daran, daß es leichter ist, eine neue Fertigkeit mit „marginalen Schülern" zu lernen, als sich gleich die „schlimmsten Fälle" vorzunehmen. Mit den letzteren muß das *Timing* präzise sein.

   Initialen von Schüler A: Schüler B:

II. Gehen Sie an Schüler A *indirekt* heran:

1. Wie weit waren Sie von Schüler A entfernt, als er von AUS zumindest ins Neutrale ging?

2. Beschreiben Sie, welche Anzeichen Sie gesehen haben, daß Schüler A von AUS ins Neutrale wechselte. (Beschreiben Sie wenn möglich sein Atemmuster.)

3. Sie haben abgewartet, bis A wieder atmete. Falls sich A vom Neutralen wieder AUSschaltete, – was haben Sie getan?

4. Der Schüler war AN seiner Aufgabe, und hat zweimal geatmet. Beschreiben Sie, was Sie entschieden haben zu tun und wie das Ziel des „positiven Kontaktes" verstärkt wurde:

Michael Grinder: *Ohne viele Worte* (VAK)

Name: Von Macht zu Einfluß

III. Gehen Sie an Schüler B *indirekt* heran:

1. Wie weit waren Sie von Schüler B entfernt, als er von AUS zumindest ins Neutrale ging?

2. Beschreiben Sie, welche Anzeichen Sie gesehen haben, daß Schüler B von AUS ins Neutrale wechselte. (Beschreiben Sie wenn möglich sein Atemmuster.)

3. Sie haben abgewartet, bis B wieder atmete. Falls B sich vom Neutralen wieder AUS-schaltete, – was haben Sie getan?

4. Der Schüler war AN seiner Aufgabe und hat zweimal geatmet. Beschreiben Sie, was Sie entschieden haben zu tun und wie das Ziel des „positiven Kontaktes" verstärkt wurde:

Kapitel 2

Aufmerksamkeit gewinnen

> „Wer Unterricht sorgfältig beobachtet, kann nicht umhin,
> sich über die Menge an Zeit zu wundern, die die Schüler
> einfach nur mit Warten verbringen müssen."
>
> Charles E. Silberman

Eine Klasse ans Werk zu bringen ist etwas ähnliches wie ein Schiff vom Dock loszumachen und auf die Reise zu schicken: Je besser die zeitliche Abstimmung mit Ebbe und Flut, um so leichter wird die Reise. Die Minuten unseres Unterrichtsbeginns, eigentlich nur Sekunden, vermitteln unser Maß an Organisation und die Höhe unserer Erwartungen. Täglich sollten wir zu Beginn der Stunde ein Signal setzen, um unser Vorgehen und unsere Prioritäten für die Stunde zu vermitteln. Die zwei stärksten Fertigkeiten, um die Aufmerksamkeit der Klasse zu Beginn der Stunde zu gewinnen, sind *Körperhaltung einfrieren* und *Lauter (Pause) Flüstern*. Wir nehmen an, daß Sie diese Fertigkeiten aus Kapitel 1 geübt und gemeistert haben. Die folgenden Arbeitsblätter sind für Pädagogen aller Stufen.

- *Körperhaltung einfrieren: Verfeinerungen*
- *Unvollständige Sätze*
- *Gelbe Ampel*

Die wichtigsten Techniken zur Streßbewältigung sind *Entgiften des Klassenzimmers* und *Unterbrechen & Atmen*. Wir wissen, daß Schüler unverwüstlicher sind als Lehrer. Wir müssen uns viel mehr Gedanken um das emotionale Wohlbefinden des Lehrers machen; wir wissen, daß die Schüler schnell wieder auf die Füße fallen. Der Schlüssel zum Ordnungschaffen und Disziplinieren, der sowohl wirkungsvoll für die Schüler und gleichzeitig auch noch gesund für den Lehrer ist, liegt darin, sich folgenden Grundsatz einzuprägen und danach zu handeln: „Wir werden nicht dafür bezahlt, beim Disziplinieren etwas zu fühlen." Sie sind ein Schauspieler! Wenn Sie Ihre Gefühle unter Kontrolle haben, können Sie sich erlauben, nach außen eine ganze Bandbreite von Emotionen zu zeigen: empört, enttäuscht, verletzt, ärgerlich ... Sie tun dann das, was die Schüler von Ihnen brauchen – nicht das, was Sie fühlen.

Diese Fähigkeit ermöglicht Ihnen, am Ende Amnesie zu erzeugen und zu Ihrem eigentlichen Beruf des Gebens, Vermittelns usw. zurückzukommen. Kultivieren Sie diese Disziplinierungs*rolle*, und gestalten Sie sie so, daß sie sich von Ihrem wahren Selbst als Lehrer unterscheidet. Dadurch vermeiden Sie den „Overkill": auf Spatzen mit Kanonen schießen. Wenn wir überdramatisieren, sabotieren wir uns auf lange Sicht ungewollt selbst; dann müssen wir wie bei den Käfern, die gegen jedes Insektengift immun geworden sind, die Intensität der Disziplinierung immer mehr steigern, um die gleichen Ergebnisse zu erzielen. Tun Sie sich selbst einen kinästhetischen Gefallen und hängen Sie sich ein Schild an der hinteren Wand auf, auf dem steht: „U & A" (zur Erinnerung an *Unterbrechen & Atmen*).

Im zweiten Abschnitt dieses Kapitels *(Eröffnung mit visuellen Anweisungen)* finden Sie unter der Überschrift *Wenn keine Zeit ist* die wichtigsten Hinweise für die Tage, an denen Sie „nicht ganz da" sind. Dieses Vorgehen bringt sowohl Sie als auch die Schüler zur Ruhe.

Name: Körperhaltung einfrieren: Verfeinerungen

Wenn Sie in der Oberstufe oder an der Universität lehren oder in der Erwachsenenbildung tätig sind, finden Sie die Fertigkeiten, die Sie suchen, höchstwahrscheinlich unter *Aufmerksamkeit gewinnen* und *Unterrichten*. Ein wesentliches Element bei diesen Lerngruppen ist die Gruppendynamik. Wegen der Komplexität dieses Gebietes soll der Gruppendynamik ein eigenständiges Buch (und das heißt: ein zukünftiges Projekt) gewidmet werden.

Körperhaltung einfrieren: Verfeinerungen

Wie in Kapitel 1 unter *Körperhaltung einfrieren* erwähnt, gibt es einige weitere nonverbale Fertigkeiten, die die Botschaft „Stop!" vermitteln:

- vorn im Raum vor der Klasse stehen
- Füße parallel, Zehen zeigen nach vorn
- Gewicht auf beiden Füßen
- kurze mündliche Anweisungen

Im Anschluß an eine kurze Erklärung zu jeder dieser nonverbalen Fertigkeiten folgt ein Vorschlag, um herauszufinden, welche Fertigkeiten am besten in Ihre Unterrichtssituationen passen.

Der Hauptteil jeder Präsentation und jedes Lehrervortrags findet vorn im Klassenzimmer statt. Daher ist die Klasse daran gewöhnt, vergleichsweise aufmerksamer zu sein, wenn der Lehrer dort steht, als wenn er den Schülern bei der Einzelarbeit hilft.

Wenn die Zehen einer Person nach vorn zeigen und das Gewicht auf beiden Füßen gleich verteilt ist, wird der Sprecher in der westlichen Kultur als höchst kongruent interpretiert. Kongruenz vermittelt die Botschaft: „Ich erwarte Aufmerksamkeit!" Da Kongruenz eine sich selbst erfüllende Prophezeiung in sich trägt, steigt die Wahrscheinlichkeit, daß Aufmerksamkeit erreicht wird, um ein Vielfaches. Wenn Lehrerinnen oder Ausbilderinnen Kleider oder Röcke tragen, stellen sie wahrscheinlich oft einen Fuß zur Seite (meistens in die Richtung, aus der sie gerade gekommen sind). Seien Sie sich dieser Neigung bewußt. *Wenn* Sie erst einmal die Aufmerksamkeit der Klasse haben, können Sie Ihren Stil frei wählen, inklusive Körperhaltungen eines Mannequins.

Wenn der Lehrer einen langen Satz sagt, wie zum Beispiel „Kinder, hört mal auf mit dem, was ihr da gerade macht, und schaut hierher", dann besteht die Gefahr, daß aufgrund der Länge des Satzes die Stimme des Lehrers in der allgemeinen Lautstärke der Klasse untergeht. Eine kürzere Aufforderung ist leichter von der Geräuschkulisse im Raum zu unterscheiden. Die kürzere Ansage bietet noch weitere Vorteile. Der Lehrer verschwendet nicht seinen Sauerstoff und kann leichter aus der Rolle des „Verkehrspolizisten", in der er die Aufmerksamkeit erlangt, in die Unterrichtsrolle wechseln.

Name: _____   Körperhaltung einfrieren: Verfeinerungen

Übung

1. Entscheiden Sie, welche der eingangs genannten Techniken Sie ausprobieren möchten: „Platz", „Füße", „Gewicht" oder „Dauer". Wählen Sie selbst, ob Sie mit allen vier Techniken zugleich experimentieren wollen oder ob Sie sich eine nach der anderen vornehmen.

    Ich wähle mir:

    Dies sind Feinabstimmungen zu *Körperhaltung einfrieren*. Stellen Sie sicher, daß Sie Ihren Körper still halten, wenn Sie die Techniken üben, so daß Sie die Variablen isolieren. Dies ermöglicht Ihnen, die Wirkung jeder einzelnen Variable zu bestimmen.

2. Machen Sie zwei Tage lang die unter Nr. 1 ausgewählten Verfeinerungstechniken in einer den Empfehlungen genau *entgegengesetzten* Weise. Zum Beispiel: Stellen Sie sich *nicht* nach vorn vor die Klasse, stellen Sie die Füße seitwärts, verlagern Sie das Gewicht mehr auf *einen* Fuß (stützen Sie insbesondere eine Hand in der Hüfte auf), und sagen Sie Ihren gewohnten „Spruch" (verwenden Sie einen langen Satz), um die Aufmerksamkeit der Klasse zu gewinnen. Beschreiben Sie bitte, welche Wirkung dies auf die Aufmerksamkeit der Schüler hat:

3. Setzen Sie zwei Tage lang die ausgewählten Verfeinerungen der nonverbalen Fertigkeiten von Nr. 1 auf die *empfohlene* Weise ein:

    - Stehen Sie vorn im Raum vor der Klasse.
    - Lassen Sie Ihre Füße gerade nach vorn gerichtet.
    - Ihr Gewicht ist gleichmäßig auf beide Füße verteilt.
    - Machen Sie *kurze* Ansagen, um die Aufmerksamkeit zu gewinnen.

    Beschreiben Sie den Unterschied zwischen den Reaktionen an diesen Tagen im Vergleich zu den ersten beiden Tagen. Da die Fertigkeit, Ihren Körper wie eingefroren zu halten, die wirkungsvollste nonverbale Fertigkeit ist, finden Sie vielleicht an den ersten beiden Tagen wenig positive Wirkung. Bitte beschreiben Sie Ihre Erfahrungen:

Mäusequiz

Die Fotografie wurde erst 1838 verbreitet – 56 Jahre nach der erstmaligen Erfindung.

Die erste automatische Armbanduhr wurde 1923 entwickelt. Wie lange dauerte es, bis sie tatsächlich auf den Markt kam?

Name: _____

Eröffnung mit visuellen Anweisungen

Die Forschung zeigt, daß Lehrer, die visuell unterrichten, mehr Stoff durchnehmen und – statistisch gesehen – disziplineriertere Klassen haben. Visuelles Unterrichten erreicht man, indem man die Anweisungen während der drei folgenden Phasen der Stunde schriftlich oder bildlich darstellt:

Aufmerksamkeit gewinnen

Unterrichten

Stillarbeit (Anweisungen zur Überleitung)

Dieser Abschnitt konzentriert sich auf die erste der drei Phasen. Wenn die Anweisungen für die Schüler schon beim Hereinkommen an der Tafel stehen, können sie *sehen*, was sie tun sollen. [Da es im deutschen Sprachraum meistens der Lehrer ist, der von Klasse zu Klasse wandert, hat er nicht immer die Möglichkeit, *vor* den Schülern im Raum zu sein. Sie werden selbst am besten wissen, zu welchem Zeitpunkt es sinnvoll ist, die visuellen Instruktionen zur Eröffnung anzuschreiben. Anmerk. d. Übers.] Dies ist deswegen so wichtig, weil es sich hier um eine *nonverbale Botschaft* handelt. Nonverbale Botschaften sorgen für eine ruhigere Klasse, die Schüler haben ein höheres Selbstwertgefühl, und der Lehrer hat mehr Energie.

Visuelle Anweisungen gibt man aus unterschiedlichen Gründen. Oft schreibt der Lehrer eine „Aufwärmübung" an die Tafel. Häufig ist dies eine spaßbringende Aufgabe, die sich auf schon bekannten Stoff bezieht: zum Beispiel Wiederholung einer Mathematikaufgabe, Abschreiben von neuen Vokabeln und deren Bedeutungen oder eine einfache Frage von hohem Interesse. Die Aktivität muß im Rahmen der Fähigkeiten der Schüler bleiben, so daß sie von Ihnen unabhängig sind. Ansonsten würden Sie bereits unterrichten, statt „aufzuwärmen für den Unterricht".

1. Notieren Sie die Aufwärmübung, die Sie an die Tafel schreiben wollen:

2. Erklären Sie, inwiefern diese Aktivität innerhalb der Fähigkeiten der Schüler liegt:

Die Tafel dient nicht nur zum Anschreiben von Aufwärmübungen, sie unterstützt auch den Übergang zur ersten Aktivität. Zum Beispiel: „Nehmt Papier und Bleistift heraus und schlagt euer Geschichtsbuch auf Seite 127 auf."

3. Schreiben Sie die Überleitungsanweisung auf, die Sie an die Tafel geschrieben haben:

Oft braucht man diese Übergänge regelmäßig, so daß es ratsam ist, sie auf Schilder zu schreiben, diese mit Folie zu überziehen, jeweils Platz für den variablen Teil (im genannten Beispiel die Seitenzahl) zu lassen und dafür einen abwaschbaren Marker zu verwenden. Dieses Schild können Sie immer wieder benutzen, ohne viel Zeit zum Anschreiben zu verschwenden. Markieren Sie den Teil von Nr. 3, den Sie auf ein Schild schreiben wollen.

Michael Grinder: *Ohne viele Worte* (VAK)

Name: Eröffnung mit visuellen Anweisungen

Unser Ziel ist es, die Schülerinnen durch Verwenden visueller Anweisungen nonverbal in den angemessenen mentalen Zustand zu führen. Was ist *Ihr* Stil, dies zu erreichen? Würden Sie die Instruktionen hinter einer heruntergezogenen Leinwand oder auf einem noch ausgeschalteten Overheadprojektor versteckt halten und sie nach der Begrüßung dann aufdecken? Würden Sie es so machen, daß die Anweisungen schon sichtbar an der Tafel stehen, wenn die Schüler in die Klasse kommen und Sie sie an der Tür begrüßen? Oder stehen die Anweisungen bereits an der Tafel, wenn die Schüler in die Klasse kommen, so daß Sie selbst als Modell für Aufmerksamkeit vorne still stehen können, während Sie die Schüler begrüßen?

4. Schreiben Sie bitte auf, wie Ihre Begrüßung lautet und wie Sie nonverbal die Aufmerksamkeit der Schüler auf die Tafel lenken:

Da wir davon ausgehen, daß die nonverbale Kommunikation des Lehrers der absolut wirkungsvollste Faktor in der Klasse ist, ist es unerläßlich, daß der Lehrer modelliert, wie er sich die Aufmerksamkeit der Schüler für den Tafelanschrieb wünscht. Machen Sie zum Test einmal das Gegenteil: Schreiben Sie die Instruktionen schon vorher an die Tafel, gehen Sie beim Hereinkommen der Schüler im Raum umher und sprechen über irrelevante Dinge.

5. Beschreiben Sie Ihre Bewegung durch den Raum und Ihr nichtrelevantes Gerede, wenn die Schüler in den Raum kommen.

6. Wenn Sie als Lehrer die obengenannten Dinge bisher schon richtig gemacht haben, sehen Sie aufgrund der dadurch entwickelten Routine vielleicht keinen Unterschied. Denken Sie daran, daß Sie an den Tagen, an denen Sie zusätzliche Unterstützung für den Übergang zu einem lernfreundlichen Zustand brauchen (zum Beispiel in der Woche vor den Ferien), sicherstellen, daß Sie es den Schüler vorleben (für Sie ein Modell bieten). Beschreiben Sie bitte die Reaktion der Klasse auf Ihre Bewegung und Ihr nichtrelevantes Gerede:

Name: _____   Eröffnung mit visuellen Anweisungen

Unter Zeitdruck

Der vorangegangene Abschnitt beschreibt sozusagen die beste aller Welten, die Sie dann erleben, wenn Sie *Zeit* genug haben, die visuellen Anweisungen vorher anzuschreiben; aber manchmal hat man diese Zeit nicht. Das passiert oft gerade dann, wenn die Klasse einen besonders einfühlsamen Stundenbeginn braucht (wie zum Beispiel in der Woche vor den Weihnachtsferien), wir aber selbst ins „Rotieren" kommen, um bestimmte Dinge noch in letzter Minute zu regeln. Was kann unter diesen Umständen helfen? Drei Alternativen sind denkbar: Wenn sich der Lehrer zunächst die Aufmerksamkeit der Klasse holt und dann beginnt, etwas an die Tafel zu schreiben, geht er das Risiko ein, die Aufmerksamkeit wieder zu verlieren: Der Rücken des Lehrers ist den Schülern zugewandt, und das Schreiben dauert seine Zeit. Wie ist es, wenn man sich erst die Aufmerksamkeit holt und den Schülern dann *mündlich* die Instruktionen für den Übergang gibt? Mündliche Anweisungen sind die am wenigsten wirksame Methode, um den Schülern zu vermitteln, was sie tun sollen. Wir schlagen vor, daß Sie zunächst die Anweisungen an die Tafel schreiben, sich dann die Aufmerksamkeit der Schülern holen und für sie *modellieren*, wie sie sich auf die Tafel konzentrieren und den Anweisungen folgen sollen. Denken Sie daran, daß es sich hier um ein Vorgehen für den Notfall handelt.

7. Tun Sie so, als seien Sie (innerlich) beschäftigt, wenn die Schüler hereinkommen.

a) Wie machen Sie das?

b) *Fühlen* Sie das Bedürfnis, sie zur Ruhe zu bringen; beschreiben Sie Ihre Spannung:

c) Gehen Sie statt dessen zur Tafel und schreiben Sie die Instruktionen an. (Wie bereits erwähnt, wären hier *Schilder* ideal, denn sie sind schon vorbereitet.) Die Anweisungen lauten:

d) Und nun, wie gewinnen Sie die Aufmerksamkeit der Schüler? Denken Sie daran, die Füße stillzuhalten und nach Ihrem ersten Stimmeinsatz eine Pause zu machen. Ihre Anfangslautstärke sollte etwas lauter sein als der allgemeine Geräuschpegel der Klasse. (Mehr Information dazu siehe unter *Körperhaltung einfrieren: Verfeinerungen*).

e) Beschreiben Sie, wie dieser Ansatz im Vergleich zu Ihrem gewohnten Vorgehen funktioniert:

Michael Grinder: *Ohne viele Worte* (VAK)

$2X + (3 \cdot X) = 20$
$X = ?$

$2X + (3 \cdot X) = 20$
$X = ?$

Name: _____

Unvollständige Sätze

Oft wird den Lehrern bei Fortbildungen empfohlen, vor Beginn des Unterrichts zuerst die Aufmerksamkeit aller Schüler zu gewinnen. Wir wissen auch: Wenn wir unsere Stimme für das Unterrichten, für die Stoffvermittlung benutzen und unsere *nonverbalen* Signale zum Disziplinieren, kommen die Schüler schneller in den Stoff und erinnern sich an den Inhalt der Stunde. Wie können wir also auf nonverbale Weise die Aufmerksamkeit gewinnen, bevor wir beginnen?

Wenn der Stoff für die Schüler interessant genug ist, können wir gleich mit der Stunde beginnen, und die Klasse wird mitmachen; wenn wir jedoch befürchten müssen, daß das Interesse nicht groß genug ist, können wir die Technik der *unvollständigen Sätze* verwenden. Schüler, die den Lehrer nicht anschauen, sondern statt dessen einen abrupten Abbruch des Einleitungssatzes hören, werden wahrscheinlich erstarren und nach vorn schauen. Dieses Manöver erlaubt einen schnellen Übergang zur Aufmerksamkeit. Beispiele dafür sind: „Wie wir seh...", „Wenn wir uns das anschau...", „Schön, wie die ..." Wenn die unaufmerksamen Schüler sich dann „einschalten", wiederholen Sie noch einmal den ganzen Satz und fahren dann fort. Unter Einsatz der Fertigkeiten, die Sie bei *Lauter (Pause) Flüstern* gelernt haben, sagen Sie den unvollständigen Satz lauter als die Klassenlautstärke, und dann wiederholen Sie den ganzen Satz mit Flüsterstimme. *Unvollständige Sätze* wirken oft bei den Schülern, die sich schwertun, die langsamer als andere dem Lehrer ihre Aufmerksamkeit zuwenden.

Unvollständige Sätze können jederzeit angewandt werden. Die ideale Zeit, um diese Technik einzusetzen, sind rechtshemisphärische Tage (zum Beispiel wenn der erste Schnee fällt), weil wir die Konzentration auf den Lehrer vermindern und den Rapport verstärken wollen. Es ist am besten, diese Technik einzuüben, *bevor* die rechtshemisphärischen Tage kommen.

- Ist heute ein linkshemisphärischer Tag, und Sie möchten das Timing dieser Fertigkeit einüben?
- Ist heute ein rechtshemisphärischer Tag, und Sie setzen diese Fertigkeit ein? Falls ja, was macht diesen Tag zu einem rechtshemisphärischen Tag?

1. Schreiben Sie zwei Eingangssätze auf, die Sie am liebsten sagen.

2. *Frieren Sie Ihre Körperhaltung ein*, während Sie den Eingangssatz mit einer etwas lauteren Stimme als sonst sagen, und brechen Sie ihn abrupt ab. Lassen Sie Ihre *Haltung* in der P A U S E *eingefroren*. Wenn Sie den Satz noch einmal in seiner ganzen Länge wiederholen, tun Sie das im Flüsterton.

3.1 Tag und Uhrzeit, als Sie einen *unvollständigen Satz* eingesetzt haben:

3.2 Schreiben Sie den unvollständigen Satz auf:

Name: Unvollständige Sätze

3.3   Beschreiben Sie die Lautstärke Ihrer Stimme während des unvollständigen Satzes und wie
      ruhig Ihr Körper bei diesem Satz und in der kurzen Stille war, die darauf folgte:

3.4   Beschreiben Sie, wie Sie sich nach dem *unvollständigen Satz* bewegt und wie Sie geatmet
      haben:

3.5   Beschreibung der leiseren Stimmlage und der langsameren Sprechgeschwindigkeit, als Sie
      den Satz in ganzer Länge und im Flüsterton gesagt haben.

3.6   Beschreiben Sie die Wirkung auf die Aufmerksamkeit der Klasse, besonders bei Schülern,
      die sich schwertun.

Zweites Beispiel:

4.1   Tag und Uhrzeit, als Sie einen *unvollständigen Satz* eingesetzt haben:

4.2   Schreiben Sie den unvollständigen Satz auf.

4.3   Beschreiben Sie die Lautstärke Ihrer Stimme während des unvollständigen Satzes und wie
      ruhig Ihr Körper bei diesem Satz und in der kurzen Stille war, die darauf folgte:

4.4   Beschreiben Sie, wie Sie sich nach dem *unvollständigen Satz* bewegt und wie Sie geatmet
      haben:

4.5   Beschreibung der leiseren Stimmlage und der langsameren Sprechgeschwindigkeit, als Sie
      den Satz in ganzer Länge und im Flüsterton gesagt haben.

4.6   Beschreiben Sie die Wirkung auf die Aufmerksamkeit der Klasse, besonders bei Schülern,
      die sich schwertun.

5.   Wenn Sie sich die Fertigkeit *Unterbrechen & Atmen* angeeignet haben, können Sie sie zu
      Ihrer Übung der *unvollständigen Sätze* hinzufügen.

5.1   Frieren Sie Ihre Körperhaltung in der Anfangsphase und in der P A U S E ein.

5.2   Wenn die Schüler ruhig werden und Sie still anschauen, machen Sie gleichzeitig einen
      Schritt zur Seite und *unterbrechen und atmen* Sie.

5.3   Kommen Sie in Ihrem Körper zur Ruhe, schwingen Sie sich wieder ein (manchmal braucht
      das einen zweiten Atemzug), und sagen Sie den Satz in ganzer Länge mit Flüsterstimme.

Name:

Positive Kommentare

Bis zum vierten Schuljahr mögen es die Schüler sehr, wenn sie vom Lehrer gelobt werden. Der beste Zeitpunkt für positive Kommentare ist während einer Übergangsphase, da die Kinder, die die positiven Kommentare bekommen, dann als Modelle für die Schüler dienen, die sich „anders als angemessen" verhalten. Der Lehrer sagt beispielsweise: „Räumt eure Tische ab und holt eure Bleistifte und Füller heraus." Sehr kurz danach kommentiert er: „Ich finde es sehr schön, wie Johannes das macht. Oh, Reihe vier, ihr seid ja alle schon soweit!"

Nach dem vierten Schuljahr müssen positive Kommentare aufgrund der kritischeren gegenseitigen Wahrnehmung der Schüler subtil und manchmal versteckt gegeben werden. Ob der Lehrer sagen kann: „Es gefällt mir, wie Christiane dies tut ...", hängt davon ab, ob der Lehrer und die gelobte Schülerin eine gute Beziehung zur Klasse haben. Wenn der Lehrer nicht so viel Rapport hat, ist es weniger angemessen, das Wort „ich" zu benutzen. Er sollte dann lieber die ganze Klasse statt nur einzelne oder kleine Gruppen loben. Lehrer, die starken Rapport haben, sind in der Lage, ehrliche, positive Kommentare zum Übergang zu machen, wie zum Beispiel: „Ich finde es wirklich toll, wie schnell ihr eure Sachen für unsere Stunde bereitlegen könnt."

1. Schreiben Sie auf, welche Klassenstufe Sie unterrichten:

2. Geben Sie vier Beispiele, wie Sie zur Zeit in Übergangsphasen *positive Kommentare* anwenden:

3. In welchen anderen Bereichen könnten Sie das Konzept der *positiven Kommentare* in Übergangsphasen weiter ausbauen, verfeinern oder einsetzen? Notieren Sie sie hier.

4. Welche Einsichten und Reaktionen nehmen Sie am Ende einer Woche mit vermehrten *positiven Kommentaren* wahr?

Name: _____

Entgiften des Klassenzimmers

An jedem Tag hat der Lehrer eine große Vielfalt an Aktivitäten auszuführen. Wenn er eine bestimmte Aktivität (zum Beispiel die Gruppe disziplinieren) konsequent immer nur von einem bestimmten Platz aus durchführt, verbinden die Schüler diesen Platz mit der Aktivität. Da der Lehrer eine feste Verbindung zwischen der Aktivität und dem Platz im Raum aufgebaut hat, reagieren die Schüler tendenziell schneller und angemessener, da sie wissen, was sie zu erwarten haben. Diese Verbindung trifft nicht nur auf Plätze zu – man findet sie in jeder nonverbalen Kommunikation. Wenn der Lehrer zum Beispiel konsequent jedesmal den Overheadprojektor anschaltet, wenn er möchte, daß die Klasse sich Notizen macht, bekommen die Schüler dieses Signal durch das Klickgeräusch des Knopfes, das Geräusch des Gebläses und die Helligkeit der Lampe.

Wenn Sie wissen, welche Aktivitäten Sie in einer Woche durchführen werden, können Sie auswählen, welche der Aktivitäten Sie mit einem bestimmten Platz im Raum, einem Gesichtsausdruck, einer Stimme, einer Körperhaltung und vielleicht mit einem Requisit verknüpfen wollen. Diese Aktivitäten oder Situationen können zum Beispiel sein: Anwesenheitskontrolle, theoretisches Verarbeiten, Klassengespräch, im Kreis sitzen und einander zuhören, Einzelbetreuung oder Disziplinieren der Klasse. Daher paßt das Konzept des Entgiftens in alle vier Phasen des Unterrichts. Es wird an dieser Stelle vorgestellt, da das Erteilen von Anweisungen oder Ermahnungen die Aktivität ist, für die es absolut notwendig ist, einen festen Ort zu haben. Damit gewinnen Sie in jedem Fall die Aufmerksamkeit der Klasse.

1. Listen Sie die unterschiedlichen Aktivitäten auf, die Sie in einer Woche durchführen:

2. Wählen Sie drei oder vier Aktivitäten, die Sie wirklich systematisch durchführen wollen. Bitte wählen Sie als einen Punkt das Reglementieren der Lerngruppe aus, da diese Aktivität die Energie des Lehrers viel schneller erschöpft als andere. Effektives Reglementieren oder Erteilen von Anweisungen bedeutet, sich so zu verhalten, daß wir auf wirkungsvolle Weise die Klasse in einen angemessenen Lernmodus bringen. Um das zu erreichen, müssen wir unsere eigenen Gefühle kontrollieren. Diese Fähigkeit zu dissoziieren kann man dadurch unterstützen, daß man einen bestimmten Platz im Raum hat, an den man nur dann und jedesmal dann geht, wenn man „Gruppendisziplin" braucht.

Dieses Konzept des Dissoziierens beim Disziplinieren wird umfassend erläutert in meinem Buch *NLP für Lehrer*. An dieser Stelle mag der Hinweis genügen: „Wir werden nicht dafür bezahlt, beim Disziplinieren etwas zu fühlen." Dies ermöglicht es, uns in einer solchen Weise zu verhalten, wie es für den augenblicklichen Zustand in der Klasse angemessen ist. Dann können wir uns jeweils den Stil des Tadelns aussuchen, der zu dem paßt, was die Klasse gerade braucht.

Aktivität zur Gruppendisziplinierung:

Zwei weitere Aktivitäten:

Name: _____   Entgiften des Klassenzimmers

3. Listen Sie jede dieser Aktivitäten noch einmal einzeln auf und beschreiben Sie, auf welchem Platz Sie sie durchführen werden, welche Stimmlage, welchen Gesichtsausdruck und welche Körperhaltung Sie jeweils annehmen wollen.

3.1 Aktivität: Reglementieren

   Platz:

   Stimme:

   Gesichtsausdruck:

   Körperhaltung:

3.2 Aktivität:

   Platz:

   Stimme:

   Gesichtsausdruck:

   Körperhaltung:

3.3 Aktivität:

   Platz:

   Stimme:

   Gesichtsausdruck:

   Körperhaltung:

3.4 Aktivität:

   Platz:

   Stimme:

   Gesichtsausdruck:

   Körperhaltung:

Führen Sie dieses systematische Üben nonverbaler Hinweise mindestens zwei Wochen lang durch, so daß Sie und auch die Klasse über die Phase der Neuheit hinweg sind. Die beste Zeit, ein neues Verfahren wie dieses einzuführen, ist nach einer natürlichen Unterbrechung im Schuljahr (zum Beispiel nach den Sommerferien). Beschreiben Sie die Wirkungen dieses neuen Verfahrens im Vergleich zu Ihrem früheren Verhalten:

Michael Grinder: *Ohne viele Worte* (VAK)

Mäusequiz

Die automatische Armbanduhr wurde 1939 auf den Markt gebracht – 16 Jahre nach der Erfindung.

Zellophan wurde erstmals im Jahre 1900 entwickelt. Wie lange dauerte es bis zur Umsetzung der Erfindung?

Name: _____

Unterbrechen & Atmen

Jeder mentale Zustand wird repräsentiert und aufrechterhalten durch einen entsprechenden körperlichen Zustand. Die Beziehungen zwischen Geist und Körper sind so eng, daß Veränderungen im Zustand des einen vom anderen widergespiegelt werden.

Wenn der mentale Zustand, in dem jemand sich gerade befindet, nicht erwünscht oder angemessen ist, dann hilft eine Veränderung der Körperhaltung, den mentalen Zustand zu verändern. Um diesen Wechsel des mentalen oder emotionalen Zustandes optimal zu unterstützen, bewegen Sie zugleich den Körper (*Unterbrechen* der bisherigen Körperhaltung), während Sie *atmen*. Dies gewährleistet eine stärkere Trennung von dem vorangegangenen Zustand. Natürlich ist es um so leichter, den gegenwärtigen Zustand zu unterbrechen, je eher man erkennt, daß er nicht angemessen ist. Daher erlaubt das *Unterbrechen & Atmen* am Ende einer Reglementierung (siehe *Entgiften des Klassenzimmers*) dem Lehrer und den Schülern, sich wieder auf den Unterricht zu konzentrieren und bezüglich der Disziplinierung eine Amnesie zu entwickeln – sprich: zu vergessen, daß sie überhaupt stattgefunden hat. Die andere Gelegenheit, *Unterbrechen & Atmen* anzuwenden, ist, wenn wir unsere Stimme verstärken müssen, um die Aufmerksamkeit der Klasse zu gewinnen (siehe *Lauter (Pause) Flüstern*). Sowohl bei der Klassendisziplinierung als auch beim Einsatz einer lauten Stimme zum Gewinnen der Aufmerksamkeit dient das Manöver *Unterbrechen & Atmen* dazu, unsere Rolle als Zuchtmeister von unserer Person als freundlicher und liebevoller Lehrer zu trennen.

Da das *Unterbrechen & Atmen* die absolut wichtigste Streßmanagementtechnik in der nonverbalen Pädagogik ist, empfehlen wir, dieses Arbeitsblatt gezielt bei folgenden Gelegenheiten zu bearbeiten:

- Reglementieren der Gruppe (*Entgiften des Klassenzimmers*)
- Reglementieren einzelner Schüler
- Einsatz von *Lauter (Pause) Flüstern*
- Einsatz eines strengen *unvollständigen Satzes* an einem rechtshemisphärischen Tag
- Notfallsituation, in der Sie schreien müssen.

Gruppendisziplinierung

1.1 Beschreiben Sie eine Situation, in der es angemessen war, eine Klasse zu disziplinieren:

1.2 Beschreiben Sie das *Unterbrechen & Atmen*:

1.3 Beschreiben Sie die nützlichen Ergebnisse sowohl für Sie als Lehrer als auch für die anderen Beteiligten:

Name: Unterbrechen & Atmen

Individuelle Disziplinierung

Manchmal arbeitet ein Lehrer mit Schülerin X und muß zugleich Schülerin Y auf der anderen Seite des Klassenraums wieder an ihre Arbeit zurückbringen. Wir wissen, daß es sowohl für Ypsilons Selbstachtung als auch für die Konzentration der Schüler, die bei der Arbeit sind, besser ist, eine minimale verbale Botschaft zu geben (siehe unten: *Aufrechterhalten der produktiven Atmosphäre: 5 SEK.*). Bei dieser Gelegenheit muß der Lehrer seine Stimme heben und Y verbal zur Ordnung rufen. Wenn der Lehrer sich dann wieder auf X konzentriert und noch Reste des Tadelns von Y zurückbehalten hat, bekommt X möglicherweise ohne Anlaß diesen „emotionalen Schrott" ab. Daher sollte der Lehrer, sobald er mit Y fertig ist, sich aufrecht hinstellen (und einen halben Schritt zur Seite machen) und ganz tief durchatmen. Je stärker der Zustand, aus dem man herauskommen will, desto wichtiger ist es, zweimal ganz tief durchzuatmen.

2.1   Beschreiben Sie eine Situation, in der Sie einen einzelnen diszipliniert haben:

2.2   Beschreiben Sie das *Unterbrechen & Atmen*:

2.3   Beschreiben Sie die nützlichen Ergebnisse sowohl für Sie als Lehrer als auch für die anderen Beteiligten:

Lauter (Pause) Flüstern

Manchmal ist der Geräuschpegel in der Klasse so hoch, daß wir laut „Leute!" rufen müssen (*Lauter*). Das Problem dabei ist, daß wir anfällig für Frustration sind, wenn wir unsere Stimmbänder überanstrengen.

3.1   Beschreiben Sie eine Situation, in der Sie laut „Leute" (oder etwas ähnliches) gerufen haben (*Lauter*), um die Aufmerksamkeit der Schüler zu gewinnen.

3.2   Beschreiben Sie das *Unterbrechen & Atmen*:

3.3   Beschreiben Sie bitte, welche nützlichen Ergebnisse dies sowohl für Sie als Lehrer als auch für die anderen Beteiligten hatte:

Name: _____   Unterbrechen & Atmen

Ein strenger unvollständiger Satz

Wie bei dem Beispiel eines stärkeren *Lauter (Pause) Flüstern* gibt es Zeiten, da der sanfte Ansatz nicht ausreicht, um die Aufmerksamkeit der Klasse zu gewinnen. Manchmal müssen wir einen scharfen unvollständigen Satz mit einem strengen Gesichtsausdruck sagen. Normalerweise atmen wir dabei hoch und flach im Brustbereich.

4.1 Beschreiben Sie eine Situation, in der Sie einen scharfen unvollständigen Satz eingesetzt haben.

4.2 Beschreiben Sie das *Unterbrechen & Atmen*:

4.3 Beschreiben Sie bitte, welche nützlichen Ergebnisse dies sowohl für Sie als Lehrer als auch für die anderen Beteiligten hatte:

Schreien im Notfall

Bei manchen Gelegenheiten sind wir aufgrund einer Notsituation genötigt zu schreien. Wenn es zum Beispiel so aussieht, als könnte im nächsten Moment eine Bücherkiste aus dem Regal auf einige Schüler fallen, schreien wir laut: „Paßt auf!" Danach müssen wir uns erst einmal wieder von dem Adrenalinschock erholen, der im Körper ausgelöst wurde; das gilt sowohl für uns selbst als auch für die Schüler.

5.1 Beschreiben Sie eine Notfallsituation, in der Sie Ihre Stimme erheben mußten:

5.2 Beschreiben Sie das *Unterbrechen & Atmen*:

5.3 Beschreiben Sie, welche nützlichen Ergebnisse dies sowohl für Sie als Lehrer als auch für die anderen Beteiligten hatte:

Name: _____

Gelbe Ampel

Es gibt vielfältige Situationen, in denen wir die Aufmerksamkeit der Klasse gewinnen müssen. Manchmal ist es der erste Kontakt, wie zum Beispiel zu Beginn des Unterrichts. Dann gibt es während des Unterrichts Zeiten, wenn die Klasse eine vorstrukturierte Aufgabe bearbeitet. Es ist respektvoll, den Schülern zu signalisieren, daß es allmählich Zeit wird, ihre Aufmerksamkeit wieder auf den Lehrer zu richten. Indem wir dies den Schülern *vor* der direkten Anweisung signalisieren, können sie sich selbst darauf vorbereiten. Dies gilt besonders dann, wenn sie in Kleingruppen arbeiten. Denken Sie daran, wie es wäre, wenn wir in den Ampeln nur rotes und grünes Licht hätten; daher soll dieses Vorwarnsignal „gelbe Ampel" heißen.

I. In einer Unterrichtssituation, in der die Schüler unabhängig vom Lehrer arbeiten, wechseln Sie einmal abrupt zum direkten Erteilen von Anweisungen.

A   Was war das Thema der Stunde?

B   Worin bestand die selbständige Arbeit?

C   Wie haben Sie abrupt angesagt, daß die Schüler sich wieder auf Sie konzentrieren sollten?

II. Machen Sie in derselben Stunde eine Ansage mit „gelber Ampel", wie zum Beispiel „in zwei Minuten ..." oder „noch eine Minute ...". Achten Sie auf Ihre Lautstärke; die Schüler sollen die *gelbe Ampel* wahrnehmen, ohne von der Konzentration auf ihre Aufgabe abgelenkt zu werden. Beachten Sie: Es ist hilfreich, die Ansage noch einmal zu wiederholen, indem Sie besonders die letzten Worte mit tiefer, gedehnter Stimme betonen.

D   Was haben Sie gesagt?

E   Beschreiben Sie die Lautstärke und die Langsamkeit Ihrer Stimme:

F   Beschreiben Sie den Unterschied von A bis C gegenüber D und E:

Name: _____   Gelbe Ampel

Die andere Gelegenheit, bei der Sie die *gelbe Ampel* anwenden, kann während Ihrer Darstellung bzw. Erarbeitung des Stoffes auftreten: wenn Sie von der Interaktion zwischen Schülern und Lehrer wechseln wollen zum Frontalunterricht. Eine typische Ansage ist: „Okay, ich rufe noch Janet und Frank auf, und dann werden wir ..." Es ist meistens besser, die Ansage mit einer anderen Stimme zu machen als mit unserer Unterrichtsstimme. Man könnte sagen: Wir setzen unsere Stimme in diesem Moment ein wie eine in Kommata eingeschlossene Parenthese in einem Satz.

G   Was haben Sie gesagt?

H   Beschreiben Sie Ihre Lautstärke:

I   Wie haben G und H den Übergang von der Interaktion zum Lehrervortrag für die Klasse erleichtert?

Mäusequiz

Das Zellophan wurde 1912 auf den Markt gebracht – 12 Jahre nach seiner Erfindung.

Die Kernenergie wurde erstmals 1919 entdeckt. Wie lange dauerte es, bis sie tatsächlich eingesetzt wurde?

Kapitel 3

Unterrichten

*Unterrichten ist die Kunst des Offensichtlichen,
das schwer zu fassen ist.*

Wenn man eine meisterhafte Lehrerin beim Unterrichten beobachtet, ist das etwa so, als wäre man Zuschauer einer Dirigentin in der Philharmonie – ein großer Teil basiert auf dem bisher Eingeübten, und nur so kann sie jetzt aus den Schülern das Beste herausholen. Lehrerstudenten und Junglehrer, die einem erfahrenen Kollegen beim Unterricht zusehen, wissen oft sehr wohl, daß sie Brillanz erleben; sie können jedoch einfach nicht erkennen, was den Unterschied ausmacht. Das liegt daran, daß kompetente, erfahrene Lehrer *präventives Management* betreiben. Die Unterrichtszeit wird für Lernen genutzt statt für Reglementierungen. Das Ziel dieses Buches ist es, diese Fertigkeiten bewußt, nachvollziehbar und erlernbar zu machen.

Unterrichten ist eine stark gruppenorientierte Phase der Stunde, und so muß die Zeit, die man dafür aufbringt, den sich unangemessen verhaltenden einzelnen zu disziplinieren, in einem vertretbaren Verhältnis stehen zu der Zeit, die man der Klasse als ganzer widmet.

Die folgenden Fertigkeiten wurden zur Anwendung für die Gesamtgruppe entwickelt:

- *Melden: Verfeinerungen*
- *Überlappen*
- *Körper nah, Augen fern*
- *Aktivierende Wörter zuletzt*

Die folgenden Fertigkeiten wurden besonders für die Unterstützung einzelner Schüler entwickelt:

- *Mehr nonverbale Signale*
- *Verbaler Rapport mit „schwer erreichbaren" Schülern*

Es gibt ein Training, das den Teilnehmern Feedback darüber gibt, wie sie den Schülern nonverbal ihre Wertschätzung und Anerkennung vermitteln. Dieser Ansatz ist (in den USA) als TESA bekannt, das für *Teacher Expectation and Student Achievement* (also „Lehrererwartung und Schülerleistung") steht. Lehrer, die dieses Training absolvieren, lernen zu erkennen, wie sie bestimmte Schüler vorziehen, ohne es zu wollen.

Wenn Sie in der Oberstufe oder an einer Hochschule unterrichten, wenn Sie mit Jugendlichen zu tun haben oder in der Erwachsenenbildung tätig sind, finden Sie die Fertigkeiten, die Sie suchen, wahrscheinlich im Kapitel 2, *Aufmerksamkeit gewinnen*, und im vorliegenden Kapitel 3, *Unterrichten*. In solchen Lerngruppen brauchen die Lehrenden gute Kenntnisse und Fertigkeiten in Gruppendynamik; aufgrund der Komplexität dieser Thematik soll ein zukünftiges Buch ganz der Gruppendynamik in Lernsituationen gewidmet sein.

Name:

Melden oder Zurufen: Verfeinerungen

In den Arbeitsblättern des Kapitels 1 zu *Melden oder Zurufen* wurden die drei Formen behandelt, die während einer Präsentation oder eines Lehrervortrags eingesetzt werden: *Lehrervortrag* (Lehrer allein), *Melden* und *Zurufen*. Im folgenden geht es darum, ob man *Melden* oder *Zurufen vor oder nach* der *inhaltlichen* Frage bzw. Aufgabenstellung ansagt.

In traditionellen Kursen zur Methodik des Unterrichtens wird empfohlen, daß die Lehrerin zuerst die *Inhalts*frage stellt und danach den Schüler aufruft (daß die Information über das Verfahren also an zweiter Stelle steht). Dieser Ansatz hält sicherlich alle Schüler wach, da sie nie wissen, wann sie aufgerufen werden. Diese Form ist besonders dann sehr wirkungsvoll und sollte am besten angewandt werden, wenn man eine gute Klassendisziplin hat. Im wesentlichen fragen wir also erst nach dem *Inhalt*, bevor wir ansagen, was die Form sein wird: „Bitte meldet euch" oder „Alle zusammen" oder „Ich rufe einzelne von euch auf".

Manchmal verursacht die Inhaltsfrage *vor* der Ansage der Form ein ziemliches Stimmenwirrwar, da die Schüler alle zugleich in die Klasse rufen. Das gestattet uns nicht, das Wissen der ruhigeren und reservierteren Schüler zu überprüfen. In diesem Fall wäre es daher besser gewesen, die Form anzusagen („Meldet euch" oder Aufrufen einzelner Schüler), *bevor* die Inhaltsfrage gestellt wird. Woher wissen wir also, was wir zuerst mitteilen müssen, die inhaltliche Frage oder die Verfahrensanweisung? Was geschieht, wenn wir immer die gleiche Reihenfolge anwenden, zum Beispiel immer die Form zuerst ansagen? Manchmal funktioniert es, manchmal nicht. Wenn die Klasse beispielsweise sehr aufgeregt ist und wir sagen: „Jochen, was ist die Antwort zu Nummer drei?", wird in diesem Fall die Form zuerst angesagt, bevor die Klasse die Frage weiß. Das Ergebnis ist, daß die Energie in der Klasse sich wahrscheinlich angemessen einpendelt. Wenn die Klasse jedoch eher lethargisch ist und wir sagen: „Jochen, was ist die Antwort zu Nummer drei?", haben wir unabsichtlich zu der Apathie im Raum beigetragen. Wir brauchen die folgenden flexiblen Formeln:

- Wenn das Interesse am Inhalt hoch ist, dann sagen wir die Form an, bevor wir die Frage stellen.
- Wenn das Interesse am Inhalt gering ist, können wir uns den Luxus leisten, die Form nach der Inhaltsfrage anzusagen.

Die Formen können auch in eine Sequenz gebracht und miteinander verknüpft werden. Die Lehrerin könnte beispielsweise „Meldet euch" ansagen, und wenn die Mehrheit der Schüler erst einmal die Hand gehoben hat, könnte sie dazu übergehen, die Klasse gemeinsam die Antwort laut sagen zu lassen.

Üben Sie in der kommenden Woche folgende Formeln:

Formel 1: **Interesse hoch** = **Form zuerst ansagen** (siehe unten, Nr. 1)
Formel 2: **Interesse gering** = **Inhaltsfrage zuerst** (Nr. 2)

Name: Melden oder Zurufen: Verfeinerungen

1. Schreiben Sie die Ergebnisse von drei Situationen auf, in denen Sie sich an die „Formel 1" gehalten haben, in denen also das Interesse am Inhalt hoch war und Sie die Form vor der Inhaltsfrage angesagt haben.

1.1 Erste Situation: Datum: Uhrzeit:

Woher wußten Sie, daß das Interesse am Inhalt hoch sein würde?

Markieren Sie die Form, die Sie angesagt haben: „Meldet euch", „Einzelne werden aufgerufen", „Zurufen", „Meldet euch und sagt dann alle zusammen die Antwort" oder ...

Beschreiben Sie die Ergebnisse:

1.2 Zweite Situation: Datum: Uhrzeit:

Woher wußten Sie, daß das Interesse am Inhalt hoch sein würde?

Markieren Sie die Form, die Sie angesagt haben: „Meldet euch", „Einzelne werden aufgerufen", „Zurufen", „ Meldet euch und sagt dann alle zusammen die Antwort", oder ...

Beschreiben Sie die Ergebnisse:

1.3 Dritte Situation: Datum: Uhrzeit:

Woher wußten Sie, daß das Interesse am Inhalt hoch sein würde?

Markieren Sie die Form, die Sie angesagt haben: „Meldet euch", „Einzelne werden aufgerufen", „Zurufen", „ Meldet euch und sagt dann alle zusammen die Antwort", oder ...

Beschreiben Sie die Ergebnisse:

Name: _____ Melden oder Zurufen: Verfeinerungen

2. Schreiben Sie die Ergebnisse von drei Situationen auf, in denen Sie sich an die „Formel 2" gehalten haben, in denen das Interesse am Inhalt gering war und Sie zuerst die Inhaltsfrage gestellt haben.

2.1 Erste Situation:　　　　　　　　　　Datum:　　　　　　Uhrzeit:

Woher wußten Sie, daß das Interesse am Inhalt gering sein würde?

Wie lange haben Sie nach dem Stellen der Inhaltsfrage gewartet, bis Sie die Form angesagt haben?

Markieren Sie die Form, die Sie angesagt haben: „Meldet euch", „Einzelne werden aufgerufen", „Zurufen", „Meldet euch und sagt dann alle zusammen die Antwort", oder ...

Beschreiben Sie die Ergebnisse:

2.2 Zweite Situation:　　　　　　　　　Datum:　　　　　　Uhrzeit:

Woher wußten Sie, daß das Interesse am Inhalt gering sein würde?

Wie lange haben Sie nach dem Stellen der Inhaltsfrage gewartet, bis Sie die Form angesagt haben?

Markieren Sie die Form, die Sie angesagt haben: „Meldet euch", „Einzelne werden aufgerufen", „Zurufen", „Meldet euch und sagt dann alle zusammen die Antwort", oder ...

Beschreiben Sie die Ergebnisse:

2.3 Dritte Situation:　　　　　　　　　Datum:　　　　　　Uhrzeit:

Woher wußten Sie, daß das Interesse am Inhalt hoch sein würde?

Wie lange haben Sie nach dem Stellen der Inhaltsfrage gewartet, bis Sie die Form angesagt haben?

Markieren Sie die Form, die Sie angesagt haben: „Meldet euch", „Einzelne werden aufgerufen", „Zurufen", „Meldet euch und sagt dann alle zusammen die Antwort", oder ...

Beschreiben Sie die Ergebnisse:

Name: _____   Melden oder Zurufen: Verfeinerungen

Testen der Formeln

Sie haben eine Woche lang die folgenden Formeln angewandt:
- Interesse hoch   =   Form zuerst
- Interesse gering =   Inhaltsfrage zuerst

Um die Gültigkeit dieser Empfehlungen zu überprüfen, werden wir das Gegenteil machen.

3. Immer dann, wenn Sie in den nächsten paar Tagen schätzen, daß das Interesse am Inhalt hoch sein wird, stellen Sie zuerst die *Inhalts*frage. Schreiben Sie die Ergebnisse auf, wenn Sie dies dreimal gemacht haben.

3.1   Erste Situation: Datum: Uhrzeit:

Woher wußten Sie, daß das Interesse am Inhalt hoch sein würde?

Beschreiben Sie, was geschah:

3.2   Zweite Situation: Datum: Uhrzeit:

Woher wußten Sie, daß das Interesse am Inhalt hoch sein würde?

Beschreiben Sie, was geschah:

3.1   Dritte Situation: Datum: Uhrzeit:

Woher wußten Sie, daß das Interesse am Inhalt hoch sein würde?

Beschreiben Sie, was geschah:

Michael Grinder: *Ohne viele Worte* (VAK)

Name: _____ Melden oder Zurufen: Verfeinerungen

4. Wenn Sie schätzen, daß das Interesse am Inhalt gering sein wird, sagen Sie die *Form* zuerst an.

4.1 Erste Situation: Datum: Uhrzeit:

Woher wußten Sie, daß das Interesse am Inhalt gering sein würde?

Markieren Sie die Form, die Sie angesagt haben: „Meldet euch", „Einzelne werden aufgerufen", „Zurufen", „ Meldet euch und sagt dann alle zusammen die Antwort", oder …

Beschreiben Sie, was geschah:

4.2 Zweite Situation: Datum: Uhrzeit:

Woher wußten Sie, daß das Interesse am Inhalt gering sein würde?

Markieren Sie die Form, die Sie angesagt haben: „Meldet euch", „Einzelne werden aufgerufen", „Zurufen", „ Meldet euch und sagt dann alle zusammen die Antwort", oder …

Beschreiben Sie, was geschah:

4.3 Dritte Situation: Datum: Uhrzeit:

Woher wußten Sie, daß das Interesse am Inhalt gering sein würde?

Markieren Sie die Form, die Sie angesagt haben: „Meldet euch", „Einzelne werden aufgerufen", „Zurufen", „ Meldet euch und sagt dann alle zusammen die Antwort", oder …

Beschreiben Sie, was geschah:

Welche Schlußfolgerungen können Sie aus den Erfahrungen mit Nummer 1 und 2 ziehen? (Vorgehen nach den empfohlenen Formeln „Interesse hoch = Form zuerst" und „Interesse gering = Inhaltsfrage zuerst") Wie waren im Vergleich dazu die Ergebnisse bei Nummer 3 und 4? (Vorgehen in der am wenigsten empfohlenen Weise)

Name:

Mehr nonverbale Signale

Einer der größten Vorteile, die eine Lehrerin hat, die systematisch nonverbale Signale einsetzt, ist der, daß sie in der Lage ist, in einer Atmosphäre, die beiden Seiten Gewinn bringt (*win-win*), *mehr* Stoff zu bearbeiten. Wieso? Wenn Sie für Organisieren und Disziplinieren nonverbale Signale verwenden, können Sie Ihre Stimme für den Fortgang des Unterrichts nutzen, sozusagen für den Stoff reservieren. Beispiel: Die Lehrerin dreht (mit einem Dimmer) jedesmal, wenn sie Anweisungen geben will, langsam das Licht aus und dann wieder an. Die Klasse guckt nach vorn, denn sie weiß, daß das Dimmen des Lichtes bedeutet, daß die Lehrerin ihre Aufmerksamkeit braucht.

Als Lehrer sind wir uns sicherlich einig, daß nonverbale Signale für das *Unterrichtsmanagement* nicht nur erwünscht, sondern auch wirkungsvoll sind; der in diesem Buch vertretene Ansatz beinhaltet darüber hinaus, daß nonverbale Signale auch für die eigentlichen *Lernschritte* höchst willkommen und effizient sind. Wir behaupten, daß nonverbale Signale innerhalb unserer Stoffpräsentation selbst gleichzeitig präventiv als Managementtechniken wirken. (Beispiel: eine Handgeste, die anzeigt, daß die obere Zahl eines Bruches gemeint ist.) Wieso? Weil sie die Klasse zwingen, die Lehrerin zu beobachten. Dies führt zu größerer Ruhe in der Klasse, und da die Schüler die Lehrerin anschauen, kann sie nun noch mehr nonverbale Signale einsetzen. Beispiel: Wenn die Lehrerin 8 x 7 an die Tafel schreibt und dann sagt: „Kinder, wieviel ist 7 mal 8?", so stellt sie die Aufgabe damit (zusätzlich) vollständig in *auditiver* Form; ein Schüler könnte dem Unterricht folgen, ohne die Lehrerin überhaupt anzuschauen. Wenn die Lehrerin dagegen eine weniger vollständige Formulierung wählte wie etwa: „Kinder, wieviel ist 7 mal diese Zahl?" und dabei auf die 8 zeigte, müßte die Klasse sich *visuell* der Lehrerin an der Tafel zuwenden.

Michael Grinder: *Ohne viele Worte* (VAK)

Name: Mehr nonverbale Signale

Wählen Sie eine Ihrer Stunden aus und machen Sie diesbezüglich die folgende Aufstellung. (Sie werden merken, daß es leichter ist, sich an die nonverbalen Signale zu erinnern, wenn Sie dieses Blatt *gleich* nach der Stunde ausfüllen.)

1. Listen Sie in der linken Spalte alle nonverbalen stoffbezogenen und Managementsignale auf (besonders letztere), die Sie in zehn Minuten innerhalb der Unterrichtsphase der Stunde angewandt haben. Beschreiben Sie auf der rechten Seite die Anwendung und Bedeutung der nonverbalen Signale.

Nonverbale Signale   **Anwendung und Bedeutung**

a)   =

b)   =

c)   =

d)   =

e)   =

f)   =

g)   =

h)   =

Michael Grinder: *Ohne viele Worte* (VAK)

Name: Mehr nonverbale Signale

2. Unser Ziel ist, unsere nonverbalen Signale für den Unterrichts*prozeß* einzusetzen und unsere verbale Kommunikation für den Unterrichts*inhalt*. Listen Sie Gelegenheiten auf, bei denen Sie ein verbales Signal gegeben haben, obwohl es vielleicht effektiver gewesen wäre, entweder parallel dazu ein nonverbales einzusetzen oder einfach *nur* ein nonverbales.

Beispiel: Die Lehrerin bemerkt, daß die Schüler beim Anschalten des Overheadprojektors ihren Stift in die Hand nehmen, um sich zu der visuell gezeigten Information Notizen machen. Aber nachdem die Schüler die Information abgeschrieben haben, legen sie langsam ihren Stift aus der Hand oder spielen damit. Die Lehrerin, die über diese Beobachtung nachdenkt, schließt daraus, daß es wirksamer wäre, den Projektor abzuschalten, sobald die Schüler zu Ende abgeschrieben haben. Dies hält die Verbindung aufrecht: „Projektor an" gleich „Seid aufmerksam!"

Beide Seiten gewinnen *(win-win)*

Verbale Botschaften   **Alternative nonverbale Signale**

a)   =

b)   =

c)   =

d)   =

3. Formulieren Sie die Einsichten, die Sie bei dieser Aufgabe gesammelt haben.

Michael Grinder: *Ohne viele Worte* (VAK)

Name:

Überlappen

Innerhalb jeder Unterrichtsstunde von fünfundvierzig Minuten gibt es Zeiten, in denen die Lehrerin die Aufmerksamkeit der Klasse benötigt, und andere Zeiten, in denen die Schüler unabhängig von ihr arbeiten. Danach braucht die Lehrerin die Aufmerksamkeit der Klasse vielleicht wieder. So haben wir also Aktivität A, dann einen Übergang zu Aktivität B, dann einen Übergang zu Aktivität C. Die Anzahl der Aktivitäten bestimmt, wie oft es erforderlich ist, die Aufmerksamkeit zu gewinnen. Was ist also der Nachteil dieser traditionellen Art, Übergänge zu schaffen?

Wenn die Schüler die Aktivität A beenden, gibt es im Klassenraum Geraschel (zum Beispiel wenn die Schüler ihre Bücher wegpacken). Dann muß die Lehrerin wieder die *Aufmerksamkeit gewinnen* und sagt Aktivität B an. Um Zeit zu sparen, wendet die Lehrerin die Überlappungstechnik an, indem Sie Aktivität B ansagt, bevor A beendet ist. Beispiel: Die Lehrerin dirigiert gerade das gemeinsame Beantworten der fünf Fragen am Ende eines Kapitels. Danach sollen die Schüler die Bücher wegpacken, ein anderes Buch herausholen und Aktivität B beginnen. Die Überlappungstechnik besteht darin, daß die Lehrerin nach der Beantwortung der *vierten* Frage ansagt: „Bevor wir Nummer fünf beantworten, nehmt ... heraus." Sie sagt die Anweisungen und zeigt an der Tafel, wie Aktivität B zu tun ist. Die Schüler nehmen das Material für Aktivität B heraus. Dann wird Nummer fünf gelesen und mündlich beantwortet. Automatisch sind wir schon bei Aktivität B, ohne Zeit zu verlieren.

Natürlich ist es wichtig, die Konzentrationsfähigkeit der Klasse zu berücksichtigen und einzuschätzen, ob eine Unterbrechung zwischen Aktivität A und Aktivität B hilfreich ist. Wenn es zum Beispiel in der Klasse einen größeren Prozentsatz kinästhetischer Schüler gibt, ist auch die Notwendigkeit größer, Bewegung zu erlauben, um ihnen zu ermöglichen, bei Aktivität B dann tatsächlich stillzusitzen.

Name: Überlappen

1. Führen Sie an den nächsten drei Tagen mindestens einmal pro Tag die Überlappungstechnik durch und beschreiben Sie kurz, welche Punkte dabei auftauchten. Notieren Sie, ob einige oder alle Anweisungen visuell waren und ob es Anweisungen gibt, die Sie so oft anwenden, daß sich die Anfertigung eines Schildes lohnt.

1.1   Datum:

1.2   Datum:

1.3   Datum:

2. Fassen Sie die allgemeinen Einsichten und die Reaktionen zusammen, die bei dieser Vorgehensweise auftauchten.

Mäusequiz

Die Kernenergie wurde erst 1965 eingesetzt – 46 Jahre nach der Entdeckung.

Flüssiges Shampoo wurde erstmals 1958 entwickelt. Was glauben Sie, wie lange es bis zur Produktvermarktung dauerte?

Name:

Körper nah, Augen fern

Das ideale Präsentieren oder Vortragen besteht darin, unseren Stoff und – viel wichtiger noch – unseren Vortragsstil so faszinierend zu gestalten, daß unsere Schüler völlig davon gefesselt sind. Dies ist das Beste, was wir an präventivem Unterrichtsmanagement tun können. Aber leider leben viele von uns nicht in einem „pädagogischen Camelot". Eine Faustregel ist: *Unsere verbale Kommunikation zur Mitteilung des Inhaltes verwenden und unsere nonverbalen Fähigkeiten zum Disziplinieren!* Wir wissen, daß der kinästhetische Schüler durch die körperliche Gegenwart des Lehrers beeinflußt wird. Daher besteht präventives Management unter anderem darin, sich während der Präsentation im Raum umherzubewegen und sich besonders in der Nähe der kinästhetischen Schüler aufzuhalten. Diese gruppendynamische Technik wäre leicht zu erlernen und anzuwenden, wenn wir nicht eine Gewohnheit hätten, die wir zum Herstellen des individuellen Rapportes erlernt haben: auf den Fragesteller oder die aufgerufene Person zuzugehen.

1. Stellen Sie zwei Tage lang auf traditionelle Weise Rapport her. Wenn Sie vorn im Raum stehen, gehen Sie auf den Schüler zu, den Sie aufrufen. Wenn ein Schüler eine Frage stellt, gehen Sie auf diesen Schüler zu. Beschreiben Sie hier Ihre Beobachtungen:

Nachdem Sie Ihre natürliche Neigung beobachtet haben, auf den Schüler zuzugehen, den Sie aufrufen, gehen Sie nun – ohne den Schüler anzuschauen, den Sie aufrufen wollen – absichtlich auf die Seite des Raumes, die dem Platz des Schülers gegenüber liegt bzw. am weitesten entfernt ist. Natürlich müssen Sie zugleich auf intelligente Weise Ihre inhaltliche Darstellung weiterführen, während Sie fortgehen. Vielleicht suchen Sie sich eine Stelle im Raum, an dem einer oder mehrere kinästhetische Schüler sitzen. Wenn Sie erst einmal etwas entfernt von dem Schüler sind, den Sie aufrufen wollen, dann können Sie sich zu ihm umdrehen. Schauen Sie diesen Schüler an und rufen Sie ihn auf. Nun sind Sie mit Ihren Augen bei dem Schüler, der entfernt sitzt, und körperlich sind sie den anderen Schülern nahe. Ihre Stimme und Ihre Anwesenheit halten die Schüler, die Ihnen körperlich nahe sind, aufmerksam, während Ihr Blick die Schüler, die weiter weg sitzen, ebenfalls „bei der Stange" hält.

2. Setzen Sie zwei Tage lang diese Managementtechnik ein *(Körper nah, Augen fern)*. Berichten Sie über den Unterschied in der Aufmerksamkeit der Schüler, wenn Sie dieses Verfahren im Vergleich zum ersten benutzen.

Michael Grinder: *Ohne viele Worte* (VAK)

Name: _____

Verbaler Rapport mit „schwer erreichbaren" Schülern

Es gibt einen gewissen Prozentsatz von Schülern, die nicht durch die Autorität der Lehrerin oder durch Zeugnisnoten zu motivieren sind. Man kann diese Schüler durch eine besondere Form von Rapport erreichen. Etwa dadurch, daß man eine Unterrichtsstunde so gestaltet, daß für diese Schüler etwas Interessantes dabei ist. Dann werden sie viel aufmerksamer.

1. Initialen eines Schülers, der in die fünf bis fünfzehn Prozent der Schülerpopulation paßt, die „schwer erreichbar" sind (meistens rechtshemisphärisch orientierte Schüler, bei denen Standarddisziplinierungsmethoden kaum wirken):

1.1 Beschreiben Sie kurz das Verhalten des Schülers, das darauf hinweist, daß er „schwer erreichbar" ist.

1.2 Wenn Sie sich in einer anderen Position als der autoritären Lehrerrolle befinden (während eines Ausflugs, beim Schulfest, beim Vorbeigehen in der Pausenhalle), nehmen Sie Kontakt auf, interagieren Sie mit dem Schüler. Finden Sie die zwei oder drei Themen heraus, die für ihn in positiver Weise interessant sind. Schreiben Sie sie hier auf:

1.3 Würzen Sie dann beim Vortragen oder bei der Einzelarbeit die Darstellung mit Aspekten der für den Schüler interessanten Bereiche, um seine Aufmerksamkeit zu halten. Notieren Sie zwei Beispiele dafür, wie Sie das gemacht haben:

1.4 Beschreiben Sie, ob die Aufmerksamkeit bei diesem Schüler zunimmt.

Name: _____ Verbaler Rapport mit „schwer erreichbaren" Schülern

2 Initialen eines Schülers, der „schwer erreichbar" ist:

2.1 Beschreiben Sie kurz das Verhalten des Schülers, das darauf hinweist, daß er „schwer erreichbar" ist.

2.2 Wenn Sie sich in einer anderen Position als der autoritären Lehrerrolle befinden (während eines Ausflugs, beim Schulfest, beim Vorbeigehen in der Pausenhalle), nehmen Sie Kontakt auf, interagieren Sie mit dem Schüler. Finden Sie die zwei oder drei Themen heraus, die für ihn in positiver Weise interessant sind. Schreiben Sie sie hier auf:

2.3 Würzen Sie dann beim Vortragen oder bei der Einzelarbeit die Darstellung mit Aspekten der für den Schüler interessanten Bereiche, um seine Aufmerksamkeit zu halten. Notieren Sie zwei Beispiele dafür, wie Sie das gemacht haben:

2.4 Beschreiben Sie, ob die Aufmerksamkeit bei diesem Schüler zunimmt.

Michael Grinder: *Ohne viele Worte* (VAK)

Name: _____ Verbaler Rapport mit „schwer erreichbaren" Schülern

Jugendliche und Ältere

3. Beim Unterricht in unteren Klassenstufen kann man als Lehrerin den Schüler anschauen, während man über ein Thema spricht, das bei ihm großes Interesse weckt. Beim Unterrichten von Jugendlichen und Älteren ist es effektiver, den Lernenden nicht anzuschauen, während man Häppchen seines Interessengebietes in die Darstellung einstreut. Warum? Ein Wesenszug, der den rechtshemisphärischen Schüler vom Rest der Schülerpopulation unterscheidet, ist seine Tendenz, „selbstselektiv" zu sein. Er reserviert sich das Recht, die Beziehungen mit anderen selbst auszuwählen, besonders mit Leuten von Rang und Namen. Dieser Schüler will nicht, daß andere entscheiden, eine Beziehung mit ihm aufzunehmen; wenn also die Lehrerin den Schüler anguckt, während sie von seinem Interessengebiet spricht, weiß er, daß sie mit Absicht diesen Trick benutzt. Die Reaktionsspanne reicht dann von „Lassen Sie mich in Ruhe", „Ich will nicht, daß Sie an mir 'rummanipulieren", über „Mensch, die kann man aber leicht kontrollieren" bis hin zu „Gerade eben habe ich die Macht in dieser Klasse übernommen".

Wenn wir gerade das Interessengebiet dieser Schüler ansprechen und wahrnehmen, daß sie beginnen, uns anzuschauen, sollten wir uns ein bißchen von ihnen wegdrehen. Da wir sie nicht direkt anschauen, wissen sie nicht, ob wir das Thema ihretwegen angeschnitten haben oder ob wir selbst daran interessiert sind. Sie fühlen sich zu uns hingezogen. Das fasziniert sie, und diese Schüler lieben es, fasziniert zu sein. Sie jagen hinter uns her, *sie* entscheiden, sie wählen uns aus.

3.1 Initialen eines rechtshemisphärisch orientierten Jugendlichen:

3.2 Listen Sie zwei oder drei seiner Interessengebiete oder Themen auf:

3.3 Wenn Sie beim Vortragen sind und der betreffende Schüler ist nicht aufmerksam, flechten Sie ein Interessengebiet dieses Schülers in die Darstellung ein. Wenn Sie bemerken, daß er in Ihre Richtung schaut, drehen Sie sich ein wenig zur Seite. Beschreiben Sie, was Sie gesagt und getan haben:

3.4 Beschreiben Sie die Veränderung der Aufmerksamkeit des Schülers.

| Name: | Verbaler Rapport mit „schwer erreichbaren" Schülern |

4.1 Initialen eines zweiten rechtshemisphärisch orientierten Jugendlichen:

4.2 Listen Sie zwei oder drei seiner Interessengebiete oder Themen auf:

4.3 Wenn Sie beim Vortragen sind und der betreffende Schüler ist nicht aufmerksam, flechten Sie ein Interessengebiet dieses Schülers in die Darstellung ein. Wenn Sie bemerken, daß er in Ihre Richtung schaut, drehen Sie sich ein wenig zur Seite. Beschreiben Sie, was Sie gesagt und getan haben:

4.4 Beschreiben Sie die Veränderung der Aufmerksamkeit des Schülers.

Timing

5. Je länger jemand unaufmerksam ist, desto intensiver werden seine Tagträume. Lesen Sie die Abschnitte *Unterbrechen & Atmen*, *Einflußansatz*, *Positive Verstärkung* und *Vakuumpause* (unter *Von Macht zu Einfluß*). Diese Abschnitte helfen uns zu erkennen, daß jeder mentale Zustand durch eine bestimmte Körperhaltung repräsentiert und aufrechterhalten wird. Je länger jemand in derselben Körperhaltung ist, desto tiefer geht diese Person in den entsprechenden mentalen Zustand. Je früher wir sehen, daß ein Schüler beginnt, sich auszublenden, und je früher wir sein Interessengebiet ansprechen, desto wahrscheinlicher wird er unsere Bemerkung hören.

Lassen Sie uns diese Behauptung testen, indem wir das Gegenteil dieses Grundsatzes tun. Wenn Sie Nummer 5.3 bis 5.6 nicht innerhalb der gleichen Stunde machen können, dann machen Sie 5.3 und 5.5 in einer Stunde sowie 5.4 und 5.6 in einer anderen.

5.1 Initialen eines rechtshemisphärisch orientierten Schülers:

5.2 Listen Sie seine Interessengebiete auf:

Name: _____   Verbaler Rapport mit „schwer erreichbaren" Schülern

5.3 Wenn Sie während Ihres Vortrags bemerken, daß der Schüler sich gerade ausblendet, machen Sie einfach mit ihrer Präsentation weiter. Lassen Sie den Schüler ganz in den von ihm gewählten Zustand gehen. Sobald Sie wissen, daß er sich fest auf etwas anderes als auf Ihren Vortrag konzentriert, streuen Sie in Ihren Stoff Interessengebiete des Schülers ein. Beschreiben Sie die Lautstärke Ihrer Stimme und jegliche Veränderungen in der Aufmerksamkeit des Schülers.

5.4 Praktizieren Sie das gleiche Verfahren mit demselben Schüler. Es wäre am besten, die Wiederholung dieser Technik innerhalb der gleichen Stunde zu machen. Beschreiben Sie die Lautstärke Ihrer Stimme und jegliche Veränderungen in der Aufmerksamkeit des Schülers.

5.5 Streuen Sie nun – in dem Moment, in dem der Schüler beginnt, sich auszublenden – sein Interessengebiet in Ihre Präsentation ein. Versuchen Sie das in derselben Stunde zu machen wie 5.3. Halten Sie so gut wie möglich Ihre Stimme in der gleichen Lautstärke wie bei 5.3. Dies gestattet einen weit besseren Vergleich zwischen beiden. Beschreiben Sie die Lautstärke Ihrer Stimme und das Ausmaß, in dem der Schüler aufmerksamer wurde.

5.6 Praktizieren Sie dieses Vorgehen noch einmal. Versuchen Sie es in derselben Stunde zu machen wie 5.4. Halten Sie so gut wie möglich Ihre Stimme in der gleichen Lautstärke wie bei 5.4. Beschreiben Sie die Lautstärke Ihrer Stimme und das Ausmaß, in dem der Schüler aufmerksamer wurde.

Zusammenfassung

Welche Einsichten haben Sie gewonnen, wenn Sie die Resultate von 5.3 und 5.4 mit der in 5.5 und 5.6 empfohlenen Methode vergleichen? (Weiter hinten in Kapitel 5 wird unter der Fertigkeit *Von Macht zu Einfluß* das Konzept der *Vakuumpause* behandelt. Nachdem Sie dieses Konzept erst einmal gelernt haben, werden Sie noch viel effektiver sein, wenn Sie innerhalb dieser Vakuumpause das Interessengebiet des Schülers nennen.)

Name: _____

Aktivierende Wörter zuletzt

Hören Schüler die Lehrerin Tätigkeitswörter sagen wie „nehmt", „öffnet", „tut", „macht", so werden sie körperlich aktiviert. Wenn der Körper der Schüler aktiviert ist, nimmt die Fähigkeit zum Zuhören mit zunehmender Körperbewegung ab. Sagt eine Lehrerin: „Nehmt eure Bücher heraus und schlagt Seite dreiundvierzig auf", so veranlaßt die Aufforderung „Nehmt ... heraus" die Schüler, ihre Bücher aus den Taschen zu holen. Die Seitenzahl hört eine Reihe von ihnen schon nicht mehr, so daß die Lehrerin sie mehrmals wiederholen muß. Sie hat unabsichtlich eine Spaltung in der Klasse hervorgerufen. Hier ist die Lehrerin, da die Schüler, die ihr Buch auf Seite dreiundvierzig aufgeschlagen haben, und dort die Schüler, die nicht wissen, wo sie sind. Im Grunde ist die Stunde damit etwas aus dem Takt. Es gibt einige Möglichkeiten, diese Schwierigkeit zu umgehen:

- Wann immer möglich, sollten Sie die aktivierenden Wörter (in der Videoserie kurz als „Tatworte" bezeichnet) zuletzt sagen. Zum Beispiel: „Eure nächste Aufgabe findet ihr auf Seite 43 im Physikbuch; holt es jetzt bitte heraus."

- Wenn Sie ein aktivierendes Wort sagen müssen, ist es sicherer, die Schüler „einzufrieren", während Sie sprechen. Verwenden Sie eine nonverbale Geste, zum Beispiel Handheben wie ein Verkehrspolizist, der das Stopsignal gibt, während Sie sagen: „Gleich – in der nächsten Minute – nehmt ihr eure Technikbücher heraus und seht euch Seite 43 an." Stellen Sie sicher, daß Sie die nonverbale Geste so lange beibehalten, bis Sie möchten, daß die Klasse beginnt.

- Natürlich ist der sicherste Weg, um Anweisungen zu kommunizieren, wenn wir die Details (also „S. 43") an die Tafel oder auf den Projektor schreiben, während wir sagen: „.... auf Seite 43 ..." An rechtshemisphärischen Tagen sollten wir diese visuelle Technik verwenden.

1. Entwerfen Sie für die nächsten zwei Tage Unterrichtsstunden, in denen aktivierende Wörter angesagt werden müssen. Testen Sie den oben genannten Grundsatz, indem Sie das Gegenteil des empfohlenen Ansatzes machen. Auf diese Weise können Sie die Unterschiede zwischen der traditionellen Weise, in der Sie aktivierende Wörter am Anfang der Anweisungen benutzen, vergleichen mit der vorgeschlagenen Art und Weise, entweder diese Wörter später einzusetzen oder die Klasse durch nonverbale Gesten „einzufrieren", oder beides.

Listen Sie die aktivierenden Wörter auf, die Sie gesagt haben:

Sagen Sie absichtlich die aktivierenden Wörter am Anfang Ihrer Anweisungen. Listen Sie die Instruktionen auf, die den aktivierenden Wörtern folgten:

Beschreiben Sie, welcher Prozentsatz der Klasse angemessen reagierte. Achten Sie darauf, welche bestimmten Schüler nicht angemessen reagierten.

Kommentieren Sie, inwiefern die Stunde aus dem Takt war:

Name: Aktivierende Wörter zuletzt

2. Nun wechseln Sie zum empfohlenen Ansatz. Nennen Sie das aktivierende Wort entweder am Ende der Instruktionen und/oder verwenden Sie eine nonverbale Geste, um die Schüler still zu halten, während Sie die Anweisung geben.

2.1 Listen Sie Ihre aktivierenden Wörter auf:

Wie lauteten, abgesehen von den aktivierenden Wörtern, die Instruktionen?

Beschreiben Sie die Plazierung Ihrer aktivierenden Wörter. Wenn eine nonverbale Geste eingesetzt wurde: Was für eine Geste war es, und haben Sie dieses Signal so lange gehalten, bis Sie die Anweisungen beendet hatten?

Beschreiben Sie, welcher Prozentsatz der Klasse angemessen reagierte. Achten Sie darauf, welche bestimmten Schüler nicht angemessen reagierten.

Kommentieren Sie, ob dieser Abschnitt der Stunde durch dieses Verfahren mehr im Takt zu sein schien:

2.2 Zweites Beispiel: Listen Sie Ihre aktivierenden Wörter auf:

Wie lauteten, abgesehen von den aktivierenden Wörtern, die Instruktionen?

Beschreiben Sie die Plazierung Ihrer aktivierenden Wörter. Wenn eine nonverbale Geste eingesetzt wurde: Was für eine Geste war es, und haben Sie dieses Signal so lange gehalten, bis Sie die Anweisungen beendet hatten?

Beschreiben Sie, welcher Prozentsatz der Klasse angemessen reagierte. Achten Sie darauf, welche bestimmten Schüler nicht angemessen reagierten.

Kommentieren Sie den Unterschied (der Schülerreaktionen) zwischen Ansatz Nummer 1 und dem empfohlenen Ansatz Nummer 2. Wenn es ein rechtshemisphärischer Tag war: Haben Sie die Tafel oder den Projektor benutzt, um die Details der Anweisung zu zeigen?

Kapitel 4

Übergang zur Stillarbeit

„Kein Wind ist günstig, wenn man nicht weiß,
zu welchem Hafen man segelt."

Seneca

Das nächste Kapitel heißt *Stillarbeit*; der Versuch, diesen Abschnitt des Unterrichts effektiv zu gestalten, ist wie ein Fluch, der dem Lehrer auferlegt ist. Wir sind ständig damit beschäftigt, die ganze Gruppe im Griff zu halten, während wir gleichzeitig hoffen, einzelne individuell unterstützen zu können. Im Geschäftsleben gibt es die Redensart, daß Manager achtzig Prozent ihrer Zeit mit zwanzig Prozent ihrer Mitarbeiter verbringen. Übersetzt in die Pädagogik heißt das: Wir verbringen in der Stillarbeit sechzig bis achtzig Prozent unserer Zeit mit den gleichen vier bis sechs Schülern.

Warum sprechen wir hier über Probleme bei der Stillarbeit? Die Produktivität, die in der Stillarbeit entsteht, ist ein Nebenprodukt unserer Navigation während der Zeit, in der wir den Hafen des Unterrichtens verlassen und in Richtung Stillarbeit segeln. In diesem Kapitel wird die kleinste Anzahl an Fertigkeiten behandelt, während unter *Stillarbeit* die meisten aufgeführt sind. Lassen Sie sich jedoch nicht durch die Menge irreführen. Damit Sie in der Stillarbeit nonverbale Techniken anwenden können, müssen beim *Übergang zur Stillarbeit* klare und prägnante visuelle Anweisungen gegeben werden. Diese Anweisungen müssen während der gesamten Stillarbeitsphase visuell zu sehen sein, damit das verbale Disziplinieren auf ein Minimum reduziert bleibt. Gehen Sie also sicher, daß Sie auf jeden Fall Ihre Motivation für eine gute Atmosphäre bei der Stillarbeit auf das Meistern dieser Übergangsfertigkeiten übertragen: *Anweisungen zur Überleitung* und die *wichtigsten 20 Sekunden*.

Eines der Ziele unseres Ansatzes ist, in unserem Beruf den Wechsel zu vollziehen vom Disziplinieren mit *Macht* zum Management mit *Einfluß*. Jede Anweisung, die visuell präsentiert wird, hilft die Beziehung zwischen dem Lehrer und denjenigen Schülern, die Disziplinierung brauchen, zu bewahren. Wieso? Wenn ein Lehrer eine Schülerin mündlich daran erinnert, was sie tun sollte, verbindet die Schülerin das daraus resultierende Gefühl, getadelt worden zu sein, unbewußt mit der Person des Lehrers. Wenn der Lehrer die Aufmerksamkeit der Schülerin auffängt und sie nonverbal leitet, auf die Anweisungen an der Tafel zu gucken und sie zu befolgen – dann ist die Tafel der „Schwarze Peter" und nicht der Lehrer. Im vorherigen Szenario sind nur zwei Parteien anwesend: der Lehrer und die Schülerin; in der Fachsprache wird dies „Verhandlung" genannt. In der letzteren Szene sind im übertragenen Sinn drei Parteien anwesend: die Tafel, die Schülerin und der Lehrer; daher ist hier der Begriff „Vermittlung" (Mediation) angebracht. Die Schülerin kann den Lehrer als Vermittler ansehen. Falls der Lehrer als „Buhmann" gesehen wird, übernimmt die Tafel zumindest einen Teil der Schuld. Versuchen Sie daher nach Möglichkeit immer eine visuelle Repräsentation der Anweisung zu geben.

Aufgrund der natürlichen Überlappung zwischen den Fertigkeiten des *Übergangs zur Stillarbeit* und den Fertigkeiten in der eigentlichen Stillarbeit könnten die vier folgenden Arbeitsblätter in beiden Kapiteln vorgestellt werden: *Anweisungen zur Überleitung für Fortgeschrittene; Aufrechterhalten der produktiven Atmosphäre: 5 SEK., Private Stimme, Geschwindigkeit beim Gehen*. Die *Anweisungen zur Überleitung für Fortgeschrittene* sind ideal bis zur fünften Klasse, sind aber in modifizierter Form auch für höhere Klassen effektiv.

Mäusequiz

Flüssiges Shampoo kam 1958 auf den Markt – acht Jahre nach der Produktentwicklung.

Die automatische Kupplung wurde erstmals 1930 entwickelt. Wie lange dauerte es, bis sie schließlich eingesetzt wurde?

Name: _____

Anweisungen zur Überleitung: Verfeinerungen

Die Vorschläge in Kapitel 1 unter *Anweisungen zur Überleitung* lauteten:
- Visuelle Anweisungen bringen größere Klarheit und verdoppeln die Dauer des Behaltens.
- Benutzen Sie konsequent und systematisch den gleichen Platz und die gleiche Farbe für Anweisungen zur Überleitung.
- Schreiben Sie Anweisungen, die Sie regelmäßig einsetzen, auf Schilder.

Hier folgen nun einige zusätzliche Vorschläge, die Ihnen den Übergang von der *Unterrichtsphase* der Stunde zum Abschnitt *Stillarbeit*/Hausaufgaben erleichtern sollen. Aufgrund der besonderen Eigenart dieser Fertigkeiten sollten Sie nach dem Einführen jeder Technik einen Beobachter in Ihren Unterricht einladen, bevor Sie die nächste Fertigkeit lernen.

I. **Still hinzeigen:** Es wäre unrealistisch, wollten wir annehmen, daß die Schüler von ihrer bisherigen Gewohnheit, uns bei der Stillarbeit um verbales Wiederholen der Arbeitsanweisungen zu bitten, über Nacht dazu übergehen, sie tatsächlich von der Tafel abzulesen. Lernen Sie, innerhalb der Stillarbeit – wenn die Schüler Fragen stellen, die an der Tafel beantwortet sind (zum Beispiel: „Was soll ich als nächstes machen?") – still auf die Tafel zu zeigen. Es ist sehr wichtig, dies zu tun, ohne mit der fragenden Schülerin Blickkontakt aufzunehmen. Sie sollten das ohne Blickkontakt machen, so daß die Schüler dies nicht als eine Möglichkeit wahrnehmen, Aufmerksamkeit von Ihnen zu bekommen. Beschreiben Sie bitte, wie lange es dauerte, bis die meisten Schüler sich daran gewöhnt hatten, bei der Stillarbeit zur Tafel zu schauen; wer länger brauchte, um diese neue Gewohnheit anzunehmen; und wie Sie, ohne etwas zu sagen, auf die Tafel gezeigt haben:

II. **Nachfragen:** Wenn Sie die *Anweisungen zur Überleitung* ankündigen und sie an der Tafel oder auf Schildern zeigen, fragen Sie: „Habt ihr noch Fragen dazu?" Wenn Sie auf die Nachfragen der Schüler antworten, stellen Sie sicher, daß Sie die Information – zusätzlich zur mündlichen Beantwortung – auch an die Tafel schreiben; andernfalls werden Sie wahrscheinlich die gleiche mündliche Information mehrmals geben müssen.

Testen Sie diese Behauptung, indem Sie das Gegenteil tun: Sagen Sie an den nächsten zwei Tagen die *Anweisungen zur Überleitung* an, und schreiben Sie sie an die Tafel oder auf Schilder. Fragen Sie: „Gibt es noch Fragen dazu?" Beantworten Sie alle Nachfragen nur mündlich, und berichten Sie, wie oft Sie die gleiche Information wiederholen mußten:

An zwei weiteren Tagen schreiben Sie zusätzlich zur mündlichen Beantwortung der Fragen die Antwort auf jegliche Nachfrage an die Tafel, und berichten Sie, ob die zusätzliche Arbeit des Anschreibens sich durch die Ergebnisse, die Sie bekommen, auszahlt:

Name: _____   Anweisungen zur Überleitung: Verfeinerungen

III. Graphische Darstellungen: Die rechtshemisphärischen Schüler achten tendenziell mehr auf graphische Darstellungen, Symbole und reale Gegenstände statt auf Worte. Setzen Sie diese so oft wie möglich auf ihren Folienschildern oder an der Tafel ein. Wenn der Lehrer zum Beispiel ein Arbeitsbuch benutzt, könnte er den Einband des Buches kopieren und mit Folie überziehen. Dieses Schild könnte er dann mit Magneten an die Tafel heften und die Seitenzahl danebenschreiben. Dies ist eine sehr schnelle und bequeme Art, Ihre *Anweisungen zur Überleitung* zu geben. Beschreiben Sie Ihre neuen graphischen Darstellungen und wofür sie stehen:

Beschreiben Sie, wie diese Darstellungen bestimmten Schülern helfen:

IV. Erst versteckt, dann aufgedeckt: In Klassen, in denen der Lehrer die *Anweisungen zur Überleitung* bereits vor dem Lehrervortrag oder währenddessen aufdeckt, fangen einige Schüler schon mitten im Unterricht damit an. Es hat Vorteile, wenn Sie die Anweisungen versteckt halten, bis Sie die Unterrichtsphase der Stunde beendet haben, und die Klasse dann an die Still- oder Hausarbeit gehen lassen. Wenn Sie erst am Ende des Vortrags oder der Präsentation beginnen, ausführliche *Anweisungen zur Überleitung* anzuschreiben, dauert dies zu lange und kann zu Disziplinproblemen führen.

Wie können wir also die *Anweisungen zur Überleitung* vorbereiten und damit die Möglichkeit schaffen, sie zur rechten Zeit zu zeigen? Sie können dies tun, indem Sie die Schilder zum Beispiel verdeckt auf die Kreideablage der Tafel stellen. Oder wenn Sie sie angeschrieben haben, verstecken Sie sie hinter einer heruntergezogenen Landkarte.

Überprüfen Sie diese Behauptung. Beginnen Sie die nächsten zwei Tage den Unterricht mit bereits angeschriebenen *Anweisungen zur Überleitung*. Beschreiben Sie eventuelle Disziplinprobleme, die auftreten:

An den nächsten zwei Tagen bereiten Sie die Arbeitsanweisungen vor und halten sie bis zur gegebenen Zeit versteckt. Berichten Sie, ob die zusätzliche Arbeit des Vorbereitens sich durch die Ergebnisse, die Sie bekommen, auszahlt:

Name:

Anweisungen zur Überleitung für Fortgeschrittene

In dieser Technik sind Elemente von *Anweisungen zur Überleitung* und aus dem Abschnitt *AUS/Neutral/AN* zusammengefaßt. Bitte üben Sie diese beiden zuerst, bevor Sie die folgende Fertigkeit lernen. Wenn die Klasse bei der Arbeit ist und der Lehrer sieht, daß sich eine Schülerin unangemessen verhält, möchte er, daß sie sich so ruhig wie möglich wieder an ihre Arbeit begibt. Durch die Stille wird die produktive Arbeitsatmosphäre aufrechterhalten. Die *Anweisungen zur Überleitung für Fortgeschrittene* gestatten minimale verbale Kommunikation. Sie beinhalten die Technik, die Anweisungen an der Tafel zu numerieren. Dies erlaubt dem Lehrer, sich während der Stillarbeit leise auf bestimmte Teile der Anweisungen zu beziehen. Zum Beispiel hat der Lehrer die folgenden Arbeitsanweisungen numeriert:

    1. Rechnen: S. 57, Nr. 1-15; bitte am Ende der Stunde vorzeigen.

    2. Rechtschreiben: Kap. 9 bis Freitag

    3. Wenn ihr fertig seid, könnt ihr etwas lesen.

Bis zur fünften Klasse kann der Lehrer zum Beispiel mit den Schülern spielerisch eine Zeichensprache entwickeln. Mit einem bestimmten Fingerzeichen fordert er dann eine abschweifende Schülerin auf, an die Tafel zu schauen und dem Lehrer still zu signalisieren, an welcher Nummer sie gerade arbeitet. Von der fünften Klasse an sind die Schüler wahrscheinlich nicht mehr mit einer solchen Zeichensprache anzuleiten. Daher müssen wir ein anderes nonverbales Signal finden, welches soviel bedeutet wie „Nummer". Wir könnten zum Beispiel den Namen der Schülerin sagen, und wenn Sie uns anschaut, ihre Aufmerksamkeit wieder auf die Tafel lenken, unsere Schultern fragend heben und lautlos fragen: „Bei welcher Nummer bist du?"

Bei dieser Technik vermeidet man den auditiven Kanal, also einen Wortwechsel, was besonders bei der Arbeit mit Jugendlichen hilfreich ist. Machen Sie dies in der kommenden Woche dreimal, und notieren Sie sich Ihre Ergebnisse in bezug auf die Schnelligkeit, mit der die Schüler wieder an ihre Arbeit gehen, und inwieweit für den Rest der Klasse eine produktive Arbeitsatmosphäre aufrechterhalten wird.

1. Rechnen: S. 57, Nr. 1-15; am Ende der Stunde vorzeigen.
2. Rechtschreiben: Kap. 9 bis Freitag
3. Wenn ihr fertig seid, könnt ihr etwa

Name: _____   Anweisungen zur Überleitung für Fortgeschrittene

1. Erstes Beispiel, wie der Lehrer die Schülerin wieder AN ihre Arbeit führt.
1.1 Initialen der Schülerin, die wieder an ihre Arbeit geführt wurde:
1.2 Nonverbales Signal des Lehrers:

1.3 Reaktion der Schülerin:

1.4 Haben Schüler, die konzentriert bei ihrer Arbeit waren, diesen Vorgang bemerkt?

2. Zweites Beispiel, wie der Lehrer die Schülerin wieder AN ihre Arbeit führt.
2.1 Initialen der Schülerin, die wieder an ihre Arbeit geführt wurde:
2.2 Nonverbales Signal des Lehrers:

2.3 Reaktion der Schülerin:

2.4 Haben Schüler, die konzentriert bei ihrer Arbeit waren, diesen Vorgang bemerkt?

3. Drittes Beispiel, wie der Lehrer die Schülerin wieder AN ihre Arbeit führt.
3.1 Initialen der Schülerin, die wieder an ihre Arbeit geführt wurde:
3.2 Nonverbales Signal des Lehrers:

3.3 Reaktion der Schülerin:

3.4 Haben Schüler, die konzentriert bei ihrer Arbeit waren, diesen Vorgang bemerkt?

Denken Sie daran zu warten, bis die Schülerin wieder AN-geschaltet ist, weiterarbeitet und zweimal ein- und ausgeatmet hat, bevor Sie zu Ihrer früheren Beschäftigung zurückkehren.

Mäusequiz

Die automatische Kupplung wurde erst 1946 eingesetzt – 16 Jahre nach ihrer Erfindung .

Antibiotika wurden erstmals 1910 entwickelt. Wie lange dauerte es, bis sie schließlich auf den Markt kamen?

Name:

Aufrechterhalten der produktiven Atmosphäre: Private Stimme

Wie wir wissen, entsteht eine produktivere Stillarbeit aufgrund einer visuellen Atmosphäre, die damit beginnt, daß der Lehrer visuelle *Anweisungen zur Überleitung* gibt und die *20-SEK.*-Technik einsetzt. Wie hält man diese Atmosphäre aufrecht und fördert sie, wenn die *wichtigsten 20 Sekunden* vorbei sind? Auf diesem Arbeitsblatt geht es um einen der drei Faktoren, die für das Aufrechterhalten der Produktivität dienlich sind.

Private Stimme: Während der gesamten Schullaufbahn werden die Schüler darauf konditioniert, der Aufforderung des Lehrers zur Aufmerksamkeit zu folgen. Der Lehrer weiß, daß diese Aufforderung sowohl verbal gegeben werden kann (zum Beispiel „Leute", „Jungs und Mädels", „Rasselbande", „Ruhe bitte", „Schaut mal hierher") als auch nonverbal. Eine Möglichkeit, die Schüler nonverbal um Aufmerksamkeit zu bitten, liegt in der „Färbung" der Stimme. Es ist zwingend notwendig, daß wir darauf achten, ob wir mit „öffentlicher Vortragsstimme" oder mit „privater" Stimme sprechen. Erstere sollten wir bei unserem Vortrag einsetzen, die letztere in der Stillarbeit.

Um diese Technik zu überprüfen, tun Sie zunächst das Gegenteil: Benutzen Sie in der Stillarbeit einmal Ihre öffentliche Stimme, während Sie einem Schüler gerade Einzelbetreuung geben. Achten Sie darauf, wie die Schüler dadurch dazu verleitet werden, sich umzudrehen oder zu erheben. Manchmal kann Ihre öffentliche Stimme wirken wie ein Stein, der in einem stillen Weiher kreisförmige Wellen erzeugt. Die Schüler in der Nähe des Lehrers geraten mehr in Bewegung als die weiter weg sitzenden. Ein andermal erstarren vielleicht die Schüler in der Nähe, während die weiter entfernten in Bewegung geraten. Wenn Ihre Stimme sehr laut und wütend klingt, erstarren die Schüler vielleicht wie erschrockene Tiere, die von einem Jäger gestellt werden.

1. Beschreiben Sie bitte Ihr Stimmuster in bezug auf Lautstärke und Dauer beim Sprechen:

2. Beschreiben Sie die Reaktion der Schüler, insbesondere: wie schnell sie begannen, ihre Körperhaltung zu verändern, als Sie mit öffentlicher Stimme sprachen; wann sie wieder ruhig waren; und ob ein Teil der Schüler mehr davon betroffen war als ein anderer:

3. Gehen Sie daraufhin sofort in Einzelinteraktionen mit Schülern, in denen Sie eine private Stimme benutzen und darauf achten, wie die Schüler sich hier bewegen. Beschreiben Sie, mit welcher Stimmfärbung man die produktive Arbeitsatmosphäre besser erhalten kann.

Michael Grinder: *Ohne viele Worte* (VAK)

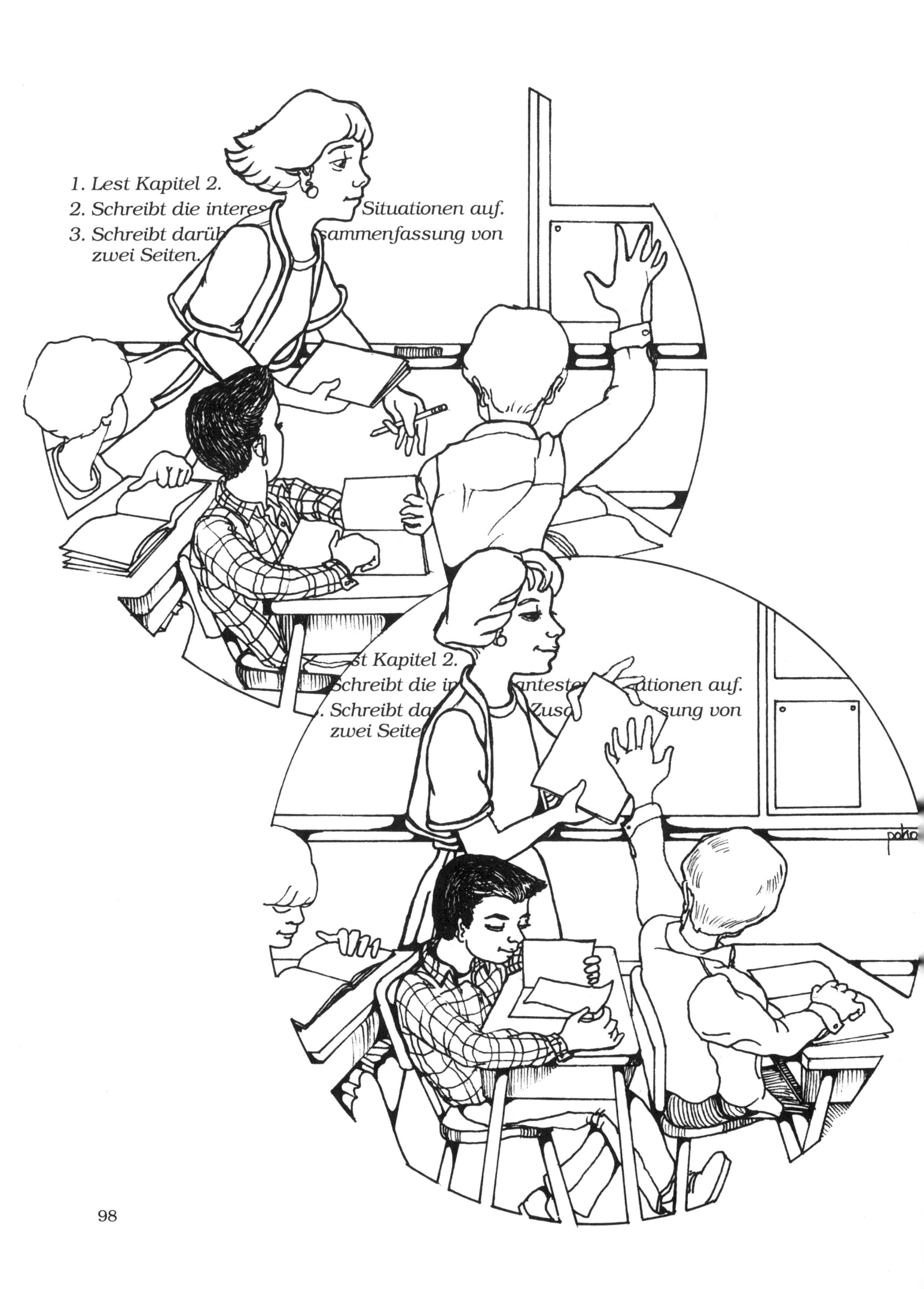

1. Lest Kapitel 2.
2. Schreibt die interes_____ Situationen auf.
3. Schreibt darüb_____ sammenfassung von zwei Seiten.

Name: _____

Aufrechterhalten der produktiven Atmosphäre: Geschwindigkeit beim Gehen

Beim *Aufrechterhalten der produktiven Atmosphäre: Private Stimme* haben wir die Wirkung unserer Stimme auf die Konzentration der Klasse bei der Stillarbeit erforscht. Der Fokus der nun folgenden Fertigkeit liegt darauf, welche Konsequenzen die Gehgeschwindigkeit des Lehrers hat, wenn er sich durch den Raum bewegt, um einzelnen Schülern zu helfen.

Ein Lehrer, der zu schnell durch die Klasse geht, ist wie ein Schiff, das durchs Wasser pflügt: Es schlägt Wellen.

1. Gehen Sie bei der Stillarbeit absichtlich schnell von einer Seite der Klasse zur anderen. Beschreiben Sie, von wo nach wo Sie gegangen sind und mit welcher Geschwindigkeit:

2. Beschreiben Sie die Auswirkung, die dies auf die Schüler hatte. Machen Sie eine detaillierte Beschreibung in bezug auf die Schüler, die am meisten Wirkung zeigten: Saßen Sie näher oder weiter von Ihnen entfernt? Achten Sie insbesondere auf die kinästhetischen Schüler (Konzentrationsschwäche, Hyperaktivität usw.):

Vielleicht möchten Sie dies mehrmals machen. Stellen Sie sich vor, wie eine Welle an die Ufer eines Sees spült und dann wieder zurückfließt, um sich mit den nächsten Wellen zu brechen, die von einem hin- und herfahrendem Motorschiff kommen.

3. Wechseln Sie dann sofort in eine ruhige, langsame Bewegung und beschreiben Sie die Wirkung und (hoffentlich) das Fehlen von Wellen, die die Konzentrationsfähigkeit der Schüler beeinträchtigen:

Fassen Sie zusammen, welche Wirkung Ihre Geschwindigkeit beim Gehen auf die Produktivität der Schüler, besonders auf die kinästhetischen Schüler hat:

Michael Grinder: *Ohne viele Worte* (VAK)

Name:

Aufrechterhalten der produktiven Atmosphäre: 5 SEK.

Von den *Anweisungen zur Überleitung* und den *wichtigsten 20 SEK.* wissen wir, daß wir dadurch den Übergang zur Stillarbeit – zumindest am Anfang – mit mehr Leichtigkeit schaffen können. Mit *Aufrechterhalten der produktiven Atmosphäre: Private Stimme* und *Geschwindigkeit beim Gehen* haben wir zwei Variablen behandelt, die eine produktive Arbeitsatmosphäre aufrechterhalten, indem man mit privater Stimme spricht und sich langsam durch den Raum bewegt. Die folgende Fertigkeit ist eine Kombination aus diesen beiden.

Da die nonverbale Kommunikation des Lehrers der Schlüssel zum Unterrichtsmanagement ist und da die *Pause* das allereinflußreichste nonverbale Signal ist, müssen wir herausfinden, wie wir möglichst oft Pausen einfügen können. Einige Faustregeln:

- Jedesmal, wenn wir unsere öffentliche Vortragsstimme benutzen, sollten wir volle *20 SEK.* stehenbleiben oder zumindest für eine kurze Pause von *5 SEK.*
- Nach jeder zweiten oder dritten Schülerin, der wir helfen, sollten wir *stehenbleiben, atmen* und einmal *durch die ganze Klasse schauen*.

Um diese Grundsätze zu verifizieren, kann der Lehrer absichtlich das Gegenteil ausprobieren und danach das empfohlene Verfahren anwenden.

1. Öffentliche Vortragsstimme = *ganze 20 oder 5 SEK.*

1.1 Machen Sie absichtlich in der Stillarbeit eine Ansage und gehen dann sofort zu einer Schülerin, um zu helfen. Beschreiben Sie den Welleneffekt, den dieser Vorgang auf die Klasse hat:

Vielleicht möchten sie dies mehrmals machen, um den kumulativen Effekt zu beobachten, den Ihre Ansagen – ohne eine PAUSE – auf die Klasse haben.

1.2 Machen Sie in dieser selben Stillarbeitszeit eine Ansage auf die empfohlene Art und Weise:

a) Gewinnen Sie die Aufmerksamkeit. (Denken Sie daran, etwas lauter zu sprechen als die Klassenlautstärke, dann zu pausieren und dann mit Ihrer Stimme hinunterzugehen.)

b) Machen Sie die Ansage (ziehen Sie Ihre Stimme zur Betonung der letzten Wörter in die Länge).

c) PAUSE (*ganze 20 oder 5 SEK.*), dann gehen Sie langsam, um einer anderen Schülerin zu helfen.– Beschreibung von a), b) und c):

Beschreibung der Wirkung von 1.2 im Vergleich zu 1.1:

Name: _____ Aufrechterhalten der produktiven Atmosphäre: 5 SEK.

2. Stehenbleiben, atmen und durch die Klasse schauen

Wenn Sie zwei oder drei Schülern geholfen haben, bleiben Sie aufrecht stehen, schauen Sie durch die Klasse und atmen Sie dabei (angenehm locker und ruhig). Die regelmäßigen *5-20 SEK.* bringen die Klasse zur Ruhe (auch wenn wir keine Ansage gemacht haben). Man sollte dabei verschiedene Faktoren bedenken:

- Bleiben Sie nach jeder einzelnen, jeder zweiten, dritten oder vierten Schülerin stehen, atmen und schauen durch die Klasse? Machen Sie die Häufigkeit davon abhängig, wie oft die Klasse wieder zur Ruhe gebracht werden muß.
- Stehen Sie mit dem Gesicht zur Klasse, wenn Sie stehenbleiben, atmen und durch die Klasse blicken?
- Signalisieren Sie nonverbal der nächsten Schülerin, daß Sie in einer Minute bei ihr sein werden, um ihr zu helfen? Manchmal sollten Sie einer Schülerin einen Wink geben, ohne sie anzuschauen. Berühren Sie sie einfach nur, wenn das in der betreffenden Situation ratsam ist.

2.1 Beschreiben Sie die Klassensignale, auf die Sie achten, um die Häufigkeit dieses Verfahrens zu bestimmen:

2.2 Beschreiben Sie, wohin und wie lange Sie dabei durch die Klasse geschaut haben:

2.3 Beschreiben Sie, wie Sie nonverbal der nächsten Schülerin signalisiert haben, daß Sie ihr helfen würden. Haben Sie sich entschieden, die Schülerin dabei anzuschauen oder nicht?

2.4 Beschreiben Sie die Wirkung dieses Vorgehens: Hat sich die Klasse beruhigt, hat sich Ihr eigenes Streßniveau gesenkt, und haben Sie mehr Energie?

Michael Grinder: *Ohne viele Worte* (VAK)

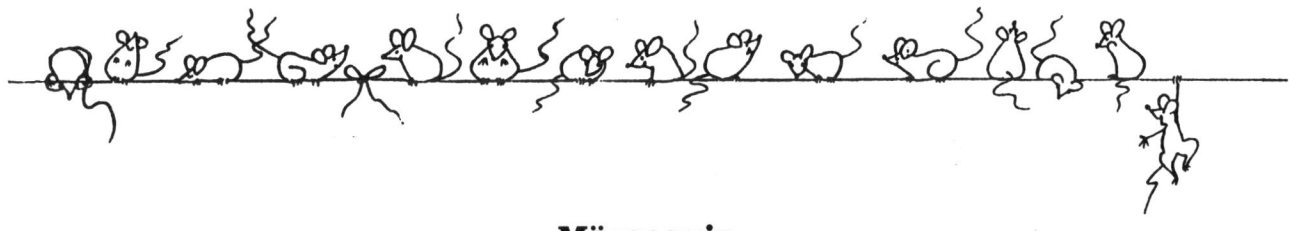

Mäusequiz

Antibiotika kamen 1940 erstmals auf den Markt – 30 Jahre nach ihrer Entwicklung.

Der Herzschrittmacher wurde 1928 erfunden. Wann kam er auf den Markt?

Kapitel 5

Stillarbeit

> „Bildung ist eine Sache des Gleichgewichts
> zwischen Disziplin und Lockerheit, ... zwischen Bindung und
> Unabhängigkeit. Es gibt keinen einfachen, vorgeschriebenen Weg,
> um dieses Gleichgewicht zu schaffen;
> und das richtige Maß in *einem* Moment (kann)
> schon im nächsten falsch sein."
>
> Lewis Mumford

Auf die Momente, in denen die Klasse produktiv geschäftig ist, ist jede Lehrerin besonders stolz. Die Atmosphäre ist so gewinnbringend, denn Bedürfnisse werden gestillt, und selbständiges Lernen kann stattfinden. Dies sind die Augenblicke, die uns für all unsere Anstrengungen belohnen. Während Sie sie in vollen Zügen genießen, machen Sie eine Pause und denken sich: „Könnte ich doch nur herausfinden, wie man das in Flaschen abfüllt." Diese Überlegung kommt daher, daß diese Momente so geheimnisvoll flüchtig sein können. Im nun folgenden Kapitel wird erforscht, wie man diese Produktivität erhöhen kann. Glauben Sie mir: Die fruchtbare Stillarbeitsatmosphäre ist ein Ergebnis des Einsatzes der Fähigkeiten beim *Übergang zur Stillarbeit*, nämlich der *Anweisungen zur Überleitung* und der *wichtigsten 20 Sekunden*. Bevor Sie also das Abenteuer weiterverfolgen, das dieses Kapitel in sich trägt, seien Sie so einsichtig, daß Sie diese Arbeitsblätter zum *Übergang* gemeistert haben, zuzüglich der Fertigkeiten, die sich direkt auf die *Stillarbeit* beziehen: *AN/Neutral/AUS* und *Von Macht zu Einfluß*.

Eines der zentralen Themen dieses Kapitels ist die Macht des *Einflusses*. Wenn Lehrer *Macht* ausüben, um Schüler wieder AN ihre Arbeit zu führen, binden sie sich quasi selbst die Hände, indem sie sich zum Auslöser für das gehorsame Verhalten des Schülers machen. Wenn wir die Methode des *Einflußnehmens* benutzen, bringen wir die Schüler dazu zu glauben, daß sie sich selbst motivieren. In diesem Kapitel werden einige grundlegende Annahmen des Schulsystems unterschwellig in Frage gestellt. Lehrer sind Vertreter eines Systems, in dem das rechtshemisphärische Denken geschrumpft und das linkshemisphärische, lineare Denken zum Selbstläufer geworden ist. Der „historische Kniesehnenreflex" besteht in dem Glauben, es gäbe eine „Systemlösung" für die Leiden in unseren Klassen; daher entpuppt sich die alljährliche Reise zu einem pädagogischen Mekka nur immer wieder als eine neue, kurzlebige Erziehungsmode. In den USA beträgt die Quote der aus dem Schulsystem herausfallenden Schüler mehr als fünfundzwanzig Prozent. Jede Studie über die „Problemschüler" zeigt, daß unter dem Aspekt des Lernstils kinästhetische Schüler und Schule nicht zusammenpassen. Was macht die Lehrerin „im Schützengraben" also morgen? „Systeme" haben keine Auswirkung auf diese Gruppe – nur Beziehungen!

Wir können wertvolle Einsichten gewinnen, wenn wir von Vermittlern, Mediatoren lernen, die Konflikte grundsätzlich auf 3 Ebenen betrachten. Ein Streit kann stattfinden auf der ...

- Sachebene
- Bedürfnisebene
- Beziehungsebene

Name: _____

Die Faustregel besagt: Wenn Sie sich mit jemandem auf der *Sach*ebene in die Haare kriegen, dann suchen Sie eine *Beziehung* mit der anderen Partei. Die Frage eines *Lehrplans für kinästhetische Schüler* liegt gegenwärtig außerhalb des Blickfeldes der Schule. Diesen Schülern werden ihre Rechte entzogen, denn sie können durch Schulerfolg keine Anerkennung bekommen. Als Pädagogen haben wir die Wahl, *Beziehungen* herzustellen. Wenn sich eine Beziehung erst einmal ein wenig gebildet hat, haben beide Seiten das *Bedürfnis*, diese Beziehung aufrechtzuerhalten, während sie sich um die Sache kümmern. Versuchen Sie, an unser Ziel von positivem Kontakt zu denken, wenn Sie die folgenden Fertigkeiten lernen. Diese Beziehungsfertigkeiten erfordern *Timing*. Wenn Sie diese Techniken zuerst bei ihren durchschnittlichen Schülern einsetzen, werden Sie schließlich das Timing entwickeln, das Sie für die schwierigeren Schüler brauchen.

Die folgenden Fertigkeiten sind hervorragend geeignet für die Stillarbeit: *AUS/Neutral/AN: Verfeinerungen* und die zwei positiven Verstärkungen: *Individuelles Feedback* und *Gruppenfeedback*. *1, 2 ,3 – dann ist der Lehrer frei* wurde für die erste bis fünfte Klasse entwickelt. In diesem Kapitel finden Sie die anspruchsvollsten Fertigkeiten des gesamten Buches: *Phantomhand* und *Vakuumpause* (ein Teil aus *Von Macht zu Einfluß*). Eigentlich kann die gesamte Tragweite dieser Fertigkeiten erst bei einer Seminardemonstration ermessen und geschätzt werden.

5

Mäusequiz

Der Herzschrittmacher wurde 1960 erstmalig eingesetzt – 32 Jahre nach seiner Erfindung.

Suppenpulver wurde erstmals 1943 entwickelt. Wie lange dauerte es, bis es auf den Markt kam?

Name: _____

Von Macht zu Einfluß

In verschiedenen anderen Abschnitten wurde vorgeschlagen, eine neue Fertigkeit am besten erst mit „marginalen" Schülern zu lernen, denn es erleichtert Ihnen das Üben des Timings. Beim durchschnittlichen Schüler können Sie den *indirekten* Ansatz mit *Einfluß* nutzen, um ihn wieder zu angemessenem Verhalten zurückzuführen. In diesem Abschnitt geht es nun um die „schlimmsten Fälle" unter den Schülern. Die Sanftheit des *indirekten* Ansatzes ist bei ihnen oft zu subtil. Wir sind gezwungen, auf *Macht* zurückzugreifen, um ihre Aufmerksamkeit zu gewinnen. Das erinnert mich an die Geschichte eines Herrn aus der Großstadt, der genug Geld gespart hatte, um sich ein Wochenendhäuschen im Grünen – weit ab von jeder „Zivilisation" – zu kaufen.

> Mit seinem Nachbarn, einem Bauern, hatte er vereinbart, daß er in seinem ersten Frühling auf dem Land dessen Maulesel mieten könne, um ein Stückchen Erde für seinen Garten umzupflügen. Frisch und munter stand er auf und aß ein herzhaftes Frühstück. Zur abgemachten Zeit traf sein Nachbar mit Henri, dem Esel, ein. Als er das Lasttier angespannt hatte, verabschiedete sich der Bauer. Der feine Herr faßte die Griffe des Pflugs und stand erwartungsvoll an dem einen Ende seiner zukünftigen selbstangebauten Gemüsebeete. Doch obwohl er seine besten Tricks anwandte, konnte er den Maulesel nicht in Bewegung bringen.
>
> Nach einiger Zeit der Frustration suchte er schließlich weisen Rat beim Bauern. Der Eigentümer des Maulesels fragte den Herrn, ob er mal mit den Zügeln geruckt und mal damit auf das Hinterteil des Esels geschlagen hätte; und ob er „heyhooh" gesagt hätte; ob er sich vor den Esel gestellt und an seinem Halfter gezogen hätte. Als alle Antworten „ja" lauteten, machte der Bauer einen Moment Pause, ergriff dann ein Vierkantholz, hielt es hinter seinem Rücken versteckt und ging auf Henri zu. Während der zugereiste Herr brav am Pflugsterz stand, schaute der Bauer seinem Esel direkt in die Augen und hieb ihm dann mit dem Holz eins über den Kopf.
>
> Der Städter war – gelinde gesagt – schockiert, aber noch im selben Moment wurde er von dem Esel vorwärtsgezogen. Viel schneller als erwartet war der Boden umgepflügt. Nachdem er Henri in seinen Stall zurückgebracht hatte, kam der noch immer erschütterte Gärtner zum Bauern, um ihm zu danken und zu fragen: „Helfen Sie mir bitte zu verstehen, wie Sie über das denken, was Sie da getan haben!" Nachdem der Bauer sich zweimal an seinem Bauch gekratzt hatte, antwortete er: „Henri möchte eigentlich gerne kooperieren, und Sie möchten gut mit ihm umgehen; Sie müssen nur erst einmal seine Aufmerksamkeit gewinnen."

Wie im Fall von Henri ist dieser Umgang mit den „schlimmsten Schülern" in Ordnung, solange Sie sich nicht verfangen. Wir sollten *Macht* nur anwenden, um den Schüler vom AUS-geschaltet-Sein in den neutralen Zustand zu bringen. Dann sollten wir *unterbrechen und atmen* und Zugang durch *Einfluß* gewinnen, um den Schüler indirekt vom Neutralen zum AN-Sein zu führen. Ich habe mich einmal angeboten, eine innerschulische Fortbildung für eine Vorschulstufe in einem Privatkindergarten zu geben. Die Leiterin hatte es so arrangiert, daß ich die drei besten und die drei schwächsten Erzieher und Erzieherinnen in ihrem Unterricht besuchen konnte. Ziel war es, den Unterschied zwischen den beiden Gruppen zu bestimmen und den letzteren das zu geben, was die ersteren hatten. Meine Beobachtungen brachten ans Licht, was genau hinter dem steckte, das oberflächlich betrachtet so aussah wie ein körperliches Ergreifen einiger Schüler, die außer Kontrolle schienen. Zuerst dachte ich, die weniger effektiven Lehrer und Lehrerinnen würden sich öfter Schüler packen als die effektiven. Obwohl das zutraf, deckten weitere Beobachtungen auf, daß die besseren Lehrer

Michael Grinder: *Ohne viele Worte* (VAK)

und Lehrerinnen es aber auch schafften, die Schüler schneller wieder an ihre Arbeit zu bringen und sie länger AN der Arbeit zu halten. Und der reale Beweis dafür war, daß die Schüler nach der Disziplinierung oft innerhalb der nächsten zwei Minuten die Lehrerin riefen, um ihr stolz etwas zu zeigen, was sie geschafft hatten. Mit anderen Worten, die Beziehung wurde trotz der Disziplinierung erhalten.

Es reizte mich, daß zwei Gruppen von Lehrern die gleichen Interventionen machten, ihre Ergebnisse aber um Welten auseinanderlagen. Nach ausführlichen Beobachtungen tauchte der Unterschied zwischen beiden Lehrerkategorien auf. Beide Gruppen taten am Anfang das gleiche: Sie intervenierten mit *Macht*. Aber die Lehrer mit den besseren Fertigkeiten wechselten schnell zum *Einfluß*. Zwei Details blieben tendenziell konstant: Sobald der Schüler die Lehrerin anschaute und sie wußte, daß er bei der Sache war, unterbrach die Lehrerin den Blickkontakt und schaute auf die Arbeit des Schülers. Es war, als wenn die Lehrerin nonverbal mitteilen würde: „Du als Person bist in Ordnung; ich bin nur über dein Verhalten besorgt!" Die zweite Art dieses Sichkümmerns lag darin, wie die Lehrerin den Schüler anfaßte. Wenn sie ihn am Ellbogen packte und der Schüler dann die Lehrerin anschaute, hielt sie zwar weiterhin seinen Ellbogen, aber er hatte volle Freiheit, seinen Arm zu bewegen und seine Haltung zu verändern. Die Hand der Lehrerin und der Ellbogen des Schülers waren wie Tanzpartner. Die Lehrerin führte am Anfang mit einem Rucken, um den Schüler aus seiner Phantasiewelt des AUS-Seins aufzurütteln und ihn zum Neutralen zu bringen, und dann führte der Schüler sich selbst AN die Arbeit.

Da diese Fertigkeiten sehr anspruchsvoll sind, bitten wir den Leser und die Leserin, ehrgeizig genug zu sein und die hier aufgelisteten Abschnitte erst durchzuarbeiten, bevor Sie mit den darauffolgenden Fertigkeiten weitermachen:

- *AUS/Neutral/AN*: sowohl die Arbeitsblätter als auch die Beobachtungsbögen
- *Von Macht zu Einfluß*: sowohl die Arbeitsblätter als auch die Beobachtungsbögen
- *Entgiften des Klassenzimmers*: die Arbeitsblätter
- *Unterbrechen & Atmen*: die Arbeitsblätter

Wenn Sie die oben genannten, vorausgesetzten Übungen durchführen, haben Sie das Wissen und die Fähigkeiten, die folgenden Fertigkeiten anzuwenden:

- Erkennen von AUS- gegenüber Neutral- gegenüber AN-geschaltet-Sein
- Unterscheiden zwischen *direkt* = *Macht* und *indirekt* = *Einfluß*
- Mentale Zustände bestimmten Plätzen im Raum zuordnen
- Atmen bei allen genannten Punkten

Name: Von Macht zu Einfluß

Überblick: Von Macht zu Einfluß

1.1 Initialen eines „Problemschülers":

1.2 Gehen Sie *indirekt* auf den Schüler zu und beschreiben Sie, was geschieht:

1.3 Wir nehmen an, daß der indirekte Ansatz nicht erfolgreich war. Der extrem rechtshemisphärische, kinästhetische Schüler lebt in einer anderen Welt, er gehört zu den Mitgliedern des „ASW-Clubs". [ASW = Alles-selbermachen-Wollen oder Anfassen-schafft-Wissen oder Ablenkbare-Selbstunterhalter + Warumfrager oder Aufmerksamkeit-schnell-weg oder Außer-sinnliche Wahrnehmung; in Anlehnung an das engl. Wortspiel *ESP Club* = *Extra Sensory Perception* oder *Earth as Second Planet* ...] Wenn unser Herangehen zu subtil ist, bleibt er abwesend. Daher beginnen wir mit *Macht* und wechseln dann zum *Einfluß*. Wir wenden dabei einige oder alle non-verbalen Komponenten des Machtansatzes an:

- Lehrerin geht von vorn auf Schüler zu
- Lehrerin nimmt Blickkontakt auf
- Lehrerin atmet hoch und flach
- Lehrerin kommuniziert verbal, vielleicht mit lauter Stimme

Natürlich machen Sie all dies in einer einzigen Intervention, auch wenn in den folgenden Fragen die einzelnen Stufen separat aufgeführt sind. Beschreiben Sie, welche Aspekte des Machtansatzes Sie eingesetzt haben:

Beschreiben Sie, was Sie beobachtet haben, das anzeigte, daß der Schüler wieder auf die Erde gekommen war und sich in einem neutralen Zustand befand, so daß Sie mit dem direkten Ansatz aufhören konnten:

Beschreiben Sie Ihr *Unterbrechen & Atmen*:

Michael Grinder: *Ohne viele Worte* (VAK)

Name: _____   Von Macht zu Einfluß

1.4   Jetzt, da Sie die Aufmerksamkeit des Schülers haben (er ist im Neutralen), sollten Sie zum indirekten Zugang mit Einfluß wechseln. Man tut das, indem man alle nonverbalen Signale wegläßt, die zum direkten Einzelkontakt gehören. Dazu gehört, daß jeglicher Blickkontakt eingestellt wird, man nicht mehr hoch und flach atmet und daß keine feste Berührung oder laute Stimme mehr vorkommen. Statt dessen wechseln wir zur Betonung der Beziehung Person – Inhalt. Dies wird erreicht durch:

- sich an die Seite des Schülers stellen
- die Arbeit des Schülers auf seinem Tisch anschauen
- tief atmen
- weiter entfernt stehen
- entweder gar nicht oder im Flüsterton sprechen

Dieser Wechsel von einer disziplinierenden zu einer unterrichtenden Rolle ist im Grunde das, was wir getan haben, als wir *Lauter (Pause) Flüstern* übten.– Beschreiben Sie bitte, welche Aspekte des Einflußansatzes Sie verwendet haben:

1.4   Beschreiben Sie die nützlichen Ergebnisse für Sie selbst und den Schüler:

2.1   Initialen eines weiteren „Problemschülers":

2.2   Gehen Sie *indirekt* auf den Schüler zu und beschreiben Sie, was geschieht:

2.3   Beschreiben Sie, welche Aspekte des Machtansatzes Sie eingesetzt haben:

Beschreiben Sie, was Sie beobachtet haben, das anzeigte, daß der Schüler wieder auf die Erde gekommen war und sich in einem neutralen Zustand befand, so daß Sie mit dem direkten Ansatz aufhören konnten:

Beschreiben Sie Ihr *Unterbrechen & Atmen*:

Name: Von Macht zu Einfluß

2.4 Beschreiben Sie, welche Aspekte des Einflußansatzes Sie verwendet haben:

2.5 Beschreiben Sie die nützlichen Ergebnisse für Sie selbst und den Schüler:

Beobachtungsfertigkeiten

Was Sie gleich machen werden, ist eine sehr subtile, aber wirkungsvolle Fertigkeit. Sie werden das *Timing* lernen und üben. Diese Fertigkeit braucht Ihre Geduld und eine Selbstverpflichtung, die Beobachtungsfertigkeiten zu üben. Dies erinnert mich an eine Korrespondenz zwischen Dr. Livingstone in Afrika und einem Kollegen zu Hause in Großbritannien. Der erstere bekam vom letzteren einen Brief, in dem stand: „Haben Sie einen Weg geschlagen? Wir haben hier einige Forscher, die wir Ihnen schicken wollen." Livingstone antwortete: „Wenn sie einen Weg brauchen, schicken Sie sie nicht!"

„Problemschüler" sind oft sehr hyperaktiv. Eine mögliche Beschreibung ihres Verhaltens könnte sein:

- impulsiv und sehr, sehr schnell
- extrem kurze Konzentrationsspannen
- fokussieren nicht gut und nicht lange
- Intelligenz über dem Durchschnitt
- nach außen orientiert, hohe Ablenkungstendenzen

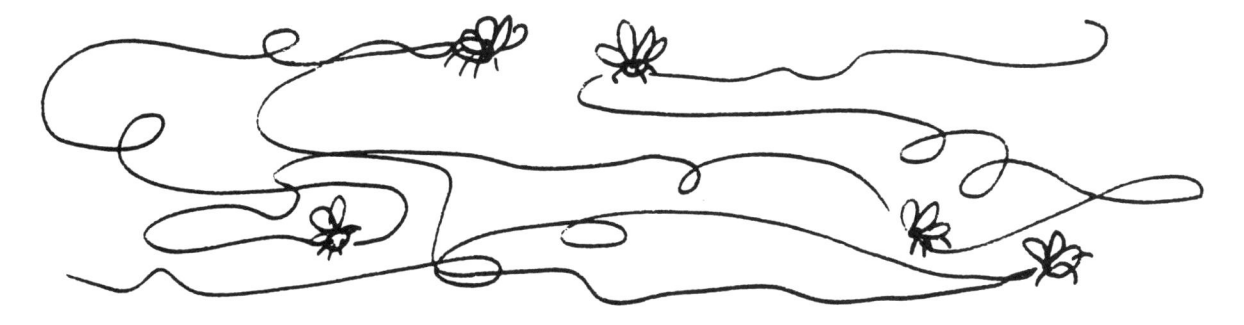

Aufgrund dieser Eigenschaften bleiben sie weder im AN-geschalteten noch im AUS-geblendeten Zustand lange bei derselben Sache. Sie sind wie Fliegen, die willkürlich von einem Gegenstand in ihrer Nähe zum anderen fliegen. Wenn Sie das Arbeitsblatt auf der nächsten Seite ausfüllen, werden Sie dieses Muster der Ablenkung wahrnehmen.

Michael Grinder: *Ohne viele Worte* (VAK)

| Name: | Von Macht zu Einfluß |

In der Klasse des Kollegen

1. Setzen Sie sich in eine Klasse, in der Sie nicht für die Aufsicht oder das Unterrichten zuständig sind. Das können Sie am leichtesten, indem Sie einen Kollegen in seiner Klasse besuchen. Suchen Sie sich einen Schüler aus, der wirklich in seiner eigenen Welt ist. Schreiben Sie seine Initialen auf, oder beschreiben Sie seine Kleidung oder seinen Sitzplatz:

   Kinästhetische Schüler haben eine starke Phantasiewelt. Nehmen Sie eine Uhr mit Sekundenzeiger zur Hand. Beobachten Sie den ausgewählten Schüler eine oder zwei Minuten und schreiben Sie jedesmal die Sekundenzahl auf, wenn der Schüler mental von *einem* internen oder externen Fokus zu einem *anderen* wechselt.

2. Sie üben gerade das Erkennen von externen Signalen eines Schülers, der zuerst auf eine Sache fokussiert ist, dann eine kurze *Vakuumpause* macht und dann zu einem neuen Fokus wechselt. Da Sie jetzt wissen, wonach Sie Ausschau halten, machen Sie dasselbe mit einem anderen Schüler. – Initialen oder Beschreibung:

3. Hören Sie mit dem Notieren der Sekundenzahlen auf und achten Sie einfach einmal auf die Lücke, die entsteht, wenn der Schüler die Konzentration auf eine Sache beendet, bevor er sich auf die nächste fokussiert. Der Schüler ist in einem Schwebezustand; er ist zeitweilig im Leerlauf. Schreiben Sie auf, was Ihnen an der *Vakuumpause* dieses Schülers auffällt. Beschreiben Sie, was Sie sehen, was der Körper des Schülers in der *Vakuumpause* macht.

Name:	Von Macht zu Einfluß

4. Da eine Lehrerin oft eine Zwei-Schritte-Intervention machen muß, um den Schüler vom AUS-geschaltet-Sein zum Neutralen und vom Neutralen zum AN-geschaltet-Sein zu führen, kann das Intervenieren innerhalb einer *Vakuumpause* – ein natürlicher Leerlauf – einen Schritt ersparen.

5. Unser Ziel ist es, *in* der *Vakuumpause* zu intervenieren. Dies kann man visuell machen (zum Beispiel den Blick des Schülers auf sich ziehen) oder durch den auditiven Kanal (zum Beispiel den Namen des Schülers sagen oder sich räuspern) oder kinästhetisch (gehen Sie auf den Schüler zu oder berühren Sie ihn). Die Schwierigkeit besteht darin, daß – wenn wir den Schüler in einer *Vakuumpause* sehen und erst dann anfangen zu intervenieren – schon so viel Zeit vergangen ist, daß der Schüler nicht mehr in der *Vakuumpause* ist (wenn ihn unsere Intervention erreicht), sondern sich wieder AUS-geschaltet hat und auf etwas Neues fokussiert. Wir haben dann seine *Vakuumpause* verpaßt, in der Lücke zwischen unserem Sehen und unserem Handeln. Daher müssen wir auf den Rhythmus und die Dauer seiner *Vakuumpause* achten. Jeder Schüler hat seinen bestimmten Rhythmus, in dem die *Vakuumpause* kommt und geht. Kennen Sie diesen Rhythmus, dann können Sie mit Ihrer Intervention bereits am Ende eines Fokus anfangen (zum Beispiel ihn anschauen, seinen Namen sagen, ihn berühren usw.). Wenn Sie dann mit Ihrer Intervention beginnen, treffen Sie ihn in seiner *Vakuumpause*.

Beobachten Sie zwei Schüler. Es können die gleichen sein, die Sie schon bei der vorherigen Übung beobachtet haben. Erstellen Sie sich ein Kodierungsschema, so daß Sie aufzeichnen oder erfassen können, wann Sie die Signale einer *Vakuumpause* sehen (zum Beispiel mit einem Häkchen) und wann Sie die Zeichen sehen, daß ein Fokus zu Ende gekommen ist (zum Beispiel mit einem Gedankenstrich):

Initialen des Schülers oder Beschreibung:

Kodierung:

Initialen des Schülers oder Beschreibung:

Kodierung:

Michael Grinder: *Ohne viele Worte* (VAK)

In Ihrer eigenen Klasse

6. Da Sie jetzt geübt haben, die Indikatoren dafür zu erkennen, daß eine *Vakuumpause* kommt, suchen Sie sich zwei Schüler in Ihrer eigenen Klasse aus, die oft AUS-geschaltet sind. Versuchen Sie, Interventionen zu machen. Was beim Üben dieser Fertigkeit so günstig ist: Selbst wenn Sie nach einer *Vakuumpause* zielen, aber statt dessen einen Fokus treffen, lernen Sie etwas über das *Timing*. Wie bei fast jedem Wahrnehmungstraining gibt es kein Versagen, nur Feedback. Wenn Sie in einer *Vakuumpause* intervenieren, werden Sie von der Effektivität des *Timing* überzeugt und daher motiviert sein, weiter zu üben.

Es gibt kein Versagen, nur Feedback.

Initalen des ersten Schülers:

Beschreibung der Versuche: Auf welche Zeichen haben Sie sich geeicht, um zu wissen, wann Sie die Intervention(en) versuchen sollten, und was waren die Ergebnisse?

Initalen des zweiten Schülers:

Beschreibung der Versuche: Auf welche Zeichen haben Sie sich geeicht, um zu wissen, wann Sie die Intervention(en) versuchen sollten, und was waren die Ergebnisse?

Name: Von Macht zu Einfluß

7. Unabhängig davon, ob Ihre „Trefferquote" für Interventionen in der *Vakuumpause* des Schülers sich erhöht oder nicht, haben wir auf jeden Fall den Schüler vom AUS-Zustand in den Leerlauf geführt; dies ist der Punkt, an dem wir von Macht zu Einfluß wechseln wollen. Beschreiben Sie Ihre nonverbalen Signale während des direkten Ansatzes, wenn Sie den Schüler vom AUS in den Neutralzustand geführt haben, und was Sie beim indirekten Ansatz gemacht haben, als Sie den Schüler vom Neutralzustand zum AN-Sein führten.

Erster Schüler:

Zweiter Schüler:

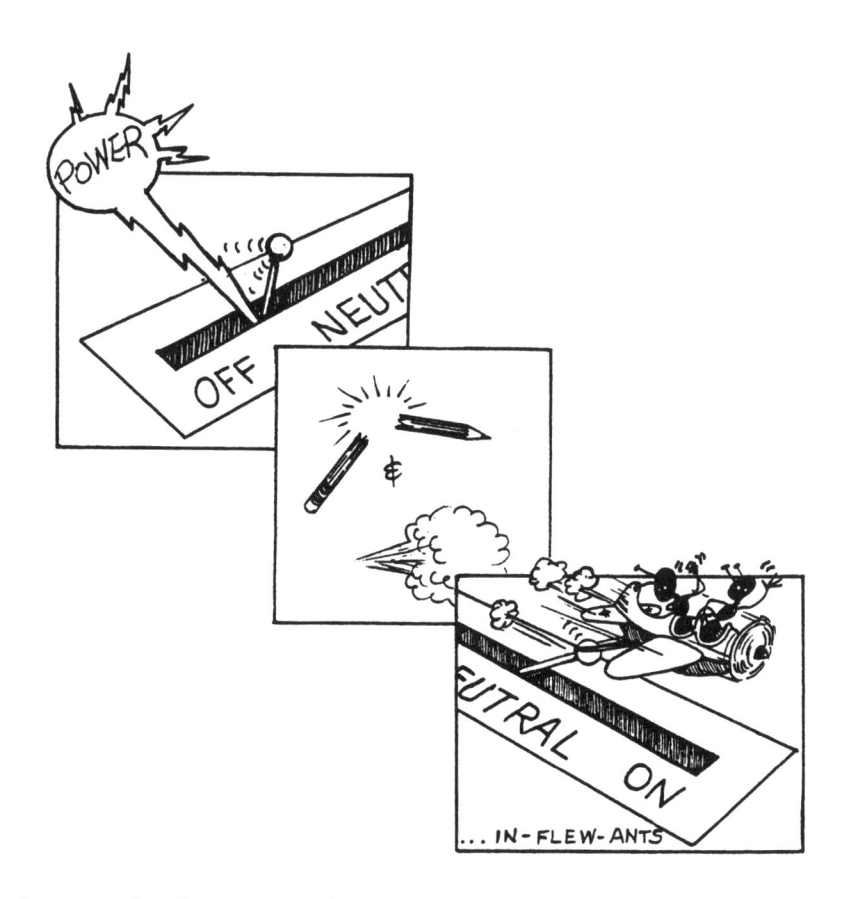

[Das englische Wortspiel ist zu schön, um übersetzt zu werden:
Bei AUS-geschaltetem Zustand *(OFF)* müssen wir Macht *(POWER)* einsetzen, um über den Leerlauf *(NEUTRAL)* in den AN-geschalteten Zustand *(ON)* zu kommen, also auf Einfluß *(INFLUENCE)* umzuschalten – letzterer ist hier visualisiert durch die „fliegenden Ameisen" = *IN-FLEW-ANTS*! Anmerkung der Übersetzerin]

Name:

AUS/Neutral/AN: Verfeinerungen

Die zwei Hauptkonzepte, aus denen sich all unsere *Stillarbeits*fertigkeiten entwickeln, sind
- der *Einflußansatz* und
- das Sicherstellen, daß die Schüler AN sind, wenn wir weggehen.

Zur *Verfeinerung* wollen wir zwei weitere Konzepte behandeln: die *Punkt-zu-Punkt-Methode* und den *Abgang in zwei Stufen*.

Punkt-zu-Punkt-Methode

An solchen Tagen, an denen wir das Gefühl haben, nur noch herumzuwirbeln, versuchen wir die Produktivität bei der Stillarbeit in einer Art und Weise im Griff zu halten, die man *Punkt-zu-Punkt-Methode* nennen kann. Erinnern Sie sich auch, daß Sie als Kind Malbücher hatten, in denen auf leeren Seiten nur Zahlen mit Punkten daneben standen? Der Reihe nach, von der kleinsten bis zur größten Zahl, haben wir die Punkte fortlaufend miteinander verbunden.

An Tagen, an denen wir hektisch sind, haben wir die Tendenz, von einem Schüler, der sich gerade „AUS-geklinkt" hat, zum nächsten zu hetzen. Wenn wir oben in der Mitte der Decke des Klassenzimmers eine Videokamera mitlaufen ließen und uns anschließend das Band im Schnelldurchgang anschauen würden, könnten wir uns selbst beobachten, wie wir zwischen bestimmten Schülern wie von Punkt zu Punkt hin und her laufen. Der Unterschied zwischen dem Malbuch und dem Video ist, daß ersteres einen Sinn ergibt.

Bestandsaufnahme:

1. Notieren Sie bitte zwei Tage lang einmal jene Schüler, denen Sie innerhalb von 10 Minuten in der Stillarbeitsphase mindestens zweimal einzeln *geholfen* haben. Schreiben Sie hier ihre Initialen auf:

2. Notieren Sie an den gleichen zwei Tagen diejenigen Schüler, bei denen Sie mindestens zweimal in 10 Minuten versucht haben, sie wieder an ihre Arbeit *zurückführen*. Schreiben Sie hier ihre Initialen auf:

Eine Möglichkeit zur Durchführung von 1 und 2 ist, einen Sitzplan zu benutzen. Schreiben Sie jedes Mal, wenn Sie einem Schüler **h**elfen, ein H neben seine Initialen. Jedes Mal, wenn Sie einen Schüler **d**isziplinieren und wieder an seine Arbeit führen, schreiben Sie ein D neben seine Initialen.

3. Schauen Sie sich die zwei Listen an. Welche Schüler tauchen nur in der ersten Liste auf? Diese Gruppe bezeichnen wir als **Gruppe H – die Schüler, denen Sie helfen**. Schreiben Sie hier ihre Initialen auf:

Welche Schüler tauchen in beiden Listen auf? Diese Gruppe bezeichnen wir als **Gruppe H & D – die Schüler, denen Sie helfen und die Sie disziplinieren**. Schreiben Sie hier ihre Initialen auf:

Welche Schüler tauchen nur in der zweiten Liste auf? Diese Gruppe bezeichnen wir als **Gruppe D** – Schüler, mit denen wir hauptsächlich dann Kontakt haben, wenn wir sie an die Arbeit führen oder sie **disziplinieren**. Schreiben Sie hier ihre Initialen auf:

Name: _____   AUS/Neutral/AN: Verfeinerungen

Vorschläge:

Sie kennen Ihre Klassensituation viel besser, als jede verallgemeinernde Theorie sie erfassen kann; wenn Sie also die folgenden Vorschläge lesen, stimmen Sie sie bitte auf Ihre Situation ab. Nachdem Sie die Fertigkeiten geübt haben, die zu jeder dieser drei Kategorien von Schülern gehören, sollten Sie Ihre Beobachterin einladen. Denken Sie daran, auch die Anleitung für den korrespondierenden Beobachtungsbogen in Kapitel 10 zu lesen, denn an manchen Stellen unterscheiden sich die Formulierungen. (Seite 207)

Gruppe H: Dies sind die Schüler, denen Sie im Einzelkontakt helfen. In diese Gruppe gehören die Schüler, denen wir alle *gern helfen möchten*. Manchmal ist es frustrierend, daß man als Lehrer nicht das tun kann, was man liebt: unterrichten. Ein weiser, pensionierter Lehrer hat einmal folgende Bemerkung gemacht: „Wir kommen oft nicht dazu, so gut zu sein, wie wir könnten." Wenn ich ihn richtig verstehe, meinte er, daß die Berufsgruppe der Lehrer an zweiter Stelle steht in der Skala derjenigen Berufe, die am meisten *geben*. Deswegen wurde die Lehrerin Christa McAuliffe als erste Zivilperson für einen Weltraumflug ausgewählt. Wir lieben es, anderen etwas weiterzugeben, sie zu unterstützen und Dinge zu ermöglichen. Natürlich ist dieses ganze Buch dazu da, unsere Effektivität in bezug auf unsere Managementfertigkeiten zu steigern, so daß wir mehr Zeit haben, den Schülern etwas zu *geben*. – Wir schlagen Ihnen nun vor wahrzunehmen, was Sie für diese Schüler empfinden. Wahrscheinlich fliegt ihnen Ihr Herz zu. Nun stellen Sie sich eine vielleicht etwas komische Frage: Was für Gefühle haben Sie in bezug auf die Gruppe H & D? Mit anderen Worten, inwiefern können Sie akzeptieren, daß Sie selbst einen Teil eines Systems bilden, das diesen Schülern oft nicht genügend gerecht werden kann? Je realistischer wir unseren Einflußbereich sehen können, desto stolzer können wir auf das sein, was uns zu tun möglich ist – was uns wiederum zu stärkerer Motivation führt. Beschreiben Sie den Grad Ihrer Akzeptanz und Motivation, und was nötig wäre, um beide zu erhöhen.

Laden Sie nun eine Beobachterin ein, damit Sie Ihnen Feedback über Sie selbst in bezug auf diese Schüler gibt. Denken Sie daran, den Abschnitt „Vorschläge/Gruppe H" im entsprechenden Beobachtungsbogen zu lesen. Dort finden Sie Fragen zur Nachbesprechung, die Ihnen die Beobachterin stellen wird. (Seite 208)

Gruppe H & D: Achten Sie besonders auf diese Schüler, für die Sie Zeit einsetzen, um sie zu disziplinieren und sie wieder AN die Arbeit zu führen, so daß Sie ihnen im Einzelkontakt helfen können. Achten Sie darauf, ob es eine Korrelation gibt zwischen der Tatsache, daß Sie diesen Schülern geholfen haben, und einer Verbesserung ihres Arbeitsverhaltens (AN-Seins). Mit anderen Worten, verhalten sich die Schüler ungehörig, weil sie nicht *fähig* sind, die Aufgaben selbständig zu bearbeiten? Wenn das so ist, sollte es die Lehrerin nicht mit *Einfluß* versuchen, denn dies würde nicht funktionieren. Statt dessen sollte sie direkt zu ihnen hingehen und ihnen sobald wie möglich helfen, nachdem sie die Klasse zur Stillarbeit entlassen hat. Wenn sie nicht hingehen kann, sollte sie nicht versuchen, Wohlverhalten zu erwarten. Die Lehrerin sollte die Schüler als zeitweilig zu Gruppe D gehörig betrachten. Wenn die Schüler niemand anders stören und Sie keine Zeit haben, ihnen zu helfen, lassen Sie sie einfach. Beschreiben Sie (auf der nächsten Seite), wie Sie mit diesen Schülern umgehen und welche Wirkung dieser neue Ansatz hat:

Michael Grinder: *Ohne viele Worte* (VAK)

Name: _____ AUS/Neutral/AN: Verfeinerungen

Gruppe D: Mit diesen Schülern haben Sie vorwiegend Kontakt durch Disziplinierung, weniger durch gezielte Hilfe. Reflektieren Sie, wie oft Sie sie wieder an ihre Arbeit führen, weil es entweder

- zu ihrem eigenen Besten ist oder weil
- ihr ablenkendes Verhalten andere beim Lernen stört.

Für diejenigen, bei denen Sie „zu ihrem eigenen Besten" geantwortet haben, fragen Sie sich, wie effektiv Ihre Zeit und Energie genutzt ist im Vergleich zu der Zeit, die Sie mit den Gruppen H und H & D verbringen. Unser Beruf ist dafür berühmt, daß wir aufgrund philosophischer Erwägungen Dinge tun, an die wir glauben, selbst wenn sie weniger effektiv sind. Nicht, daß wir *planen*, die Gruppe D zu ignorieren; der Punkt ist nur, daß sie in der Rangfolge der pädagogischen Dienstleistungen ganz am Ende stehen. Stellen Sie fest, welchen Unterschied es in bezug auf Ihr Selbstwertgefühl und Ihre Produktivität bei der Stillarbeit macht, wenn Sie folgenden Schritt tun: Unterscheiden Sie zwischen *den* Schülern der Gruppe D, die andere stören, so daß Sie dazwischengehen müssen, und dem anderen Teil, den Sie ignorieren können, da sie niemanden stören.

Zusammenfassung der Punkt-zu-Punkt-Methode

Sie haben einige Schüler in die folgenden drei Gruppen eingeteilt:
- Gruppe H – Schüler, denen Sie helfen
- Gruppe H & D – Schüler, denen Sie helfen *und* die Sie disziplinieren und wieder an ihre Arbeit führen
- Gruppe D – Schüler, die Sie hauptsächlich disziplinieren

Zweck der Übung dieser Fertigkeiten ist, zu verhindern, daß Sie in Punkt-zu-Punkt-Manier durch die Klasse rasen. Als Pädagogen haben wir nur begrenzte Zeit und Energie in der Stillarbeit. Wir müssen Prioritäten setzen. Der Vorschlag war, den Gruppen H und H & D zu helfen und bei den Schülern in Gruppe D zu unterscheiden zwischen denjenigen, die andere beim Lernen stören, und den Schülern, die nicht AN sind, aber auch niemanden stören. Bei ersteren intervenieren Sie; die letzteren lassen Sie in Ruhe, es sei denn, Sie haben genug

Name: _____   AUS/Neutral/AN: Verfeinerungen

Zeit, sich um sie zu kümmern. Fassen Sie bitte zusammen, was Sie beim Üben dieser Vorschläge gelernt haben:

Abgang in zwei Stufen

Die *AUS/Neutral/AN*-Methode und der *Einflußansatz* sind beide darauf ausgerichtet, einen Schüler vom AUS-Sein durch Neutral- zum AN-Sein, zur Arbeit zu führen. Durch das Anwenden dieser Fertigkeiten verändert sich das Syndrom des negativen Kontaktes zwischen der Lehrerin und dem „Problemschüler" zu positivem Kontakt. Jetzt taucht ein neues Problem auf: Wie kommt man wieder von dem Schüler weg? Dieses Problem entspringt zwei Gründen. Manchmal ist der Schüler „kontakthungrig" und will die Lehrerin nicht wieder weggehen lassen; zu anderen Zeiten ist unsere Anwesenheit nötig, um ihn AN der Arbeit zu halten. In beiden Fällen wird die folgende Fertigkeit hilfreich sein.

Wenn der Schüler mindestens zwei Atemzüge lang AN der Arbeit war (das heißt, er hat zweimal ein- und zweimal ausgeatmet):

- A Bringen Sie langsam Ihren Körper in die Position, daß Sie aufrecht und neben dem Schüler stehen.
- B Da Blickkontakt in einer positiven Situation normalerweise den Kontakt in der Interaktion verstärkt und dadurch einen Austausch hervorruft, lassen Sie Ihre Augen auf die Arbeit des Schülers gerichtet. Damit ist die erste Stufe des Abgangs beendet.
- C Treten Sie langsam vom Schüler zurück, so daß er Sie nicht sehen kann. Beobachten Sie den Schüler, um sicherzustellen, daß er unabhängig von Ihnen AN seiner Arbeit ist.
- D Gehen Sie langsam und schrittweise vom Schüler weg.

Üben dieser Fertigkeit

(Die Buchstaben in den folgenden Aufgaben korrespondieren mit den oben definierten.)

1. Initialen eines Schülers, mit dem Sie diese Fertigkeit üben möchten:

1 A Beschreiben Sie, wie lange es dauerte, sich in aufrechter Haltung hinzustellen, und woran Sie erkannt haben, daß der Schüler voll atmete und AN seiner Arbeit war:

Name: _____	AUS/Neutral/AN: Verfeinerungen

1 B   Beschreiben Sie, wie Sie Ihren Blick auf die Arbeit des Schülers gerichtet hielten:

1 C   Beschreiben Sie, wie Sie langsam zurücktraten, so daß der Schüler Sie nicht leicht sehen konnte, und halten Sie fest, wie der Schüler von selbst bei der Arbeit blieb. Erwähnen Sie auch, wie lange es dauerte und ob Sie aufgrund bestimmter Bedingungen etwas modifizieren mußten:

1 D   Sie standen dann hinter dem Schüler; beschreiben Sie bitte, wie Sie langsam und schrittweise von dem Schüler weggegangen sind und er an seiner Arbeit blieb. Beschreiben Sie auch, wie lange es dauerte und ob Sie aufgrund bestimmter Bedingungen etwas modifizieren mußten:

2.   Initialen eines zweiten Schülers, mit dem Sie diese Fertigkeit üben möchten:

2 A   Beschreiben Sie, wie lange es dauerte, sich in aufrechter Haltung hinzustellen, und woran Sie erkannt haben, daß der Schüler voll atmete und AN seiner Arbeit war:

2 B   Beschreiben Sie, wie Sie Ihren Blick auf die Arbeit des Schülers gerichtet hielten:

2 C   Beschreiben Sie, wie Sie langsam zurücktraten, so daß der Schüler Sie nicht leicht sehen konnte, und halten Sie fest, wie der Schüler von selbst bei der Arbeit blieb. Erwähnen Sie auch, wie lange es dauerte und ob Sie aufgrund bestimmter Bedingungen etwas modifizieren mußten:

2 D   Sie standen dann hinter dem Schüler; beschreiben Sie bitte, wie Sie langsam und schrittweise von dem Schüler weggegangen sind und er an seiner Arbeit blieb. Beschreiben Sie auch, wie lange es dauerte und ob Sie aufgrund bestimmter Bedingungen etwas modifizieren mußten:

Name:

Positive Verstärkung: Einzelkontakt

Eine bei Pädagogen durchgeführte Untersuchung weist darauf hin, daß Lehrer mehr „an Menschen orientiert" sind als „an Themen orientiert". Die Forschung zeigt, daß ihr Energieniveau höher und ihr Selbstbild besser ist, wenn sie den Schülern „positive Streicheleinheiten" geben. Im Gegensatz dazu senkt sich ihr Energieniveau und das Selbstbild wird negativer, wenn sie disziplinieren. Offensichtlich sind daher Methoden höchst willkommen, die die Anwendung „positiver Verstärkung" erhöhen und „negative Verstärkung" vermindern.

Oft werden lobende Bemerkungen in ihrer Wirkung reduziert, wenn die dazwischenliegende Zeit zu lang ist. Beispiel: Die Lehrerin steht bei der Stillarbeit am Overheadprojektor und ruft Schüler auf, die zeigen sollen, was sie gelernt haben. Vorausschauend hat die Lehrerin Paul (einen hochkinästhetischen Schüler) in die erste Reihe gesetzt, um ihn AN der Arbeit zu halten. Die Lehrerin wendet eine Reihe von Techniken an, um sein unangemessenes Verhalten zu unterbrechen und ihn wieder AN seine Arbeit zu bringen. Die Lehrerin setzt disziplinarische Maßnahmen ein. Ungefähr 30 bis 40 Sekunden bleibt Paul AN seiner Arbeit. Die Lehrerin interveniert etwa alle 60 bis 90 Sekunden. Würde die Lehrerin alle 25 Sekunden ein Lob erteilen, bliebe der Schüler länger auf seine Arbeit konzentriert, und die Lehrerin würde sich besser fühlen, da sie positive Maßnahmen einsetzte.

Man kann das Wechseln von „negativer Interaktion" (Disziplinieren) zu „positiver Interaktion" (Loben) auch so handhaben, daß die Lehrerin jedesmal, nachdem sie eine Disziplinarmaßnahme ergriffen hat, innerhalb von 20 bis 25 Sekunden ein visuelles, auditives oder kinästhetisches Lob erteilt. Dadurch versichert sich die Lehrerin, daß der Schüler weiß, welches Verhalten sie von ihm erwartet und daß er auf positive Weise Aufmerksamkeit gewinnen kann.

Dieses Konzept trifft besonders auf rechtshemisphärische Schüler zu, da sie folgende Charakterzüge haben:
- Interaktion von Mensch zu Mensch
- Kurze Aufmerksamkeitsspanne
- Ablenkbarkeit
- Bedürfnis nach sofortiger Verstärkung

Die folgenden Übungen werden Ihnen helfen, dieses Konzept zu erproben. Es ist empfehlenswert, diese Fertigkeit zuerst mit einem marginalen Schüler zu üben.

1.1   Initialen eines marginalen Schülers:

1.2   Beschreiben Sie das unangemessene Verhalten des Schülers:

1.3   Führen Sie Ihre normale disziplinarische Intervention durch.

   Wie oft haben Sie das gemacht? (Zum Beispiel „alle ... Sekunden oder Minuten")

   Wie lange blieb der Schüler AN der Arbeit?

1.4   Nun üben Sie die Technik der positiven Verstärkung. Machen Sie zu Beginn Ihre normale disziplinarische Intervention. Danach, wenn der Schüler noch AN seiner Arbeit ist, loben Sie ihn für angemessenes Verhalten. (Fortsetzung nächste Seite)

Michael Grinder: *Ohne viele Worte* (VAK)

| Name: | Positive Verstärkung: Einzelkontakt |

- Woher wußten Sie, daß Sie so lange warten konnten, wie Sie es taten? Mit anderen Worten: Was waren die Indikatoren dafür, daß der Schüler noch AN seiner Aufgabe war, seine Konzentration sich aber dem Ende näherte?

- Worin bestand Ihr Lob oder Ihre positive Verstärkung? Denken Sie daran, daß nonverbale Verstärkungen manchmal besser sind als verbale:

1.5 Beschreiben Sie kurz die Ergebnisse. Achten Sie besonders darauf, ob sich die Dauer des AN-der-Arbeit-Seins beim Schüler verlängerte.

2. Initialen eines weiteren marginalen Schülers:

2.1 Beschreiben Sie das unangemessene Verhalten des Schülers:

2.2 Führen Sie Ihre normalen disziplinarische Intervention durch.

Wie oft haben Sie das gemacht? (Zum Beispiel „alle … Sekunden oder Minuten")

Wie lange blieb der Schüler AN der Arbeit?

2.4 Nun üben Sie die Technik der positiven Verstärkung. Machen Sie zu Beginn Ihre normale disziplinarische Intervention. Danach, wenn der Schüler noch AN seiner Arbeit ist, loben Sie ihn für angemessenes Verhalten.

- Woher wußten Sie, daß Sie so lange warten konnten, wie Sie es taten? Mit anderen Worten: Was waren die Indikatoren dafür, daß der Schüler noch AN seiner Aufgabe war, seine Konzentration sich aber dem Ende näherte?

- Worin bestand Ihr Lob oder Ihre positive Verstärkung? Denken Sie daran, daß nonverbale Verstärkungen manchmal besser sind als verbale:

2.5 Beschreiben Sie kurz die Ergebnisse. Achten Sie besonders darauf, ob sich die Dauer des AN-der-Arbeit-Seins beim Schüler verlängerte.

Name:

Positive Verstärkung: Gruppenfeedback

Die Stillarbeit ist dann am produktivsten, wenn die Schüler sowohl AN der Arbeit als auch entspannt sind. Wenn einige Schüler sich anders als angemessen verhalten, müssen wir ihnen dahingehend Feedback geben, was wir von ihnen erwarten und wie sie sich im Vergleich zu diesen Erwartungen gerade verhalten. Wenn wir dieses Feedback mündlich geben, machen wir uns zum „Verkehrspolizisten". Wenngleich dies vielleicht die Produktivität der Schüler erhöht, haben wir den *Machtansatz* benutzt, was bedeutet, daß die Schüler unter anderem nicht entspannt sind. Wir haben auch die Wahrscheinlichkeit erhöht, daß sie denken, sie sollten *für uns* arbeiten, statt zu denken, daß sie *selbstmotiviert* sind. Möglicherweise müssen wir sichtbar anwesend bleiben und sind daher nicht in der Lage, anderen Schülern im Einzelkontakt zu helfen.

Im Abschnitt *Positive Verstärkung: Einzelkontakt* wurde das uralte Konzept „Fang sie ein, wenn sie's richtig machen" für individuelle Situationen untersucht. Wenn wir es hier anwenden, sollten wir allen Schülern gemeinsam positives Lob geben, in einer Situation, in der sie gerade noch bei der Arbeit sind, aber schon beginnen, sich wieder auszublenden. Gleichzeitig wollen wir den *Zugang durch Einfluß* verwenden. Diese Methode hat viele positive Auswirkungen: Die Schüler denken, daß sie sich selbst motivieren; die Lehrerin kann weiterhin Schülern im Einzelkontakt helfen; und die Schüler sind entspannt. Wir können erreichen, Feedback im stillen mit visuellen nonverbalen Signalen zu geben. Die folgenden Beispiele funktionieren bis zum vierten Schuljahr gut und müssen für die mittleren Klassenstufen ein wenig, für das Gymnasium stark modifiziert werden.

Beispiel A: Eine Lehrerin in Sekundarstufe II veranlaßte, daß im Werkunterricht je eine rote, eine gelbe und eine grüne Glühbirne in übereinanderliegende Fassungen geschraubt wurden und dadurch eine Art Ampel für ihre Klasse hergestellt wurde. Wenn die Schüler *gut* arbeiten, leuchtet das grüne Licht. Wenn sie beginnen, sich anders als angemessen zu verhalten, wird das grüne Licht aus- und das gelbe angeknipst. Diese Klassenlehrerin berichtete, daß die Schüler in neun von zehn Fällen sofort zu angemessenem Verhalten zurückkehren. Nachdem sie sich beruhigt haben, läßt sie das gelbe Licht noch eine oder zwei Minuten lang an und macht dann – *ohne Worte* – das gelbe Licht aus und das grüne wieder an. Als sie gefragt wurde, was denn passieren würde, wenn das rote Licht anginge, erwiderte sie mit einem Glucksen in der Stimme: „Oh, das sollte man lieber nicht ausprobieren." Sie erwähnte auch, daß Sie mehrmals im Jahr die grünen Birnen ersetzen müsse, aber noch nie eine gelbe oder rote Birne nachkaufen mußte, seit sie dieses Verfahren vor fünf Jahren einführte.

Beispiel B: Der betreffende Lehrer arbeitet am Medienzentrum einer Grundschule. Es ist wichtig, dies zu berücksichtigen, denn „Spezialisten" in der Primarstufe verhalten sich eher wie Lehrer der Sekundarstufe, das heißt wie Fachlehrer, deren Disziplinierungsstile sich von denen der Klassenlehrer unterscheiden, die als einzige in einer Klasse unterrichten. Dieser Lehrer also hat mit ein paar Pappstreifen einen Halbkreis gebastelt, der aussieht wie eine untergehende Sonne. Der Halbkreis ist in vier Teile geteilt. Der äußerst linke ist grün, der nächste ist eine Mischung aus grün und gelb, der nächste ist gelb und der äußerst rechte ist rot. Unten im Mittelpunkt steckt ein Nagel, der einen Zeiger hält, der auf jeden Abschnitt gerichtet werden kann. Der Zeiger ist ganz nach unten gerichtet, wenn das System nicht benutzt wird. Es funktioniert ähnlich wie die Ampel in Beispiel A. Die Schüler haben ständig Feedback über ihr Verhalten: Grün = super, Grün-Gelb = nachlassend, Gelb = Vorsicht, Rot = Strafe.

Name: _____	Positive Verstärkung: Gruppenfeedback

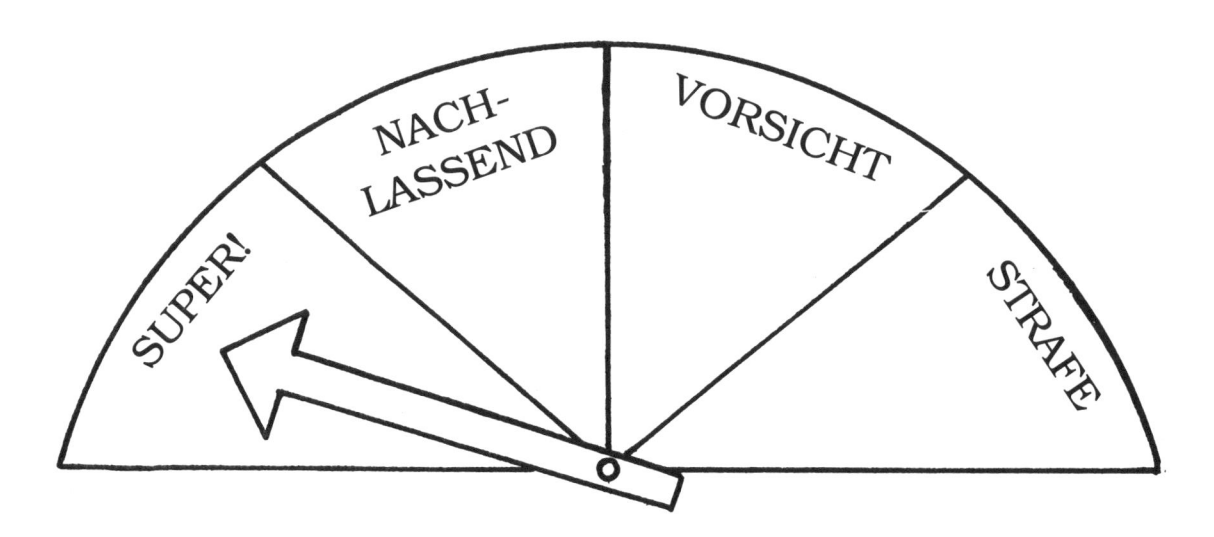

(Abbildung: Halbkreis-Anzeige mit Zeiger und vier Segmenten: SUPER! – NACHLASSEND – VORSICHT – STRAFE)

Beispiel C: Kathy Force unterrichtet die dritte Klasse einer Grundschule und hat fünf einzelne Karten rechts von der Tafel mit Klebesticks befestigt. Auf jeder Karte steht ein Buchstabe. Gemeinsam bilden die Karten das Wort P A U S E. Wenn die Klasse sich anders als angemessen verhält, wird der letzte Buchstabe quer gelegt. Wenn die Schüler sich weiterhin so verhalten, wird der Buchstabe weggenommen, was bedeutet, daß sie eine Minute ihrer Pause verloren haben. Dies ist ein Prozeß der negativen Verstärkung, aber ein hervorragendes visuelles Feedbacksystem. Dieser Ansatz ist oft ideal für unsere rechtshemisphärischen Abschnitte im Schuljahr, zum Beispiel die Woche vor den Weihnachtsferien. Kathy benutzt in den normalen Wochen des Schuljahres andere Systeme zur positiven Verstärkung.

In diesen Beispielen versuchen Pädagogen *ohne Worte* visuelles Feedback zu geben, das man zur positiven Verstärkung des erwünschten Verhaltens anwenden kann.

1. Beschreiben Sie Ihren neuen Plan für visuelles Feedback:

2. Unterscheidet sich die Wirkung von der Ihres früheren Systems? Erwähnen Sie besonders die Vorteile dieses neuen *Einflußansatzes*:

Name: _____

Eins, zwei, drei – dann ist der Lehrer frei

Wir wissen, daß die produktivste Umgebung bei der Stillarbeit eine „visuelle" Atmosphäre und ein Management ist, das mit einem Maximum an nonverbaler Kommunikation arbeitet. Alles beginnt damit, daß die Anweisungen (visuell) an die Tafel geschrieben werden. Wir wissen auch, daß die Stillarbeit die Zeit ist, in der die Lehrerin individuell mit den Schülern arbeiten kann. Die nun folgende Fertigkeit zielt darauf ab, die Unabhängigkeit der Schüler bei ihrer Arbeit zu verstärken. Sie werden die Schüler weniger unterbrechen müssen, und Sie sind eher in der Lage, sich die Schüler auszusuchen, denen Sie helfen möchten. Diese Fertigkeit wurde für Schüler von der Vorschule bis zur fünften Klasse entwickelt. Für ältere Schüler müßte sie modifiziert werden.

1. Machen Sie ein Poster mit der Überschrift „1, 2, 3 – dann ist der Lehrer frei." (Diese Idee verdanke ich Peter Bellamy von der Carus-Schule.) Dann listen Sie *drei Dinge* auf, die die Schüler tun müssen, *bevor* sie Sie fragen. Einige Vorschläge:

   1) Prüfe, was an der Tafel steht. Oder: 1) Schau auf das Aufgabenblatt.
   2) Prüfe, was du selbst behalten hast.   2) Erinnere dich, was gesagt wurde.
   3) Prüfe, was dein Nachbar behalten hat.   3) Frag einen Tischnachbarn.

   Welches sind *Ihre* „1, 2, 3"-Schritte?

2. Schaffen Sie nun ein nonverbales Signal, das Sie schnell und respektvoll einsetzen können, wenn ein Schüler auf Sie zukommt. Zum Beispiel könnten Sie, wenn der Schüler sich nähert, drei Finger hochhalten und leicht die Schultern hochziehen, um eine Frage zu mimen. Auf diese Weise werden die Schüler angeregt zu reflektieren. Was ist *Ihr* nonverbales Signal?

   Üben Sie bitte das nonverbale Signal mit der Klasse mehrmals ein.

3. Schaffen Sie ein nonverbales Signal, das die Schüler Ihnen zeigen können, wenn sie auf Sie zukommen. Dies erspart Ihnen, Nummer 2 zu machen, und zeigt, daß sie schon darüber nachgedacht haben. Beispielsweise könnten die Schüler schon mit drei hochgehaltenen Fingern auf Sie zukommen. Welches nonverbale Signal könnten sie zeigen?

   Variation: Wenn der Schüler auf sie zukommt, verwenden einige Lehrerinnen eine Geste, die „Stop" zeigt (wie ein Verkehrspolizist, der den Verkehr regelt). Der Schüler kann das Stopsignal übergehen, wenn er anzeigt, daß es einen *Notfall* gibt, indem er ein entsprechendes, mit der Klasse vereinbartes Signal verwendet.

Mäusequiz

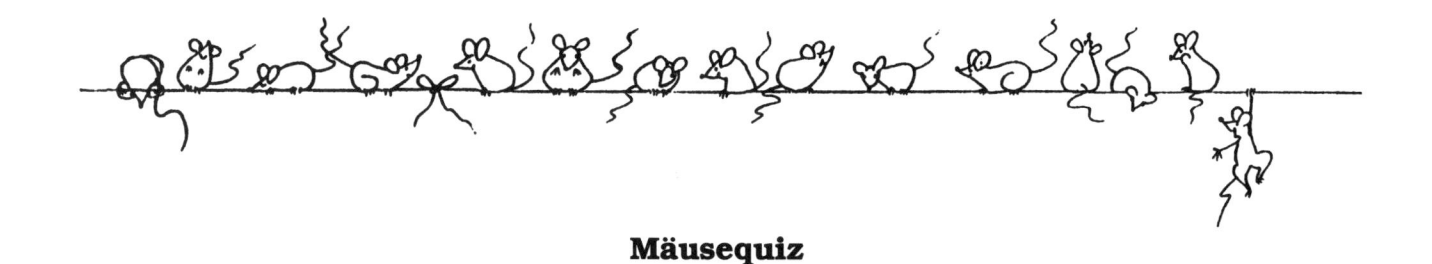

Suppenpulver wurden erstmals 1962 auf den Markt gebracht – 19 Jahre nach der ersten Entwicklung.

Deo-Roller wurden erstmalig 1948 entwickelt. Wie lange dauerte es, bis sie auf den Markt kamen?

Name: _____

Phantomhand

Wir wissen, daß ein kinästhetischer Schüler sich oft so verhält, als bräuchte er unsere Gegenwart, um während der Stillarbeitsphase an seiner Arbeit zu bleiben. So sehr der Schüler sich individuelle „Papstvisiten" wünschen mag, müssen wir aber auch alle anderen Schüler unterstützen und im Auge behalten. Es stellt sich also die Frage: Wie können wir es ermöglichen, daß er auch auf Distanz unsere Gegenwart spürt?

Um diese Frage zu beantworten, nehmen wir an, daß Sie den *Einflußansatz* geübt haben und wissen, wie Sie auf einen Schüler, der AN seiner Aufgabe ist, so zugehen können, daß Ihre Gegenwart als „positiver Kontakt" erlebt wird. Die folgende Fertigkeit wurde entwickelt, um Ihre Fähigkeit zu verfeinern, einen *Schüler in diesem positiven Kontakt zu lassen, so daß er Ihre Gegenwart noch spürt, selbst wenn Sie schon weg sind.*

Da dies eine sehr anspruchsvolle Fertigkeit ist, üben Sie sie bitte zuerst mit einer Kollegin oder mit einem Kollegen. Hier sind die Schritte für dieses **Rollenspiel**: (Wenn es heißt „Schüler", ist damit eine von Ihren Kolleginnen gemeint, die die Rolle des Schülers spielt.)

1. Der Schüler war von seiner Arbeit abgelenkt (AUS), und Sie sind *indirekt* auf ihn zugegangen. Als Sie bei einem benachbarten Schüler stehenblieben, war der ausgewählte Schüler schon wieder AN seine Arbeit gegangen. (Für weitere Details siehe *AUS/Neutral/AN* und *Von Macht zu Einfluß*.)

Berührung verstärken

2. **„Auflegen der Hand":** Sie stehen an der Seite des Schülers (egal, ob Sie mit ihm gesprochen haben oder nicht, ihn angeschaut haben oder nicht – dies sind Wahlmöglichkeiten, die bereits diskutiert wurden), und Sie sind bereit, wieder wegzugehen. Sie berühren den Schüler. (Bleiben Sie dabei immer auf der professionellen Ebene – wir gehen für diese Situation davon aus, daß Sie die Erlaubnis haben und daß es angemessen ist, Schüler zu berühren.) Ihre Berührung kann man so beschreiben, daß Ihre Finger gespreizt sind und ganz auf dem Körperteil des Schülers, der berührt wird (zum Beispiel die Schulter), aufliegen. Bitten Sie Ihren Schüler, den bestimmten Teil des Körpers zu bewegen, so daß Sie üben können, Ihren *Arm* ganz in Harmonie mit der Bewegung des Schülers zu bewegen. Es ist wie ein Tanz; der Schüler hat die *vollkommene Bewegungsfreiheit*, und Ihre Hand folgt ihm. Sie machen sich bereit, von dem Schüler wegzugehen, daher *schauen Sie* auf die *Arbeit* des Schülers und *schweigen* vorzugsweise.

3. **„Anfängliche Verstärkung":** Verstärken Sie den Druck Ihrer Hand ein ganz klein wenig; stellen Sie sicher, daß es für den Schüler im Rahmen des Angenehmen ist. Die Verstärkung ist keine Verstärkung des Griffes, die Finger und der Daumen greifen nicht etwa mehr zu, sondern es wird nur das Gewicht des Kontaktes fühlbarer und verstärkt.

4. **„Zusätzliche Verstärkung":** Erhöhen Sie den Druck noch ein wenig; das bleibt weiterhin ganz im angenehmen Bereich für den Schüler, und er behält weiterhin *vollkommene Bewegungsfreiheit*.

5. Sie haben bisher folgendes gemacht:

    a) das „Auflegen der Hand" (Nr. 2 oben)

    b) die „anfängliche Verstärkung" (Nr. 3)

    c) die „zusätzliche Verstärkung" (Nr. 4)

Name: Phantomhand

Berührung vermindern

Halten Sie Ihren Oberkörper und insbesondere Ihre Füße still, schauen Sie auf die Arbeit des Schülers und vermindern Sie die Berührung ganz leicht.

d) Nehmen Sie sich fünf Sekunden Zeit, um den Druck von der „zusätzlichen Verstärkung" (Nr. 4) bis zur „anfänglichen Verstärkung" zu vermindern.

e) Nehmen Sie sich fünf Sekunden Zeit, um die Berührung von der „anfänglichen Verstärkung" (Nr. 3) bis zur „aufgelegten Hand" zu vermindern.

f) Nehmen Sie sich fünf Sekunden, um von der „aufgelegten Hand" zur leichten, fast loslassenden Berührung zu gehen.

Abheben

g) Nehmen Sie sich fünf Sekunden Zeit, um Ihre Hand von der leichten Berührung abzuheben bis zu einer Entfernung von knapp einem Zentimeter vom Kontaktpunkt.

h) Nehmen Sie sich fünf Sekunden Zeit, um Ihre Hand von dieser Entfernung bis auf etwa dreißig Zentimeter vom Kontaktpunkt abzuheben.

i) Nehmen Sie sich fünf Sekunden Zeit, um Ihre Hand ganz vom Schüler wegzunehmen.

Denken Sie bei d) bis i) daran, daß Sie *Ihren Oberkörper und insbesondere Ihre Füße stillhalten* und auf die Arbeit des Schülers schauen.

Weggehen

j) Gehen Sie langsam weg, und zwar so, daß der Schüler Sie nicht leicht sehen kann.

Sie haben nun die vier Teile der *Phantomhand* vollendet:

- Berührung verstärken
- Berührung vermindern
- Abheben
- Weggehen

Besprechen Sie sich nun mit Ihrer Kollegin, die die Rolle des Schülers gespielt hat. Fragen Sie, ob sie das Gefühl hat, als sei die Hand immer noch da. Wir müssen den Schüler wieder allein lassen, um anderen Schülern zu helfen, doch wollen wir ihn so verlassen, daß er AN der Arbeit bleibt und unsere Gegenwart noch fühlt, selbst wenn wir schon gegangen sind. Wenn wir a) bis j) machen, gewinnen wir den *Einfluß* unserer Gegenwart durch die *Phantomhand*. Wechseln Sie auf jeden Fall mit Ihrer Kollegin die Rollen, so daß Sie beide das Gefühl der *Phantomhand* erfahren.

Name: _____ Phantomhand

Machen Sie es falsch!

Aufgrund der Ausgefeiltheit dieser Technik empfehlen wir Ihnen folgende Schritte; sie zeigen uns, wie wir – ohne es zu wollen – die Chance verpassen, die *Phantomhand* zu benutzen. Spielen Sie in Paaren (eine Kollegin spielt den Schüler) die Nummern 1 bis 5c) der vorausgehenden Seiten durch; dann machen Sie bitte folgendes:

6. Wenn Sie Ihre Füße bewegen und weggehen, *klopfen* Sie auf den Rücken des Schülers. Wir nennen das „Bäuerchen machen". Dies gibt dem Schüler mit Sicherheit das Gefühl, daß die Lehrerin ihn verläßt.

7. Tun Sie noch einmal so, als wären Sie bei Nr. 5c), und *streichen* Sie beim Weggehen über den Rücken. Ein andere Art, dies zu tun, ist die, den Kontaktpunkt „abzuwischen". Das heißt, wenn Sie als Lehrerin vorher die Schulter des Schülers berührt haben, lassen Sie beim Weggehen Ihre Hand den Rücken hinuntergleiten. Das Gefühl ist ähnlich wie bei Nr. 6.

8. Tun Sie noch einmal so, als seien Sie bei Nr. 5c), und bewegen Sie Ihre Füße, während Sie Ihre Hand wegnehmen. Das Gefühl ist ähnlich wie bei Nr. 6.

9. Wechseln Sie auf jeden Fall mit Ihrer Kollegin die Rollen, so daß jeder von Ihnen bei Nr. 6 bis 8 einmal in der Schülerrolle und einmal in der Lehrerrolle gewesen ist.

Zusammenfassung

Reflektieren Sie über die Unterschiede bei der *Phantomhand*, die Sie in der Rolle des Schüler erlebt haben – Unterschiede zwischen der empfohlenen Phantomhand (Nr. 5a-j) einerseits und dem ineffektiveren Stil (Nr. 6-8) andererseits. Die Wirksamkeit von 5a-j) beruht auf den folgenden Kernpunkten:

A Der Schüler ist vom AUS-Sein wieder AN seine Arbeit gegangen. (Nr. 1 oben)

B Wenn Sie sich bereit machen, von der Seite des Schülers wegzugehen, *halten Sie Ihren Oberkörper und insbesondere Ihre Füße still.* (Nr. 2 oben)

C Wenn der Schüler AN der Arbeit ist, nehmen Sie Ihre Hand (mit ausgebreiteten Fingern) und heben Sie *g a n z   a l l m ä h l i c h* ab. Verlassen Sie ganz *l a n g s a m* den Kontaktpunkt, gehen Sie *l a n g s a m* einen Zentimeter vom Kontaktpunkt weg, um *g a n z   a l l m ä h l i c h* etwa dreißig Zentimeter vom Kontaktpunkt entfernt zu sein und schließlich Ihre Hand ganz *l a n g s a m* an Ihren Körper zu nehmen.

D Erst wenn Sie Ihre Hand wieder an Ihrem eigenen Körper haben, gehen Sie langsam nach hinten vom Schüler weg.

Michael Grinder: *Ohne viele Worte* (VAK)

Name: _____   Phantomhand

Umsetzen der neuen Fertigkeit

I.   Initialen eines marginalen Schülers: ...   (Denken Sie daran: Wir sollten unser Timing zuerst mit anderen Schülern üben und erst später mit den „schlimmsten Fällen".)

I. A   Beschreibung, wie Sie diesen Schüler vom AUS- zum AN-Sein geführt haben:

I. B   Haken Sie ab, daß Sie Ihren *Oberkörper und insbesondere die Füße stillgehalten* haben, als Sie *auf die Arbeit des Schülers geschaut haben*:

I. C   Haken Sie ab, daß Sie folgendes gemacht haben:

Berührung verstärken

Auflegen der Hand, Berühren mit ausgebreiteten Fingern

anfängliche Verstärkung

zusätzliche Verstärkung

Berührung vermindern

Vermindern des Kontaktes von der „zusätzlichen Verstärkung" zur „anfänglichen Verstärkung"

Vermindern des Kontaktes von der „anfänglichen Verstärkung" zur „aufgelegten Hand"

g a n z   a l l m ä h l i c h den Kontakt zu einer ganz leichten Berührung vermindern

Abheben

g a n z   a l l m ä h l i c h die Hand von der ganz leichten Berührung bis zu einem Zentimeter vom Kontaktpunkt abheben

g a n z   a l l m ä h l i c h die Hand von einem Zentimeter bis zu circa dreißig Zentimeter vom Kontaktpunkt abheben

g a n z   a l l m ä h l i c h die Hand zur Seite nehmen

Weggehen

l a n g s a m vom Schüler weggehen, und zwar so, daß er die Lehrerin nicht gut sehen kann

Beschreibung der Ergebnisse von A bis C (zum Beispiel: Wie lange blieb der Schüler bei seiner Aufgabe?):

II.   Initialen eines zweiten marginalen Schülers:

II. A Beschreibung, wie Sie diesen Schüler vom AUS- zum AN-Sein geführt haben:

Name: Phantomhand

II. B Haken Sie ab, daß Sie Ihren *Oberkörper und insbesondere die Füße stillgehalten* haben, als Sie *auf die Arbeit des Schülers geschaut haben*:

II. C Haken Sie ab, daß Sie folgendes gemacht haben:

Berührung verstärken

Auflegen der Hand, Berühren mit ausgebreiteten Fingern

anfängliche Verstärkung

zusätzliche Verstärkung

Berührung vermindern

Vermindern des Kontaktes von der „zusätzlichen Verstärkung" wieder zur „anfänglichen Verstärkung"

Vermindern des Kontaktes von der „anfänglichen Verstärkung" zur „aufgelegten Hand"

ganz allmählich den Kontakt zu einer ganz leichten Berührung vermindern

Abheben

ganz allmählich die Hand von der ganz leichten Berührung bis zu einem Zentimeter vom Kontaktpunkt abheben

ganz allmählich die Hand von einem Zentimeter bis zu circa dreißig Zentimeter vom Kontaktpunkt abheben

ganz allmählich die Hand zur Seite nehmen

Weggehen

langsam vom Schüler weggehen, und zwar so, daß er die Lehrerin nicht gut sehen kann

Beschreibung der Ergebnisse von A bis C:

Freiwillige Übung:

Vielleicht möchten Sie auch das weniger effektive Vorgehen ausprobieren, um den Gegensatz zur vorgeschlagenen Form zu erleben.

III. Initialen eines der beiden Schüler:

Gehen Sie mit dem Schüler bis zur „zusätzlichen Verstärkung". Haken Sie ab, welche der folgenden drei weniger effektiven Formen Sie angewendet haben:

„Bäuerchen machen"

„Abwischen"

Gleichzeitiges Loslassen der Hand beim Weggehen

Beschreiben Sie die Ergebnisse, zum Beispiel wie lange der Schüler im Vergleich mit der empfohlenen Form AN der Arbeit blieb:

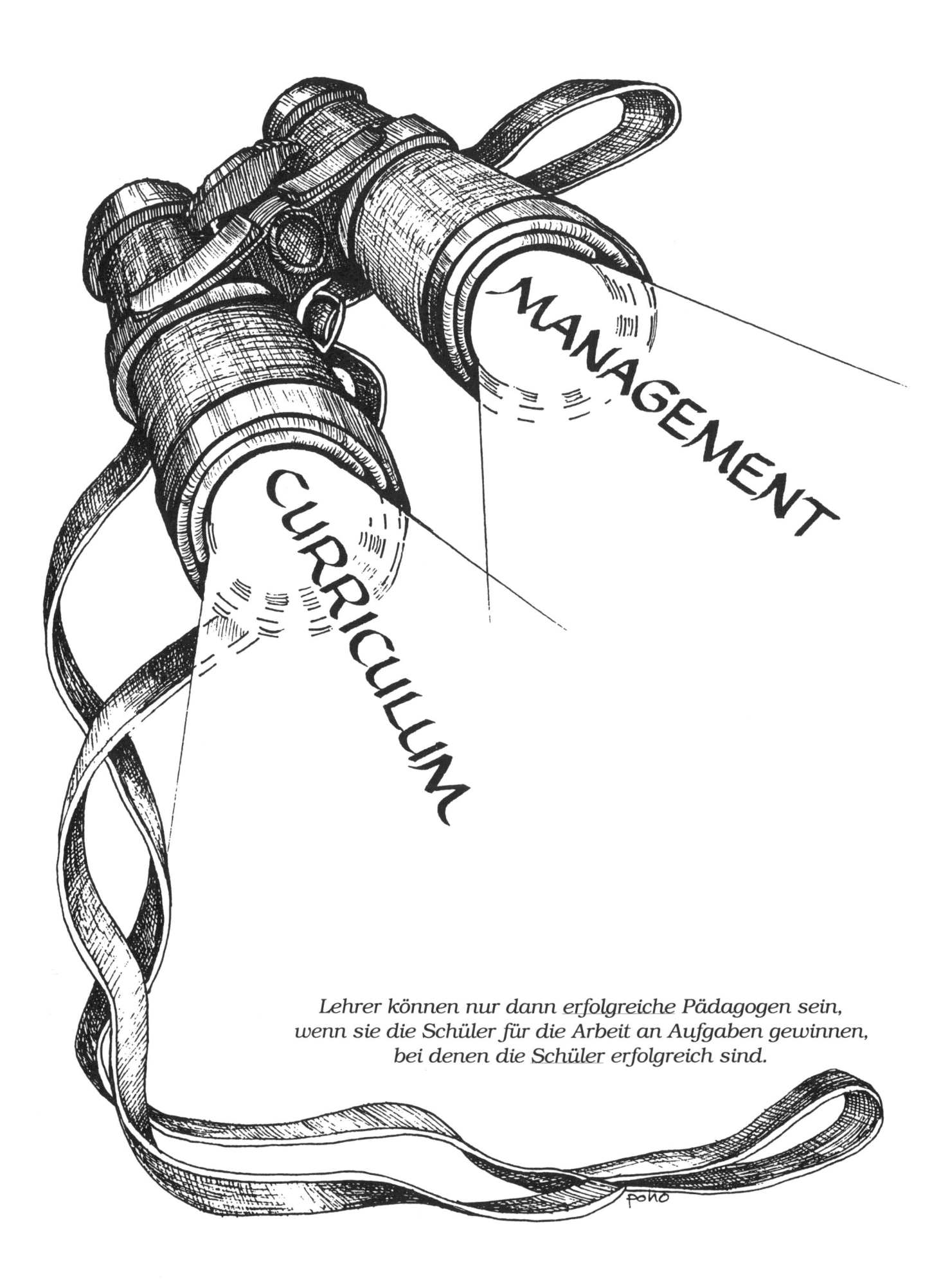

*Lehrer können nur dann erfolgreiche Pädagogen sein,
wenn sie die Schüler für die Arbeit an Aufgaben gewinnen,
bei denen die Schüler erfolgreich sind.*

Teil II

Beobachtungsbögen

Einführung

„Es ist offenkundig dumm zu erwarten, daß einzelne Lehrer
sich die Ideen der aktuellen Forschung alleine aneignen
und auf ihren Unterricht anwenden."

Dr. Richard Elmore,
Harvard University,
Graduate School of Education

Die nonverbale Pädagogik *ohne viele Worte* vermittelt einen Ansatz, der Pädagogen dazu anregen möchte, sich nicht mehr als Bastionen von *Macht* zu sehen, sondern als Begleiter und Wegbereiter mit *Einfluß*. Wenn dieses Programm von Gruppen von Lehrern innerhalb einer Schule genutzt wird, fördert es die professionellen Stärken bei allen Beteiligten. Wir müssen uns von innen heraus entwickeln; wir brauchen Systeme, die uns befähigen, von dem Reichtum an Fähigkeiten zu profitieren, die in den Klassenzimmern sozusagen wie auf einsamen Inseln verborgen liegen. Nur durch Prozesse des Austauschens, des Miteinanderteilens und der gegenseitigen Unterstützung kann das gemeinsame Potential an Wissen, Erkenntnis, Erfahrung, Kompetenz und Weisheit eines Kollegiums in Erscheinung treten.

Leitlinien für den Coach

Curriculum

Als Beobachter, Begleiter oder Coach machen Sie vielleicht ab und zu einen Besuch bei einem Lehrer, der die Übungen zu bestimmten Fertigkeiten zwar ziemlich gut durchführt, bei dem Sie aber dennoch Bedenken haben. Sie fragen sich, ob Ihr Kollege oder Ihre Kollegin in seiner oder ihrer beruflichen Entwicklung vielleicht von einer anderen Perspektive mehr profitieren würde. Man kann den Unterricht sozusagen durch ein pädagogisches Fernglas betrachten. *Ohne viele Worte* fokussiert die Disziplinierungs- und Managementaspekte des Lernumfelds. Genauso wichtig ist jedoch die andere pädagogische Perspektive – das Curriculum. Ein *Lehrer* kann nur dann ein *erfolg*reicher Pädagoge sein, wenn er es schafft, den *Schüler* zu einer Arbeit zu motivieren, bei der der Schüler *Erfolg*serlebnisse hat.

Freiwilligkeit

Wir hoffen, daß der Leser das Glück hat, zu einer Gruppe von Lehrern derselben Schule zu gehören, die sich zusammengetan haben, um sich *ohne viele Worte* gegenseitig bei ihrer beruflichen Entwicklung zu unterstützen. Der Lehrer oder die Lehrerin, der/die sich beobachten lassen möchte, sucht immer selbst die jeweiligen Fertigkeiten aus und lädt den Kollegen oder die Kollegin in seine/ihre Klasse ein. Wir gehen davon aus, daß Ihnen (als Beobachter)

Lehrer/in:
Beobachter/in: Beobachtungsbögen: Einführung

die Beobachtungsbögen von Kapitel 6 bis 10 beim Ausfüllen sehr bekannt vorkommen, weil Sie bereits ihre eigenen Arbeitsblätter (Kapitel 1 bis 5) ausgefüllt haben.

Wenn Sie eingeladen werden, einen Beobachtungsbogen aus Kapitel 7 bis 10 auszufüllen, kann es aber auch sein, daß Sie ihn noch nicht kennen; wir hoffen, daß die zusammengefaßte Information auf dem Beobachtungsbogen genügt, um eine sinnvolle Beobachtung zu gewährleisten. Falls nicht, lesen Sie bitte das korrespondierende Arbeitsblatt (in Kapitel 1 bis 5) und führen es vielleicht sogar selbst durch.

Bitte beachten Sie: *Es liegt in der Verantwortung des zu beobachtenden Lehrers, die Aktivitäten im Unterricht so zu gestalten, daß der Besucher den ausgewählten Schwerpunkt beobachten kann.* In den meisten Fällen reicht eine fünf- bis fünfzehnminütige Beobachtung aus.

Es mag sein, daß einigen von Ihnen die Beobachtungsbögen in diesem Buch nicht zusagen. Gestatten Sie sich daher die Freiheit, ein unbeschriebenes Blatt Papier zu nehmen und Ihr eigenes Kodierungssystem zu entwickeln. Denken Sie daran, daß der Zweck der Sache ist, dem Kollegen Feedback zu geben; stellen Sie daher sicher, daß Ihr Schema für den beobachteten Lehrer Sinn macht.

Wenn Sie von Ihrem Fachbereichsleiter oder Rektor gebeten werden, einen Kollegen in seinen Fertigkeiten zum Unterrichtsmanagement zu fördern, denken Sie daran, daß die Stärke jedes kollegialen Coaching-Programms in seiner Freiwilligkeit liegt. Würdigen Sie die Pflicht des Vorgesetzen, einem Kollegiumsmitglied bei seiner beruflicher Entwicklung zu helfen, und entgegnen Sie dann höflich, daß Sie bereit seien, die Möglichkeit einer Unterstützung des betreffenden Kollegen zu erkunden. Der angemessene Weg wäre aber, daß der Vorgesetzte den betreffenden Lehrer bittet, mit Ihnen ins Gespräch zu kommen. Erklären Sie Ihrem Vorgesetzten, daß jegliche Beobachterinformation und die Arbeitsblätter vertrauliches Eigentum des Lehrers sind – und nicht das des Vorgesetzten oder des Beobachters. Checklisten, die Vorgesetzte für Besuche bei Lehrern einsetzen können, finden Sie im Anhang dieses Buches.

Gewinn für den Beobachter

Wenn Sie einen Kollegen beobachten, werden Ihnen Ihre Erkenntnisse bezüglich Ihres eigenen Unterrichtsmanagements um ein Vielfaches klarer, als wenn Sie die Fertigkeiten nur für sich allein praktizieren. Warum? Wenn wir in unserem Klassenzimmer sind, ist unser Grad an Verantwortung viel höher, als wenn wir die Klasse eines Kollegen besuchen. Beim Unterrichten sind wir auf den *Inhalt* konzentriert; *Ohne viele Worte* betont hingegen den *Prozeß*. In unserem eigenen Unterricht können wir sozusagen den Prozeßwald nicht von den Inhaltsbäumen unterscheiden.

„Am wenigsten empfohlen" gegenüber „empfohlen"

In diesem Arbeitsbuch wird oft vorgeschlagen, zuerst die „am wenigsten empfohlene" Art auszuprobieren und dann die „empfohlene" Technik. Dieser vergleichende Ansatz ermutigt den Lehrer zu entdecken, welche Methoden für ihn funktionieren. Wenn der Lehrer jedoch nur die empfohlenen Verfahren praktizieren möchte, respektieren Sie als Beobachter bitte diese Entscheidung.

Arbeitsblätter / Beobachtungsbögen

Wenn Sie gebeten werden zu beobachten, denken Sie daran, daß Ihre Funktion als Coach darin besteht, dem Lehrer zu helfen, sich weiterzuentwickeln und mehr Stärke und Selbstvertrauen zu bekommen. Verwenden Sie erst dann diese Beobachtungsbögen, wenn der

Lehrer/in:
Beobachter/in: Beobachtungsbögen: Einführung

Lehrer die entsprechenden Arbeitsblätter erfolgreich durchgearbeitet hat. Wenn der Lehrer das noch nicht getan hat, können Sie einen Besuch machen und ihm helfen, das entsprechende Arbeitsblatt zu bearbeiten.

Reihenfolge der zu beobachtenden Fertigkeiten

Wir empfehlen allen Lehrenden, die Fertigkeiten von *Ohne viele Worte* in dieser Reihenfolge zu erarbeiten:

- Alle Fertigkeiten der Kapitel 2 bis 5 gehen zurück auf Fertigkeiten aus Kapitel 1; wenn Sie daher eine Fertigkeit aus Kapitel 2 bis 5 üben wollen, lernen Sie bitte auch die Fertigkeit aus Kapitel 1, die dieser Phase entspricht. Beispiel: In der Phase *Aufmerksamkeit gewinnen* müßte der Lehrer *Körperhaltung einfrieren* und die Technik *Lauter (Pause) Flüstern* aus Kapitel 1 lernen, bevor er die Fertigkeiten aus Kapitel 2 übt.
- Füllen Sie ein Arbeitsblatt (Kapitel 1 bis 5) aus.
- Geben Sie einem Kollegen den dazu passenden Beobachtungsbogen (die Blätter, auf denen oben links „Lehrer/in:" und „Beobachter/in:" steht; Kapitel 6 bis 10) und bitten Sie ihn, eine Beobachtung zu machen.
- Üben Sie alle Fertigkeiten, die Sie in einem bestimmten Kapitel interessieren.
- Setzen Sie dieses Vorgehen so fort, indem Sie jeweils ein Arbeitsblatt für sich alleine bearbeiten und dann einen Kollegen bitten, den korrespondierenden Beobachtungsbogen auszufüllen, – bis Sie Ihre Ziele erreicht haben.
- Füllen Sie dann für das behandelte Kapitel die Checkliste im Anhang aus.
- Bitten Sie zuletzt den beobachtenden Kollegen, die gleiche Checkliste auszufüllen.

Fertigkeiten, die Sie in mehreren Phasen anwenden können

Obwohl die 31 Fertigkeiten jeweils einer Phase der Unterrichtsstunde zugeordnet sind, können einige davon auch in mehr als einer Phase eingesetzt werden. Zum Beispiel:

Gelbe Ampel – sowohl in der Phase **Unterrichten** als auch in der **Stillarbeit**

Mehr nonverbale Signale – in allen vier Phasen

Überlappen – **Unterrichten** und **Stillarbeit**

Körper nah, Augen fern – **Unterrichten** und **Stillarbeit**

Verbaler Rapport mit „schwer erreichbaren" Schülern – **Unterrichten** und **Stillarbeit**

Geschwindigkeit beim Gehen – **Unterrichten** und **Übergang zur Stillarbeit**

Positive Verstärkung – **Unterrichten** und **Stillarbeit**

Nahezu alle Techniken aus der dritten Phase **Übergang zur Stillarbeit** könnten sich auch unter **Stillarbeit** finden.

Feedback

Der Klassenraum eines Lehrers ist ein sehr privates Territorium. Verhalten Sie sich beim Beobachten entsprechend. Versuchen Sie, mit der Umgebung zu verschmelzen; halten Sie sich selbst aus dem Spiel heraus. Beobachten ohne gleichzeitiges Feedback gewährleistet hervorragendes Lernen für den Besucher. Manchmal lernen und sehen wir tatsächlich mehr als in unserem eigenen Unterricht. Es ist, als wenn wir eine Reise in einen anderen Erdteil machten: Wir erkennen Unterschiede, und wenn wir nach Hause zurückkehren, können wir im Grunde viel lebendiger erleben, was „allgemeine" Umgangsformen sind.

Lehrer/in:
Beobachter/in: Beobachtungsbögen: Einführung

Die beobachteten Lehrer lernen durch Feedback. Wie ein respektvoller Weltreisender wollen wir den Unterricht nicht aus unseren eigenen ethnozentrischen Augen sehen, sondern als ein geladener Gast. Diese Beobachtungsbögen wurden entwickelt, um Beurteilungen, Bewertungen, ja sogar Lob zu vermeiden. Der Kollege hat aufgrund einer bestimmten Zielsetzung um unsere Anwesenheit gebeten. *Halten Sie sich an seine Vorgaben*. Es wird empfohlen, die Rückmeldung sofort, direkt im Anschluß zu geben. Die beste Möglichkeit für den Lehrer besteht darin, die Schüler mit *Stillarbeit* zu beschäftigen und fünf bis zehn Minuten lang nicht für sie zur Verfügung zu stehen. Sowohl der Lehrer als auch der Beobachter bleiben in der Klasse. Ein Besuch könnte dann folgendermaßen aussehen:

- fünf bis fünfzehn Minuten Beobachtung
- fünf bis zehn Minuten Feedback

Stellen Sie sicher, daß die angesetzte Zeit, die Dauer der Beobachtung und des Feedbacks, die entsprechenden Beobachtungsbögen und andere zur Sache gehörende Aspekte eingeplant werden und zur Verfügung stehen. Wenn das Feedback nicht direkt gegeben werden kann, geben Sie es bei der nächsten, frühestmöglichen Gelegenheit. Geben Sie es unter vier Augen – das Lehrerzimmer in der großen Pause ist nicht immer der geeignete Ort.

Das Feedback beenden

Die zugrundeliegende Absicht jedes Coaching ist die professionelle Weiterentwicklung. Von Madeline Hunter über Bruce Joyce und Bev Showers bis zu Robert Garmston und Arthur Costa besteht Einigkeit darin: Die Schlüsselfrage für den Coach ist, wie er den beobachteten Kollegen zu mehr Selbstvertrauen und innerer Stärke führt (*empowerment*). Unser Ziel als Coach ist es, den Kollegen oder die Kollegin dabei zu unterstützen, sich seinen oder ihren eigenen Fortschritt *zu eigen zu machen*; andernfalls schaffen wir ungewollte Abhängigkeit.

Stellen Sie zum Ende der Rückmeldung Ihrem Kollegen/Ihrer Kollegin respektvoll Fragen, die ihn/sie dazu anregen, aus langfristiger Perspektive seine/ihre Entwicklung zu reflektieren. Zum Beispiel:

„Wenn du dir mal vorstellst, diese Fertigkeit vollständig zu meistern, wo siehst du dich dann zur Zeit?"

„Was könntest du als nächstes tun, um diese Fertigkeit noch mehr zu festigen?"

„An welchen Stellen paßt diese Fertigkeit mit anderen Fertigkeiten aus der gleichen Unterrichtsphase zusammen?"

„Wie kann diese Fertigkeit mit anderen verbunden werden und früher Gelerntes verstärken?"

„Was ist dein nächster Schwerpunkt für deine berufliche Weiterentwicklung? Wie möchtest du vorgehen, um dies zu verwirklichen?"

Copyright und Vervielfältigung

Wir bitten Sie, das Urheberrecht des Autors und das Copyright des Verlags zu respektieren und allen interessierten Pädagogen den Kauf eines eigenen Buches zu empfehlen. Die Käufer dieses Buches haben die Erlaubnis, alle Seiten zu kopieren und *für sich* zu verwenden. Dies betrifft:

- die Arbeitsblätter von Kapitel 1 bis 5.
- die Beobachtungsbögen (Kapitel 6 bis 10), die ein anderer Lehrer (Beobachter/Coach) in bezug auf *Ihre* Fertigkeiten ausfüllt.
- Beobachtungsbögen (Kapitel 6 bis 10), die *Sie* in bezug auf Kollegen ausfüllen.

Die letzteren sind jedoch nur zur Übung Ihrer eigenen Beobachtungsfähigkeiten gedacht und sollten auf keinen Fall mit der beobachteten Person besprochen werden.

Kapitel 6

Beobachtungsbögen: Die sieben Schätze

Ein ENVoY-Coach unterstützt seine Kollegen bei ihrer professionellen Entwicklung und läßt sie selbst entscheiden, in welchen Bereichen sie sich weiterentwickeln möchten.

Da die *sieben Schätze* sich auf alle vier Phasen einer Unterrichtsstunde beziehen, sind sie wichtiger als alle anderen Fertigkeiten dieses Buches. Spornen Sie sich daher gegenseitig dazu an, zuerst die *sieben Schätze* zu meistern, bevor Sie die anderen Fähigkeiten üben. In vielen Fällen sind die Techniken von Kapitel 7 bis 10 Verfeinerungen von Kapitel 6. *Lesen und üben Sie dieses Kapitel vor den anderen.*

Anmerkungen zu den hier behandelten Fertigkeiten *(Die sieben Schätze)*:

1. **Körperhaltung einfrieren:** Wie bei allen Fertigkeiten unterstützen Sie bitte Ihren Kollegen darin, zuerst die am wenigsten empfohlene und dann die empfohlene Technik durchzuführen. Dies gestattet ihm, für sich selbst zu entdecken, was für ihn funktioniert.

2. **Lauter (Pause) Flüstern:** Untersuchen Sie mit dem Lehrer, wann er lieber die Ein-Schritt-Technik anwenden sollte – das heißt zuerst *lauter* als der Geräuschpegel der Klasse sprechen, dann *pausieren* und die Stimme plötzlich *leise* werden lassen – oder wann er lieber den Ansatz des *schrittweisen Leiserwerdens* durchführen möchte.

3. **Melden oder Zurufen:** Helfen Sie Ihrer Kollegin beim Festlegen und konsequenten Einsetzen verbaler Fertigkeiten und nonverbaler Gesten für die drei Formen *Lehrervortrag, Melden* und *Zurufen*. Fähig zu sein, auf diese Unterrichtsstile einfühlsam zu reagieren, ist eine sehr anspruchsvolle Technik, und es mag angebracht sein, mit anderen Kollegen über die Rahmenbedingungen jeder Form zu sprechen.

4. **Anweisungen zur Überleitung:** Ermuntern Sie den Lehrer nachdrücklich, zwischen sechs und dreißig verschiedene Anweisungen, die regelmäßig eingesetzt werden, auf Karton zu schreiben und mit Folie zu überziehen.

5. **Die wichtigsten 20 Sekunden:** Stoppen Sie tatsächlich die Pause Ihres Kollegen mit dem Sekundenzeiger Ihrer Uhr. Die meisten Lehrer haben ein unangenehmes Gefühl, wenn Sie so lange pausieren sollen. Versichern Sie dem Lehrer, daß seine Geduld in der Pause den Schülern zugute kommt und daß für sie die Pause sehr viel kürzer erscheint.

6. **AUS/Neutral/AN:** Die meisten Fertigkeiten *ohne viele Worte* sind Fertigkeiten des Gruppenmanagements, des Umgangs mit der Lerngruppe bzw. Fertigkeiten zur Klassendisziplinierung. Bei dieser und der folgenden Fertigkeit geht es um den Umgang und die Interaktion mit einzelnen Schülern. Gehen Sie respektvoll mit der Tatsache um, daß die Lehrerin den Hintergrund ihrer Schüler besser kennt als die Beobachterin.

7. **Von Macht zu Einfluß:** Stellen Sie sicher, daß die Lehrerin die Fertigkeit *AUS/Neutral/AN* beherrscht, bevor sie diese Technik einsetzt.

Lehrer/in:
Beobachter/in:

Körperhaltung einfrieren

Innerhalb einer Stunde wechseln wir oft von Stillarbeit oder kooperativem Lernen der Schüler zum Frontalunterricht. In einer Zeiteinheit von fünfzehn Minuten kann der Lehrer die Klasse bis zu dreimal bitten, den Brennpunkt ihrer Aufmerksamkeit zu verändern.

Was passiert, wenn es eine Diskrepanz gibt zwischen der verbalen Lehrerbotschaft „Stop" und seiner nonverbalen Kommunikation, nämlich *Bewegen*? Wenn der Lehrer die Schüler bittet zu *stoppen*, was sie gerade tun, blicken Sie auf. Wenn sie aber sehen, daß der Lehrer dabei durch die Klasse geht, bemerken sie, daß er sich selbst nonverbal widerspricht, indem er sich weiterhin *bewegt*. Als Ergebnis machen die Schüler meist einfach da weiter, wo sie gerade unterbrochen wurden.

Ihr Kollege möchte Feedback in bezug auf die Unterschiede in der Aufmerksamkeit der Klasse: einmal, wenn er sich bei der Aufforderung zur Aufmerksamkeit *bewegt*, und zum anderen, wenn er seine *Körperhaltung einfriert*. Der Lehrer wird es so einrichten, daß die Schüler zwischen Stillarbeit oder kooperativem Lernen einerseits und Aufmerksamkeit für den Lehrer andererseits mindestens drei- oder viermal innerhalb einer zehn- bis fünfzehnminütigen Phase wechseln müssen. Wenn der Lehrer nur zweimal zum Lehrervortrag überwechselt, füllen Sie bitte nur 2.1 und 3.1 aus.

1. Schreiben Sie bitte auf, was der Lehrer am häufigsten sagt, wenn er die Aufmerksamkeit der Schüler haben möchte:

2.1 Der Lehrer soll sich absichtlich bewegen oder durch den Raum gehen, während er zugleich verbal den Schülern ein „Stop" signalisiert. Beschreiben Sie bitte die Reaktion der Klasse auf die Aufforderung des Lehrers:

2.2 Noch ein zweites Mal wird der Lehrer sich absichtlich bewegen oder durch den Raum gehen, während er zugleich den Schülern „Stop" signalisiert. Beschreiben Sie die Reaktion der Klasse auf die Aufforderung des Lehrers:

Lehrer/in:
Beobachter/in: Körperhaltung einfrieren

3.1 Der Lehrer signalisiert Ihnen nonverbal, daß er jetzt wechseln und seine Körperhaltung einfrieren wird, wenn er die Schüler bittet zu *stoppen*. Beschreiben Sie die Reaktion der Klasse auf die Aufforderung des Lehrers:

3.2 Der Lehrer wird noch einmal seine Körperhaltung einfrieren, während er die Schüler bittet zu *stoppen*. Beschreiben Sie die Reaktion der Klasse auf die Aufforderung des Lehrers:

Beschreiben Sie den Unterschied zwischen dem, was geschieht, wenn der Lehrer verbal STOP signalisiert, sich aber dabei bewegt, im Vergleich zu der gleichen Aufforderung mit einer *eingefrorenen Körperhaltung*:

Lehrer/in:
Beobachter/in:

Lauter (Pause) Flüstern

Es gibt eine Vielfalt an Möglichkeiten, um die Aufmerksamkeit einer Klasse zu gewinnen. Zwei Empfehlungen, die der Lehrer geübt hat, sind: eine P A U S E zu machen, sobald er die Aufmerksamkeit der Schüler hat, und nach der P A U S E seine Stimme zum Flüstern abzusenken.

Der Lehrer möchte eine Rückmeldung dazu, wie aufmerksam die Klasse wird, wenn er den Empfehlungen entspricht, im Vergleich dazu, wenn er es nicht tut. Der Lehrer wird die Stunde so gestalten, daß er innerhalb Ihres zehn- bis fünfzehnminütigen Besuchs die Klasse mindestens drei- oder viermal um Aufmerksamkeit bittet. Wenn der Lehrer dies während Ihres Besuchs nur zweimal machen kann, wird er nur 2.1 und 3.1 durchführen.

Datum der Beobachtung:

1. Notieren Sie, was der Lehrer am liebsten sagt, wenn er um die Aufmerksamkeit der Schüler bittet:

2.1 Der Lehrer macht absichtlich *keine Pause* und wird auch mit der Stimme nicht leiser, wenn er die Klasse auf seine spezielle Weise um Aufmerksamkeit gebeten hat. Schreiben Sie als Beobachter bitte die zwei oder drei Sätze auf, die der Lehrer (ohne zu pausieren oder leiser zu werden) sagt, um die Schüler zur Aufmerksamkeit aufzufordern. Beschreiben Sie bitte die Aufmerksamkeit der Schüler:

2.2 Der Lehrer macht nochmals absichtlich *keine Pause* und wird auch mit der Stimme nicht leiser, wenn er die Klasse auf seine spezielle Weise um Aufmerksamkeit gebeten hat. Schreiben Sie als Beobachter bitte die zwei oder drei Sätze auf, die der Lehrer (ohne zu pausieren oder leiser zu werden) sagt, um die Schüler zur Aufmerksamkeit aufzufordern. Beschreiben Sie bitte die Aufmerksamkeit der Schüler:

3.1 Der Lehrer wird Ihnen nonverbal signalisieren, daß er jetzt wechseln und – nachdem er die Aufmerksamkeit der Schüler hat – die P A U S E machen und mit Flüsterstimme weitersprechen wird. Beschreiben Sie die Aufmerksamkeit der Klasse:

Lehrer/in:
Beobachter/in: Lauter (Pause) Flüstern

3.2 Der Lehrer macht noch einmal die P A U S E, nachdem er die Aufmerksamkeit der Schüler gewonnen hat, und geht zum Flüstern über. Beschreiben Sie die Aufmerksamkeit der Klasse:

Beschreiben Sie den Unterschied zwischen dem, was geschieht, wenn der Lehrer keine P A U S E macht und weiterhin mit lauter Stimme spricht, im Vergleich dazu, wenn er eine P A U S E macht und dann im Flüsterton fortfährt.

Szenario eines Horrortags

Der Kollege hat die oben genannten Fertigkeiten für normale Schultage eingeübt. Er hat auch modifizierte Techniken geübt, die sehr gut an rechtshemisphärischen Tagen funktionieren (zum Beispiel die Woche vor den Weihnachtsferien, Projekttage). An diesen Tagen muß die Stimme des Lehrers die kollektive Klassenlautstärke übertönen, und er muß sehr schnell sein, um die Klasse zu schockieren oder zu unterbrechen. Die Dauer der P A U S E und das, was auf die P A U S E folgt, erfordert an diesem Punkt die anspruchsvolle Fähigkeit des exakten Timings. Der Lehrer hat nur eine sehr kurze Zeitspanne zur Verfügung, um die Klasse zum Thema zu führen. Die zwei Alternativen sind:

1. Er geht *unvermittelt, in einem einzigen Schritt* zum Flüstern über:

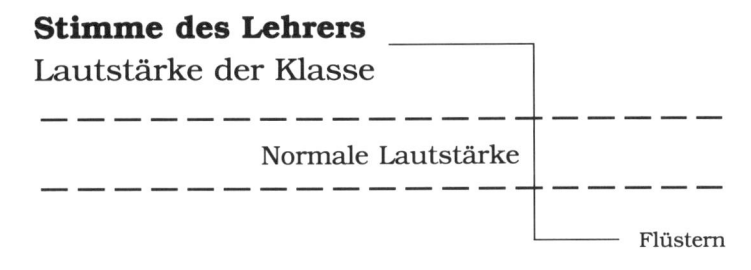

    Stimme des Lehrers
    Lautstärke der Klasse

    Normale Lautstärke

    Flüstern

2. Er geht *stufenweise* zum Flüstern über.

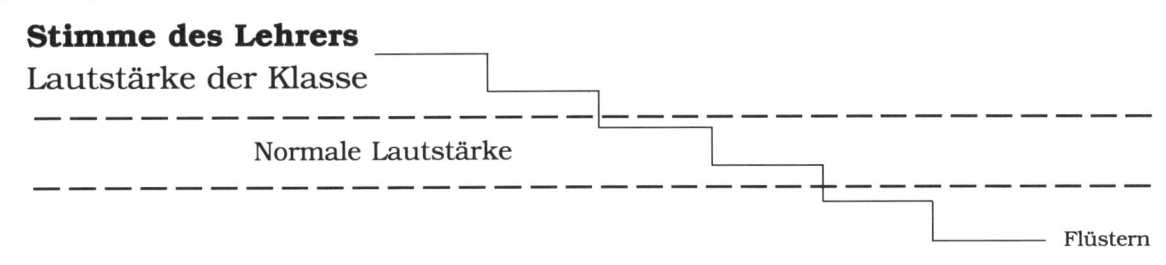

    Stimme des Lehrers
    Lautstärke der Klasse

    Normale Lautstärke

    Flüstern

Michael Grinder: *Ohne viele Worte* (VAK)   139

Lehrer/in:
Beobachter/in: Lauter (Pause) Flüstern

In einigen Fällen ist das stufenweise Hinuntergehen die einzige Rettung für den Lehrer, aber es erfordert mehr Disziplin und Kontrolle seitens des Lehrers, denn er muß seine Stimme ganz allmählich von voller Lautstärke erst zur normalen Stimmlage bringen und dann immer leiser werden, bis zu einem Flüstern. Es wird empfohlen, daß der Lehrer sowohl beim sofortigen als auch beim schrittweisen Leiserwerden längere Sätze bildet, langsamer und mit einem sanfteren Ton spricht. Dies bringt die Klasse mehr in eine Zuhörstimmung.

1. Der Lehrer hat Sie zur Beobachtung eingeladen, denn er kann voraussehen, daß die Klasse lauter als normal sein wird, da es ein rechtshemisphärischer Tag ist.

   Datum der Beobachtung:

   Lehrer und Beobachter haben folgende Bedingungen identifiziert, die einen rechtshemisphärischen Tag ausmachen:

2. Der Lehrer wird versuchen, die Technik des *sofortigen Leiserwerdens* auszuprobieren. Wenn er mit dieser Technik die Aufmerksamkeit der Klasse nicht bekommt, wird der Lehrer zum *schrittweisen Leiserwerden* wechseln. In Ihrer Beobachtung soll es darum gehen, welche Art der nonverbalen Kommunikation des Lehrers effektiv war. Versuchen Sie, so spezifisch wie möglich zu beschreiben, wie das Verhalten des Lehrers sich auf die Aufmerksamkeit der Schüler auswirkte.

   Beschreibung:

Lehrer/in:
Beobachter/in:

Melden oder Zurufen

Innerhalb der *Unterrichts*phase einer Stunde wählt die Lehrerin aus, welche Information sie der Klasse durch einen Vortrag und welche sie lieber durch interaktiven Unterricht vermitteln möchte. Für die Unterrichtsphase einer Stunde gibt es drei Formen, und es gibt drei Wege, wie diese Formen den Schülern vermittelt werden können:

MUSTER:	Lehrervortrag	Melden	Zurufen
Verbale Ebene:	„Bitte alle mal zuhören." „Ich möchte euch etwas sagen."	„Meldet euch, wenn ..."	„Alle sind gefragt ..."
Nonverbale Ebene:	Lehrerin zeigt auf sich selbst, mit Geste zum Stopsignal, wie ein Verkehrspolizist.	Lehrerin macht es vor, indem sie ihre Hand hebt.	Lehrerin zeigt zwischen sich und der Klasse hin und her.
Impuls:	(Dies tritt von selbst ein, wenn die Lehrerin das gleiche Muster mehrere Male nacheinander aktiviert hat.)		

Die Lehrerin wird Sie bitten, ihr Feedback zu geben in bezug darauf, wie sie die Formen auf den unterschiedlichen Ebenen einsetzt. Bitte machen Sie sich mit den empfohlenen Strategien zum Einsatz dieser Formen und Ebenen vertraut.

Empfehlungen:

1. **Der sicherste Weg** zum Einführen eines neuen Musters besteht darin, daß die Lehrerin die verbale Ebene benutzt und die Form gleichzeitig mit einer Geste vormacht (modelliert). Jedes Mal, wenn die Lehrerin zu einem neuen Stil wechselt, denkt sie daran, die verbale und die nonverbale Botschaft gemeinsam zu geben.

2. **Die bessere Taktik** besteht darin, am Anfang mindestens zweimal hintereinander die verbale und die nonverbale Ebene parallel einzusetzen, dann die verbale wegzulassen und nur noch das nonverbale Signal zu geben. Die nonverbale Ebene hat viele positive Auswirkungen: Die Klasse ist ruhiger, die Schüler werden mehr visuell, sie achten mehr auf die Lehrerin, und diese kann ihre Stimme für den Inhalt und für positive Verstärkungen reservieren.

3. **Die optimale Technik** ist, vom Einsatz beider Ebenen (Nummer 1) zur nonverbalen allein überzugehen (Nummer 2) und schließlich auch das nonverbale Signal wegzulassen und zu beobachten, daß die Klasse weiterhin fast immer beim eingeführten Stil bleibt.

4. Die Lehrerin sollte **besonders achtsam sein**, wenn Sie von der Form *Zurufen* in eine andere Form zurückwechselt. Sie sollte leiser sprechen und still stehen, wenn sie die Form *Lehrervortrag* oder *Melden* initiiert. Mit anderen Worten, unter Zuhilfenahme des Schemas ist die Lehrerin in Sicherheit, wenn sie von der linken zur rechten Spalte geht, aber Sie muß vorsichtig sein, wenn sie von rechts nach links geht.

Michael Grinder: *Ohne viele Worte* (VAK)

Lehrer/in:
Beobachter/in: Melden oder Zurufen

Zusammenfassend hier nochmals die vier Möglichkeiten zum Einsatz der verschiedenen Formen und Ebenen:
- Der sicherste Weg
- Die bessere Taktik
- Die optimale Technik
- Achtsam sein, wenn ...

Wenn Sie als Beobachterin sich mit der Lehrerin vor der Beobachtung treffen, fragen Sie Ihre Kollegin, welches ihr bevorzugter Stil in bezug auf die verbale und nonverbale Ebene ist. Füllen Sie die folgende Tabelle aus, so daß Sie diese Ebenen wiedererkennen können.

MUSTER:	Lehrervortrag	Melden	Zurufen
Verbale Ebene:			
Nonverbale Ebene:			

Die Beobachterin interviewt ihre Kollegin und erfährt, welche Formen und Ebenen sie schon für einige Zeit angewandt hat:

Und welche neu sind:

Im Gespräch mit der Lehrerin wird die Beobachterin erfahren, welche der empfohlenen Strategien die Kollegin üben möchte, um dazu Feedback zu bekommen; daher sind hier zunächst alle vier empfohlenen Strategien aufgeführt.

Lehrer/in:
Beobachter/in: _____ Melden oder Zurufen

Strategien

Nachfolgend sind die vier empfohlenen Strategien aufgelistet. Haken Sie jeweils ab, wenn eine der empfohlenen Strategien durchgeführt wurde. Beschreiben Sie auch den Einsatz der verbalen und der nonverbalen Kommunikation.

Der sicherste Weg:

1. Jedesmal, wenn die Lehrerin eine Form einführt, setzt sie sowohl verbale als auch nonverbale Botschaften ein.

    Datum der Beobachtung: Beschreiben Sie die Ergebnisse.

    Lehrervortrag:

    Melden:

    Zurufen:

Die bessere Taktik:

2. Beim Einsatz einer neuen Form benutzt die Lehrerin verbale und nonverbale Botschaften. Nachdem sie die verbale und die nonverbale Botschaft zwei oder dreimal zusammen gegeben hat, läßt die Lehrerin die verbale weg und gibt nur noch die nonverbale Botschaft. Beschreiben Sie, wie lange die verbale und die nonverbale Botschaft zusammen eingesetzt werden mußten, bevor die Lehrerin die verbale fallen lassen konnte und nur noch nonverbal kommunizierte:

    Lehrervortrag:

    Melden:

    Zurufen:

Michael Grinder: *Ohne viele Worte* (VAK)

Lehrer/in:
Beobachter/in:

Melden oder Zurufen

Die optimale Technik:

3. Die Lehrerin kommuniziert sowohl verbal als auch nonverbal, läßt dann zuerst die verbale, später auch die nonverbale Ebene weg. Beschreiben Sie, wie lange die Lehrerin noch die nonverbale Geste allein weitermachen mußte, bis sie sie weglassen konnte und die Klasse weiterhin in der gleichen Form blieb:

Lehrervortrag:

Melden:

Zurufen:

Seien Sie achtsam!

4. Die Sequenz, die von Lehrern als schwierigste angesehen wird, ist die, wenn man vom Stil des Zurufens zum Melden wechselt. Beim Wechseln von mehr zu weniger Schülerbeteiligung sollte die Lehrerin leiser sprechen und still stehen. Beschreiben Sie bitte, wie die Lehrerin diesen Übergang durchführte. Beschreiben Sie, wie die Klasse reagierte.

Lehrer/in:
Beobachter/in:

Anweisungen zur Überleitung

Am Ende eines Lehrervortrags oder einer Präsentation werden normalerweise eine Reihe von Anweisungen gegeben. Diese Anweisungen informieren die Schüler über Aufgaben, die sie entweder während der Stillarbeitszeit oder/und als Hausaufgabe machen sollen. Die Anweisungen kündigen an, daß der Lehrer für die Klasse weniger zur Verfügung stehen wird, und werden *Anweisungen zur Überleitung* genannt. Wenn sie an der Tafel stehen, bieten sie eine konstante visuelle Repräsentation des Gesagten.

Visuelle *Anweisungen zur Überleitung* erhöhen die Klarheit der Botschaft und verdoppeln die Behaltensdauer. Dies befreit den Lehrer natürlich davon, sich wie ein Papagei immer wiederholen zu müssen. Er kann dann in der Phase der *Stillarbeit* einzelnen Schülern helfen.

Der Kollege hat Sie eingeladen, um Feedback zu drei verschiedenen Aspekten der *Anweisungen zur Überleitung* zu bekommen:

- Ausführlichkeit der zur Verfügung gestellten Information
- Einsatz nonverbaler Signale
- Verwendung oder potentielle Verwendung von Schildern

1. Kommentieren Sie, **wie gründlich** (ausführlich) die Information gegeben wurde, und erwähnen sie besonders die Aspekte „wann", „wo", „was", „in welcher Form" und „was ist zu tun, wenn die Schüler damit fertig sind". Wenn die Schüler Fragen stellen, achten Sie darauf, ob der Lehrer sie auf die visuelle Information an der Tafel hinweist. An den Reaktionen der Schüler werden Sie erkennen, wie klar und systematisch der Lehrer vorgeht.

2. **Einsatz nonverbaler Botschaften:** Damit die Schüler wirklich erkennen können, welche der an der Tafel stehenden Informationen die *Anweisungen zur Überleitung* sind, sollten diese systematisch immer an dem gleichen Platz auf der Tafel („wo") und immer mit der gleichen Kreidenfarbe und Schriftart („wie") angeschrieben werden. Einige Klassenlehrer der Grundschule benutzen verschiedene Farben für die unterschiedlichen Fächer, zum Beispiel für Mathematik = Blau. Beschreiben Sie die nonverbalen Signale, die der Lehrer einsetzt, so daß selbst Schüler, die vom Tagträumen wieder auf die Erde gekommen sind, erkennen können, welche von all den Informationen an der Tafel die *Anweisungen zur Überleitung* sind:

Lehrer/in:
Beobachter/in: Anweisungen zur Überleitung

3. **Schilder:** Lehrer haben nicht die Zeit, alle Informationen von Nr. 1 vollständig aufzuschreiben. Ein Vorschlag ist, eine Information, die regelmäßig gebraucht wird, auf ein Pappschild zu schreiben und es mit Folie zu überziehen. Manchmal braucht man die gleiche Information in ein und derselben Form immer wieder. Ansonsten sollte der Lehrer auf dem Schild Lücken lassen, um dann mit einem wasserlöslichen Folienschreiber die spezifische Information für den bestimmten Tag einzutragen. Bei mehreren Fächern kann der Lehrer für jedes Fach gesonderte Schilder verwenden. Kommentieren Sie die Effektivität der „be-schilder-ten" Information und achten Sie darauf, ob weitere Informationen auf Schilder gebracht werden könnten.

Wenn der Kollege es wünscht, könnte ein Experiment durchgeführt werden, in dem die oben empfohlenen Vorschläge mit dem traditionellen Verfahren (nur mündliche *Anweisungen zur Überleitung*) verglichen werden. Wenn dies gemacht wird, geben Sie dem Kollegen bitte eine Rückmeldung in bezug auf die Zeit, die es brauchte, bis er mit den Anweisungen fertig war; wie oft die gleiche Information wiederholt werden mußte; die allgemeine Atmosphäre von Wohlfühlen oder Frustration bei den Schülern; und zuletzt: was passierte, als die Träumer wieder auf die Erde kamen und wissen wollten: „Wo sind wir denn gerade?"

Lehrer/in:
Beobachter/in:

Die wichtigsten 20 Sekunden

Wenn der Lehrer den Frontalunterricht beendet und die Schüler mit der Stillarbeit beginnen, gibt es einen Übergang von der Gruppenorientierung zur Einzelunterstützung. Dieser Übergang gelingt am besten durch eine Kombination von visuellen *Anweisungen zur Überleitung* und durch das Modellieren (Vor- und Deutlichmachen) Ihrer Erwartung, daß die Schüler sich konzentrieren werden. Die produktivste Atmosphäre bei der Stillarbeit – unabhängig davon, ob die Schüler allein oder mit einem Partner arbeiten (zum Beispiel kooperatives Lernen) – ist die visuelle; das bedeutet zielgerichtetes und überwiegend stilles Arbeiten. Vorschläge zum Modellieren dieser visuellen Atmosphäre:

1. Der Lehrer liest die *Anweisungen zur Überleitung*.
2. Der Lehrer fragt, ob es Fragen gibt. Wenn Fragen gestellt werden, schreibt er die zusätzlichen Antworten oder Informationen an die Tafel.
3. Der Lehrer entläßt die Schüler mit Worten wie: „Ihr könnt jetzt anfangen."
4. *Die wichtigsten 20 Sekunden (20 SEK.):* Der Lehrer geht in eine *eingefrorene Körperhaltung*, um für die Schüler zu modellieren, wie still und konzentriert sie sich verhalten sollen. Wenn Schüler um Hilfe bitten, indem sie sich melden oder in die Klasse rufen, läßt der Lehrer seine Augen durch die Klasse wandern, bleibt betont ruhig stehen und bedeutet diesen Schülern durch eine Handgeste, daß er gleich bei ihnen sein wird. Einige Grundschullehrer haben einen Hula-Hoop-Reifen, in dem sie während der *20 SEK.* stehen. Kinästhetische Schüler, die Hilfe suchen, können den tatsächlich existierenden Reifen sehen und werden so auf konkrete Weise daran erinnert, daß der Lehrer noch nicht zur Verfügung steht.
5. Der Lehrer bewegt sich langsam zu den einzelnen Schülern, um ihnen zu helfen.

Der Lehrer wird es so arrangieren, daß der Wechsel vom Frontalunterricht zur unabhängigen Einzelarbeit in den fünf bis zehn Minuten erfolgt, in denen der Beobachter im Raum ist. Der Lehrer hat die Wahl, entweder die empfohlene Technik (siehe unten, „Ja") anzuwenden oder genau das Gegenteil („Nein"). Wenn der Beobachter mehr als einmal kommt, macht der Lehrer einen Versuch mit „Nein" und einen anderen mit „Ja". Durch diesen Kontrast kann der Beobachter dem Kollegen Feedback in bezug auf die Effektivität der empfohlenen Verfahrensweise geben.

Lehrer/in:
Beobachter/in: Die wichtigsten 20 Sekunden

Datum der Beobachtung:

    Welche Form führt der Lehrer durch?   Ja/Nein

1. Wurden die *Anweisungen zur Überleitung* visuell gegeben?   Ja/Nein

2. Lehrer fragte, ob es Fragen gibt: Ja/Nein

    Lehrer schrieb weitere Information an die Tafel: Ja/Nein

3. Lehrer benutzte ein verbales Signal, um die Klasse zu entlassen: Ja/Nein

4. *20 SEK.* (*Die wichtigsten 20 Sekunden*) wurde mit einer *eingefrorenen Körperhaltung* durchgeführt, und der Lehrer blieb gruppenorientiert (statt auf einzelne konzentriert) und signalisierte nonverbal, daß er den Schülern, die um Unterstützung baten, gleich helfen würde: Ja/Nein

5. Er ging langsam zu den einzelnen Schülern.   Ja/Nein

Vorschläge oder Erkenntnisse:

Lehrer/in:
Beobachter/in:

AUS/Neutral/AN

Die Lehrerin hat dieses Konzept bereits geübt und das zugehörige Arbeitsblatt ausgefüllt.

1. Einige Schüler sind oft AUS-geschaltet, von der Arbeit abgelenkt, und wenn die Lehrerin auf sie zugeht, halten sie ihren Atem an, bis sie wieder weitergeht. Dann können sie wieder atmen und schalten sich wieder AUS. Wir wollen diese Schüler als *AUS/Neutral/AUS*-Schüler bezeichnen. Meist finden wir in dieser Kategorie zwei bis vier Schüler. Da die Lehrerin diese neue Vorgehensweise gerade erst lernt, hat sie sich dazu nicht ihre „schlimmsten" Schüler ausgesucht, sondern einige marginale Schüler. Die Lehrerin stellt sicher, daß die Beobachterin weiß, wo sie sitzen. Initialen dieser Schüler:

2. Innerhalb einer gegebenen Phase der Stillarbeit läuft die Lehrerin mit Absicht schnell und mit strafender Miene auf diese Schüler zu, und Sie, die Beobachterin, werden erkennen, ob diese tendenziell ihren Atem anhalten. Die Lehrerin bleibt nur ganz kurz bei den Schülern stehen, und die Beobachterin wird erkennen, ob die Schüler die Tendenz haben, sich nach dem Weggehen der Lehrerin auch wieder AUS-zuschalten. Beschreiben Sie, wie lange die Lehrerin stehen blieb, wie das Atemmuster des Schülers war und wie lange es nach dem Weggehen der Lehrerin dauerte, bis der Schüler sich auch wieder AUS-schaltete.

   Erster Schüler:

   Zweiter Schüler:

   Dritter Schüler:

Lehrer/in:
Beobachter/in: AUS/Neutral/AN

3. Innerhalb derselben Phase von Stillarbeit wird die Lehrerin langsam auf die Schüler zugehen und bei ihnen stehenbleiben, bis sie schließlich wieder anfangen zu atmen und ANgeschaltet sind, das heißt sich auf ihre Aufgabe konzentrieren. *Es ist zwingend notwendig, daß der Schüler an der Aufgabe ist und wenigstens zweimal geatmet hat, bevor die Lehrerin weggeht.* Wenn sie dann langsam weggeht, achten Sie darauf, ob sie nach hinten weggeht, so daß der Schüler nicht weiß, ob sie tatsächlich weg ist. Als Beobachterin schreiben Sie bitte auf, wie schnell die Lehrerin zum Schüler hinging, wie lange sie stehenblieb, bis der Schüler atmete und wieder an seine Arbeit ging, ob die Lehrerin nach hinten wegging, und wie lange der Schüler bei seiner Arbeit blieb, nachdem die Lehrerin gegangen war.

Erster Schüler:

Zweiter Schüler:

Dritter Schüler:

Vorschlag: Lehrerin und Beobachterin treffen sich und tauschen sich aus, welche anderen Schüler von dieser Technik profitieren könnten.

Lehrer/in:
Beobachter/in:

Von Macht zu Einfluß

Es ist *zwingend notwendig*, daß sowohl die Lehrerin als auch die Beobachterin die Arbeitsblätter zur Fertigkeit *AUS/Neutral/AN* und die zu *Von Macht zu Einfluß* gehörigen Arbeitsblätter bearbeitet haben, bevor sie mit dem folgenden beginnen.

Die Lehrerin lernt, statt *Macht* auszuüben, mit *Einfluß* auf die Schüler zuzugehen. Eine Lehrerin, die *Macht* ausübt, vermittelt ein Gefühl, als wenn sie sich von einem Schüler, der sich unangemessen verhält, persönlich bedroht fühlte; folglich ist die Intervention „konfrontativ". Die Pädagogin, die *Einfluß* einsetzt, trennt das Verhalten des Schülers von seiner Person. Der Fokus liegt darauf, den Schüler wieder an seine Arbeit zu führen. Warum ist dies so wichtig? Wir haben darauf hingewiesen, daß es eine zunehmende Zahl von Schülern gibt, die zu Hause nicht besonders viel menschlichen Kontakt mit Erwachsenen haben. Wir wissen, daß alle Schüler es vorziehen, positiven Kontakt zu haben, aber Präferenz Nummer zwei ist, überhaupt Kontakt mit Erwachsenen zu haben. Diese Schüler sind bereit, sich in Schwierigkeiten zu bringen, um Kontakt mit einem Erwachsenen zu bekommen. Ein Dichter sagte einmal: „Es gelingt einem Kind immer, unsere Aufmerksamkeit auf sich zu ziehen; die Frage, ob es positive oder negative Aufmerksamkeit ist, hängt davon ab, wie schnell und oft wir sie ihm geben." In diesem Abschnitt geht es darum, das „Syndrom der negativen Verstärkung" zu unterbrechen.

Unser Ziel ist es, den physischen Abstand der Lehrerin vom Schüler zu vergrößern, unter der Bedingung, daß sie weiterhin die Kontrolle behält, denn je weiter die Lehrerin entfernt ist, desto mehr tendieren die Schüler dazu zu glauben, daß sie AN ihren Aufgaben sind, weil *sie* es wollen, und nicht, weil die Lehrerin gerade in der Nähe ist. Dies ist wahrer *Einfluß*.

Achten Sie als Beobachterin bitte bei der *indirekten* Interaktion zwischen der Lehrerin und den beiden ausgewählten Schülern auf die versteckten Anzeichen von *Einfluß*. Seien Sie zugleich empfänglich für die Wahrnehmung der Lehrerin. Sie kennt ihre Schüler am besten und fühlt sich vielleicht mit dem Grad ihres *Einflusses*, den sie im Vergleich zu ihrem normalen Schulalltag erreicht hat, sehr wohl. Die Details des *Einflußansatzes*:

1. Die Lehrerin geht auf den Schüler zu, ohne ihn anzuschauen. (Beispiel: Die Lehrerin befindet sich im Winkel von 45 Grad zur Blickrichtung des Schülers.)

2. Sobald der Schüler nicht mehr AUS-geschaltet ist, macht die Lehrerin eine PAUSE.

3. Die Lehrerin schaut auf die Arbeit eines Nachbarschülers, während sie zugleich peripher (*indirekt*) den Schüler beobachtet, der AUS-geschaltet ist. Sie will sehen, ob der Schüler vom neutralen Zustand wieder AN seine Arbeit geht. Die Lehrerin wartet, bis der Schüler atmet, denn wenn er atmet, wird er wahrscheinlich nicht im Neutralen bleiben, sondern aus dem Leerlauf wieder in Gang kommen und sich auf seine Arbeit konzentrieren. Falls der Schüler sich wieder AUS-schaltet, geht die Lehrerin augenblicklich näher auf ihn zu.

4. Sobald der Schüler wieder AN seiner Aufgabe ist und zweimal geatmet hat, geht die Lehrerin an die Seite des Schülers. An diesem Punkt hat sie viele Wahlmöglichkeiten: zu sprechen oder nichts zu sagen, Blickkontakt aufzunehmen oder einfach nur auf die Arbeit zu schauen, usw. Die Entscheidung hängt davon ab, wie sie das oben genannte „Syndrom der negativen Verstärkung" am besten in einen „positiven Kontakt" verwandeln kann. Lassen Sie sich beim Üben von diesem Grundsatz leiten.

Lehrer/in:
Beobachter/in:

Von Macht zu Einfluß

I. Die Lehrerin hat zwei Schüler ausgewählt, bei denen sie diese Technik üben möchte. Denken Sie daran, daß es für die Lehrerin einfacher ist, eine neue Fertigkeit zu lernen, wenn sie sie mit einem „marginalen" Schüler übt, statt gleich mit dem „schlimmsten Fall". Mit letzterem ist besseres *Timing* erforderlich.

Initialen zweier Schüler: Schüler A: Schüler B:

Die Beobachterin füllt das folgende Beobachtungsblatt aus und tauscht ihre Beobachtungen später mit der Lehrerin aus.

II. Die Lehrerin geht mit *Einfluß* an Schüler A heran:

1. Welche Entfernung konnte die Lehrerin einhalten, bis der Schüler vom AUS-geschalteten Zustand zumindest wieder ins Neutrale ging?

2. Beschreiben Sie, woran die Lehrerin erkannt haben mag, daß Schüler A von AUS wieder ins Neutrale kam (wenn möglich, erwähnen Sie As Atemmuster).

3. Die Lehrerin hat gewartet, bis A wieder atmete. Falls A vom Neutralen wieder in Richtung AUS ging, beschreiben Sie, was die Lehrerin tat:

4. Der Schüler war AN seiner Aufgabe und hat zweimal geatmet. Beschreiben Sie, wozu die Lehrerin sich entschieden hat und wie das Ziel des „positiven Kontaktes" verstärkt wurde:

Lehrer/in:
Beobachter/in:

Von Macht zu Einfluß

III. Die Lehrerin geht mit *Einfluß* an Schüler B heran:

1. Welche Entfernung konnte die Lehrerin einhalten, bis der Schüler vom AUS-geschalteten Zustand zumindest wieder ins Neutrale ging?

2. Beschreiben Sie, woran die Lehrerin erkannt haben mag, daß Schüler B von AUS wieder ins Neutrale kam (wenn möglich, erwähnen Sie Bs Atemmuster).

3. Die Lehrerin hat gewartet, bis B wieder atmete. Falls B vom Neutralen wieder in Richtung AUS ging, beschreiben Sie, was die Lehrerin tat:

4. Der Schüler war AN seiner Aufgabe und hat zweimal geatmet. Beschreiben Sie, wozu die Lehrerin sich entschieden hat und wie das Ziel des „positiven Kontaktes" verstärkt wurde.

Mäusequiz

Deo-Roller kamen 1955 ins Geschäft – sieben Jahre nach der Erfindung.

Nylon wurde erstmals 1927 entwickelt. Wie lange dauerte es, bis es auf den Markt kam?

Kapitel 7

Beobachtungsbögen: Aufmerksamkeit gewinnen

*„Der Triumph des Genies
ist die Verwirklichung seiner Idee."*

William Blake

Anmerkungen zu den hier behandelten Fertigkeiten

Körperhaltung einfrieren: Verfeinerungen: Jeder Lehrer wird auf seine ganz eigene Weise bestimmen, welche der Verfeinerungen für ihn zutreffen. Akzeptieren Sie alles, was der Lehrer für sich als zutreffend bezeichnet.

Eröffnung mit visuellen Anweisungen: Dies ist eine Fertigkeit für Notfälle; daher braucht der Coach ein hohes Maß an Vertrauen vom Lehrer, damit dieser ihn einlädt, ihn beim Üben dieser Fertigkeit zu beobachten. Gehen Sie sanft mit ihm um, wenn Sie ihm zu dieser Fertigkeit Feedback geben.

Unvollständige Sätze: Diese Fertigkeit ist eine der einfachsten unter den einunddreißig Techniken *ohne viele Worte*. Ermutigen Sie den Lehrer, sie einzusetzen, wann immer es paßt. Bitte beachten Sie, daß *Unterbrechen & Atmen* darin vorkommt.

Positive Kommentare: Diese Fertigkeit wurde mehr für Grundschullehrer entwickelt. Man kann sie nicht so leicht verallgemeinern wie die anderen Fertigkeiten.

Entgiften des Klassenzimmers: Diese Fertigkeit wurde durchgehend als die absolut hilfreichste Technik eingeschätzt. Sie verdient wirklich ihren Platz unter den *sieben Schätzen*. Ermutigen Sie sich gegenseitig, diese Fertigkeit zu perfektionieren. Erinnern Sie den Lehrer, daß *Entgiften* nur für Gruppendisziplin entwickelt wurde, nicht für Einzeldisziplinierung.

Unterbrechen & Atmen: Dies ist die Lieblingstechnik des Autors und die beste nonverbale Streßbewältigungstechnik. Da der Lehrer eine Disziplinierungssituation nicht zuverlässig „planen" kann, sollte der Kollege darauf achten, wenn eine solche Situation bei der Beobachtung einer anderen Fertigkeit auftritt. Sie sollten jedoch nur dann Feedback geben, wenn der Lehrer selbst das Thema aufwirft.

Gelbe Ampel: Kooperatives Lernen wird oft vom Lehrer als Teil der *Unterrichts*phase einer Stunde genutzt. Die *gelbe Ampel* ist extrem hilfreich beim Übergang zum Fokus auf den Lehrer.

Lehrer/in:
Beobachter/in:

Körperhaltung einfrieren: Verfeinerungen

Der Lehrer experimentiert mit diesen Verfeinerungen zu *Körperhaltung einfrieren*, um zu sehen, ob die Techniken die Geschwindigkeit und Leichtigkeit erhöhen, mit der die Klasse der Bitte um Aufmerksamkeit folgt, und welche der folgenden Techniken am effektivsten sind:

- vorn im Raum vor der Klasse stehen
- Füße parallel, Zehen zeigen nach vorn
- Gewicht auf beiden Füßen
- kurze Anweisungen

Da die Technik *Körperhaltung einfrieren* eine solch starke Variable ist, könnt es sein, daß diese Verfeinerungen überhaupt keinen Unterschied bewirken. Warum sollten Sie sie also üben? Aus zwei Gründen: Erstens können Sie herausfinden, ob sich dadurch nicht doch etwas verändert, und zweitens helfen sie an rechtshemisphärischen Tagen, die Effektivität von *Körperhaltung einfrieren* zu steigern.

Da es sich hier um Verfeinerungstechniken zu *Körperhaltung einfrieren* handelt, bleibt der Lehrer still stehen, wenn er sie anwendet, so daß die Variablen zur Verfeinerung isoliert sind und ihr Einfluß bestimmt werden kann.

Der Lehrer wird es so arrangieren, daß er die Schüler mindestens drei- oder viermal innerhalb des fünfzehnminütigen Beobachterbesuchs um Aufmerksamkeit bittet. Wenn der Lehrer während des Besuchs die Klasse nur zweimal um Aufmerksamkeit bitten kann, macht er nur 2.1 und 3.1.

1. Der Lehrer legt fest, welche dieser vier Techniken er erproben will: Ort, Zehen, Gewicht oder Dauer. Der Lehrer kann sich entweder für alle vier entscheiden oder sie auch isoliert durchführen. Die ausgewählten sind:

2.1 Der Lehrer probiert mit Absicht das Gegenteil der Fertigkeiten zur Verfeinerung, die in Nummer 1 genannt wurden. Zum Beispiel: Der Lehrer steht nicht vorne im Raum, seine Füße zeigen zu den Seiten, er hat mehr Gewicht auf einem Fuß (vielleicht mit einer Hand in der Hüfte) und sagt einen langen Satz, wenn er die Aufmerksamkeit der Schüler haben will. Beschreiben Sie bitte die Auswirkung auf die Geschwindigkeit und die Leichtigkeit, mit der die Klasse reagiert.

Lehrer/in:
Beobachter/in: Körperhaltung einfrieren: Verfeinerungen

2.2 Der Lehrer macht noch einmal das Gegenteil der unter Nr. 1 genannten Fertigkeiten zur Verfeinerung. Beschreiben Sie bitte die Auswirkung auf die Geschwindigkeit und die Leichtigkeit, mit der die Klasse reagiert.

3.1 Der Lehrer zeigt dem Beobachter nonverbal an, daß er jetzt zu den empfohlenen Techniken von Nr. 1 wechselt. Beschreiben Sie bitte die Geschwindigkeit und die Leichtigkeit, mit der die Klasse auf die Aufforderung zur Aufmerksamkeit reagiert.

3.2 Der Lehrer macht die empfohlenen Techniken noch einmal. Beschreiben Sie die Geschwindigkeit und die Leichtigkeit, mit der die Klasse auf die Aufforderung zur Aufmerksamkeit reagiert.

Beschreiben Sie den Unterschied zwischen dem, was abläuft, wenn der Lehrer nicht vorne steht, das Gewicht mehr auf einem Fuß hat, wenn seine Füße zu den Seiten zeigen und er lange Sätze benutzt, im Vergleich dazu, wenn er vorne steht, das Gewicht auf beiden Füßen hat, die Zehen nach vorn zeigen und er einen kurzen Satz sagt, wenn er um Aufmerksamkeit bittet.

Lehrer/in:
Beobachter/in:

Eröffnung mit visuellen Anweisungen

Wenn die Anweisungen beim Hereinkommen der Schüler schon an der Tafel stehen, können sie gleich sehen, was sie tun sollen. [Da es im deutschen Sprachraum meist der Lehrer ist, der von Klasse zu Klasse wandert, hat er nicht immer die Möglichkeit, *vor* den Schülern im Raum zu sein; Sie werden selbst am besten wissen, zu welchem Zeitpunkt es sinnvoll ist, die visuellen Instruktionen zur Eröffnung anzuschreiben. Anmerkung der Übersetzerin] Das wichtige daran ist, daß es sich um eine *nonverbale Botschaft* handelt. Nonverbale Botschaften führen zu einem ruhigeren Unterricht, die Schüler haben eine höhere Selbstachtung, und das Energieniveau des Lehrers ist höher.

Die visuellen Anweisungen dienen verschiedenen Zwecken. Oft schreibt der Lehrer eine Aufwärmübung an die Tafel. Häufig ist dies eine lustige Aktivität mit Papier und Bleistift, die bereits durchgenommene Inhalte zum Gegenstand hat, zum Beispiel Wiederholungsaufgaben in Mathematik, das Abschreiben neuer Vokabeln und ihrer Erläuterung, oder einfache Fragen von großem Interesse. Die Übung muß im Rahmen der Fähigkeiten der Schüler liegen, so daß sie unabhängig vom Lehrer sind; ansonsten wäre es „Unterricht" statt „Aufwärmen für den Unterricht". Der Tafelanschrieb dient nicht nur zum Ankündigen der Aufwärmübung, sondern erleichtert auch den Übergang zur ersten Aktivität. Beispiel: „Nehmt Papier und Bleistift heraus und öffnet euer Geschichtsbuch auf Seite 127."

Vorbereitung: Lehrer und Beobachter treffen sich vor Beginn des Unterrichts und verständigen sich, welche Art von visuellen Eröffnungsanweisungen verwendet werden sollen: „Aufwärmübung" oder „Übergang". (Füllen Sie bitte Nr. 1 aus.) Besprechen Sie auch, ob der Lehrer nonverbal die Aufmerksamkeit zur Tafel modellieren will oder es auf weniger effektive Weise tut. (Füllen Sie bitte Nr. 2 aus.) Es wird empfohlen, daß Sie nach mindestens einem Durchgang von Nr. 1 bis 5 den Notfall proben („Wenn keine Zeit ist"), beginnend bei Nr. 6.

1. Markieren Sie, zu welchem Zweck der Lehrer visuelle Eröffnungsanweisungen verwendet:

    Aufwärmübung   Übergang

2. Unser Ziel ist, die Schüler nonverbal in den angemessenen mentalen Zustand zu versetzen. Mit welchem Stil erreicht der Lehrer dies? Hat er die Anweisungen hinter einer heruntergezogenen Landkarte oder Leinwand versteckt, oder liegen sie auf einem Overheadprojektor, der noch nicht angestellt ist, und werden sie direkt nach der Begrüßung enthüllt? Hat er die Anweisungen offen an der Tafel, wenn die Schüler in den Raum kommen, und steht er still vor der Klasse, um die Aufmerksamkeit zur Tafel zu modellieren, während er die Schüler begrüßt?

    Da wir davon ausgehen, daß die nonverbale Kommunikation des Lehrers der allerwichtigste und wirkungsvollste Faktor in einer Klasse ist, ist es unerläßlich, daß der Lehrer modelliert, wie er sich die Aufmerksamkeit zur Tafel wünscht. Machen Sie (als Lehrer) zum Test das Gegenteil: Schreiben Sie die Anweisungen schon vorher an die Tafel, gehen Sie im Raum umher und sprechen Sie beim Hereinkommen der Schüler über irrelevante Dinge. –

    Markieren Sie (als Beobachter), welche Variante der Lehrer plant:

    - das effektivere Modellieren (die visuellen Eröffnungsanweisungen auf empfohlene Weise durchführen)
    - die Bewegung und irrelevantes Gespräch (die visuellen Anweisungen zur Eröffnung in gegenteiliger Weise als empfohlen)

Lehrer/in:
Beobachter/in: Eröffnung mit visuellen Anweisungen

3. Beschreibung der Anweisungen an der Tafel:

4. Beschreibung vom Modellieren des Lehrers oder von seiner Bewegung und seinem Sprechen:

5. Beschreibung der Klasse: ihre Aufmerksamkeit und ihre Reaktionen auf die Anweisungen an der Tafel:

Notfall: Unter Zeitdruck

Manchmal hat der Lehrer nicht die Möglichkeit, die Anweisungen vorher anzuschreiben. Der Lehrer hat drei Alternativen:

- sich die Aufmerksamkeit der Klasse holen und dann die Anweisungen anschreiben;
- sich die Aufmerksamkeit der Klasse holen und die Anweisungen dann mündlich geben;
- die Anweisungen anschreiben und sich dann die Aufmerksamkeit der Klasse holen.

Die zweite Möglichkeit funktioniert an bestimmten Tagen und ist schneller als die dritte Alternative, während die dritte Möglichkeit an rechtshemisphärischen Tagen die sicherste und am ehesten erfolgversprechende ist.

Lehrer/in:
Beobachter/in: Eröffnung mit visuellen Anweisungen

6. Der Lehrer tut so, als sei er beschäftigt und noch nicht bereit, den Unterricht pünktlich zu beginnen.

6.1 Was hat der Lehrer gemacht, als er so tat, als sei er „beschäftigt"?

6.2 Beschreiben Sie den vorgetäuschten Drang des Lehrers, die Klasse zur Ruhe zu bringen:

6.3 Welche Anweisungen hat der Lehrer an die Tafel geschrieben? (Erwähnen Sie, ob Schilder eingesetzt wurden.)

6.4 Wie holte sich der Lehrer die Aufmerksamkeit der Klasse? Kommentieren Sie insbesondere, ob der Lehrer still stand, ob er zu Anfang mit seiner Stimme etwas lauter war als die allgemeine Klassenlautstärke und ob er eine Pause gemacht hat, als die Schüler ruhiger wurden:

6.5 Abschließende Kommentare in bezug auf die Effektivität:

Lehrer/in:
Beobachter/in:

Unvollständige Sätze

Auf Fortbildungen wird den Lehrern oft empfohlen, zu Beginn des Unterrichts erst um die Aufmerksamkeit aller Schüler zu bitten. Wir wissen jedoch, daß die Schüler schneller in den Stoff kommen und sich an den Inhalt der Stunde besser erinnern, wenn wir unsere Stimme für den Verlauf des Unterrichts benutzen und unsere nonverbalen Signale zur Disziplinierung. Welche nonverbalen Alternativen haben wir also, um die Aufmerksamkeit der Schüler zu gewinnen?

Wenn der Inhalt großes Interesse weckt, kann der Lehrer die Stunde beginnen, und die Klasse wird reagieren; wenn der Lehrer jedoch vermutet, daß das Interesse nicht groß genug ist, kann er *unvollständige Sätze* benutzen. Schüler, die den Lehrer nicht anschauen, sondern einen abrupten Abbruch mitten im Einleitungssatz hören, werden wahrscheinlich erstarren und nach vorn schauen. Dieses Vorgehen erlaubt einen schnellen Übergang zur Aufmerksamkeit. Beispiele dafür sind: „Wie wir seh...", „Wenn wir uns das anschau...", „Achtet mal darauf, wie...". Wenn die unaufmerksamen Schüler sich dann „einschalten", wiederholt der Lehrer noch einmal den ganzen Satz und fährt dann fort. Unter Verwendung der Fertigkeiten, die in *Lauter (Pause) Flüstern* gelernt wurden, sagt der Lehrer den *unvollständigen Satz* lauter als die Klassenlautstärke und wiederholt dann den ganzen Satz im Flüsterton. *Unvollständige Sätze* wirken oft bei den Schülern, die sich schwertun und die langsamer als andere dem Lehrer ihre Aufmerksamkeit zuwenden.

Unvollständige Sätze können jederzeit angewandt werden. Die ideale Zeit, um diese Technik einzusetzen, ist an rechtshemisphärischen Tagen, weil der Lehrer dann die Konzentration auf seine Person vermindern und den Rapport verstärken will. Das Timing, das diese Technik erfordert, sollte am besten eingeübt werden, bevor die rechtshemisphärischen Tage kommen.

1. Schreiben Sie zwei Einleitungssätze des Lehrers auf, die er am liebsten sagt.

2. Der Lehrer wird eine der beiden folgenden Möglichkeiten wählen:
   - Dies ist ein linkshemisphärischer Tag, und ich übe das Timing dieser Technik. – Beobachter überspringt bitte Nummer 3.4 und 4.4.
   - Dies ist ein rechtshemispärischer Tag, und ich setze diese vorher geübte Technik ein. – Beobachter, bitte darauf achten, wie der Lehrer seinen Körper bewegt und atmet, wenn er seinen *unvollständigen Satz* beendet, und bitte auch auf den kurzen Moment der Stille achten, die dem *unvollständigen Satz* folgt.

Dann schwingt sich der Lehrer wieder in seinem Körper ein, bevor er den Satz ganz und mit Flüsterstimme sagt. Die Nummern 3.4 und 4.4 sind dafür gedacht, dem Lehrer Feedback in bezug auf diese Fertigkeit des *Unterbrechens & Atmens* zu geben.

Lehrer/in:
Beobachter/in: Unvollständige Sätze

3.1 Zeitpunkt des ersten *unvollständigen Satzes*:

3.2 Schreiben Sie den *unvollständigen Satz* auf:

3.3 Beschreiben Sie die Lautstärke des Lehrers während des Satzes, und wie ruhig er seinen Körper während des Satzes und in der darauffolgenden kurzen Stille gehalten hat.

3.4 Beschreiben Sie, wie der Lehrer seinen Körper bewegte und atmete, als er den Satz sagte.

3.5 Beschreibung der leiseren Stimme und langsameren Sprechgeschwindigkeit, als der Lehrer den Satz in ganzer Länge im Flüsterton sprach.

3.6 Beschreiben Sie die Wirkung auf die Aufmerksamkeit der Schüler, besonders bei denjenigen, die sich schwertun.

4.1 Zeitpunkt des zweiten *unvollständigen Satzes*:

4.2 Schreiben Sie den *unvollständigen Satz* auf:

4.3 Beschreiben Sie die Lautstärke des Lehrers während des Satzes und wie ruhig er seinen Körper während des Satzes und in der darauffolgenden kurzen Stille gehalten hat.

4.4 Beschreiben Sie, wie der Lehrer seinen Körper bewegte und atmete, als er den *unvollständigen Satz* sagte.

4.5 Beschreibung der leiseren Stimme und langsameren Sprechgeschwindigkeit, als der Lehrer den Satz in ganzer Länge im Flüsterton sprach.

4.6 Beschreiben Sie die Wirkung auf die Aufmerksamkeit der Schüler, besonders bei denjenigen, die sich schwertun.

Lehrer/in:
Beobachter/in:

Positive Kommentare

Bis zum vierten Schuljahr lieben es die Schüler sehr, wenn sie von ihrem Lehrer gelobt werden. Wenn der Lehrer eine Schülerin lobt, die während einer Übergangsphase etwas sehr gut macht, kann dieses Kind als Rollenmodell für die anderen dienen. Manchmal muß der Lehrer die Schüler loben, die neben den Ungezogenen sitzen, so daß letztere auf die ersteren aufmerksam werden, zum Beispiel: „**Ich** finde es schön, daß Katrin schon fertig ist."

Wenn sie *ältere* Schüler loben wollen, müssen Lehrer vorsichtiger sein. Die *positiven Kommentare* müssen subtiler sein. Die Art der Kommentare, die der Lehrer geben kann, hängt von seinem Rapport mit der Klasse ab. Wenn der Lehrer nicht so guten Rapport hat, ist es weniger angemessen, das Wort „ich" zu benutzen. Er sollte lieber ein kollektives Lob geben, statt einen einzelnen oder eine Kleingruppe zu loben.

Der Lehrer möchte Feedback zu seiner Anwendung *positiver Kommentare* in dieser Übergangsphase. Obwohl sich diese Fertigkeit unter der Phase *Aufmerksamkeit gewinnen* findet, kann sie auch in jeder anderen Phase der Unterrichtsstunde eingesetzt werden, in der es einen Übergang gibt. Der Lehrer richtet es so ein, daß er während Ihres fünfzehnminütigen Besuchs drei oder mehr Übergänge hat.

1. Beobachtete Klassenstufe:

   Markieren Sie die Phase der Stunde, die beobachtet wird: *Aufmerksamkeit gewinnen, Unterrichten, Übergang zur Stillarbeit* oder *Stillarbeit.*

2.1 Beschreiben Sie, wie der erste *positive Kommentar* des Lehrers lautete:

2.2 Welcher Schülerin (welchen Schülern), die sich unangemessen verhielt(en), wollte der Lehrer ein Rollenmodell für angemessenes Verhalten geben, indem er die Technik des *positiven Kommentars* anwandte?

2.3 Wie nah saß die Schülerin (saßen die Schüler), die den *positiven Kommentar* erhielt(en), bei denen, die sich unangemessen verhielten?

2.4 Beschreibung dazu, wie sich das Modellieren von Angemessenheit auf die unangemessenen Schüler auswirkte:

Lehrer/in:
Beobachter/in: Positive Kommentare

3.1 Beschreiben Sie, wie der zweite *positive Kommentar* des Lehrers lautete:

3.2 Welcher Schülerin (welchen Schülern), die sich unangemessen verhielt(en), wollte der Lehrer ein Rollenmodell für angemessenes Verhalten geben, indem er die Technik des *positiven Kommentars* anwandte?

3.3 Wie nah saß die Schülerin (saßen die Schüler), die den *positiven Kommentar* erhielt(en), bei denen, die sich unangemessen verhielten?

3.4 Beschreibung dazu, wie sich das Modellieren von Angemessenheit auf die unangemessenen Schüler auswirkte:

3.1 Beschreiben Sie, wie der dritte *positive Kommentar* des Lehrers lautete:

3.2 Welcher Schülerin (welchen Schülern), die sich unangemessen verhielt(en), wollte der Lehrer ein Rollenmodell für angemessenes Verhalten geben, indem er die Technik des *positiven Kommentars* anwandte?

3.3 Wie nah saß die Schülerin (saßen die Schüler), die den *positiven Kommentar* erhielt(en), bei denen, die sich unangemessen verhielten?

3.4 Beschreibung dazu, wie sich das Modellieren von Angemessenheit auf die unangemessenen Schüler auswirkte:

Weitere Erkenntnisse oder Kommentare, die Sie Ihrem Kollegen mitteilen möchten?

Lehrer/in:
Beobachter/in:

Entgiften des Klassenzimmers

An jedem einzelnen Tag muß ein Lehrer viele unterschiedliche Aktivitäten tun. Wenn er konsequent *eine* Aktivität (zum Beispiel Gruppendisziplinierung) immer nur von einem bestimmten Platz aus durchführt, verbinden die Schüler diesen Platz mit der Aktivität. Da der Lehrer die Verbindung zwischen der Aktivität und dem Ort im Raum aufgebaut hat, reagieren die Schüler tendenziell schneller und angemessener, da sie wissen, was sie erwarten können. Diese Verbindung trifft nicht nur auf den Platz zu, sondern auf jegliche nonverbale Kommunikation. Wenn der Lehrer zum Beispiel konsequent jedesmal den Overheadprojektor anschaltet, wenn er möchte, daß die Klasse sich Notizen macht, bekommen die Schüler dieses Signal durch das Klickgeräusch des Knopfes, das Geräusch des Gebläses und die Helligkeit der Lampe.

Wenn der Lehrer weiß, welche Aktivitäten er in einer Woche macht, kann er entscheiden, welche Aktivitäten er mit welchem Ort, welchem Gesichtsausdruck, welcher Stimme und welcher Körperhaltung und vielleicht sogar mit welchem Requisit verknüpfen möchte. Das Spektrum der Aktivitäten reicht von Anwesenheitskontrolle, theoretischem Verarbeiten, Klassendiskussionen, im Kreis sitzen und einander Zuhören bis hin zu individueller Unterstützung und Gruppendisziplin. Daher paßt das Konzept des *Entgiftens* in alle vier Phasen des Unterrichts. Es wird an dieser Stelle vorgestellt, da die Gruppen- oder Klassendisziplinierung die absolut wichtigste Aktivität ist, für die man einen definierten Ort braucht. Das ist in jedem Fall ein Weg, die Aufmerksamkeit der Klasse zu gewinnen.

Da der Lehrer nicht abschätzen kann, wann er die Klasse disziplinieren muß, gibt der Beobachter Feedback zu zwei oder drei Aktivitäten, bei denen der Lehrer eine systematische Verbindung zwischen mehreren nonverbalen Repräsentationen und den Aktivitäten macht. Diese nonverbalen Signale können aus verschiedenen Variablen zusammengesetzt sein, zum Beispiel aus dem Ort, der Stimme, dem Gesichtsausdruck, der Körperhaltung, Gestik und Requisiten, oder sie können aus einzelnen Teilen bestehen. Der Lehrer wird es so einrichten, daß er innerhalb des fünfzehnminütigen Besuchs des Beobachters zwei oder drei Aktivitäten durchführt. Der Lehrer kann entscheiden, ob der Beobachter die Initialverknüpfung des nonverbalen Signals mit der Aktivität oder dem Konzept beobachten soll oder ob der Beobachter eine Verknüpfung zu sehen bekommt, die schon früher etabliert wurde.

Vor der Beobachtung füllt der Lehrer bitte den Teil A zu jeder Aktivität aus. Während der Beobachtung füllt der Beobachter bitte die Abschnitte B bis D aus.

1.1 Aktivität oder Vorhaben:

Beschreibung der nonverbalen Botschaften, die mit dieser Aktivität verbunden sind:

Wird der Beobachter eine Initialverknüpfung oder eine bereits etablierte Verknüpfung zu sehen bekommen?

1.2 Beschreiben Sie die eingeführten nonverbalen Signale:

Lehrer/in:
Beobachter/in:

Entgiften des Klassenzimmers

1.3 Wie reagierte die Klasse auf die Verknüpfung?

1.4 Diskutieren Sie die Effektivität der Verknüpfung.

2.1 Aktivität oder Vorhaben:

Beschreibung der nonverbalen Botschaften, die mit dieser Aktivität verbunden sind:

Wird der Beobachter eine Initialverknüpfung oder eine bereits etablierte Verknüpfung zu sehen bekommen?

2.2 Beschreiben Sie die eingeführten nonverbalen Signale:

2.3 Wie reagierte die Klasse auf die Verknüpfung?

2.4 Diskutieren Sie die Effektivität der Verknüpfung.

3.1 Aktivität oder Konzept:

Beschreibung der nonverbalen Botschaften, die mit dieser Aktivität verbunden sind:

Wird der Beobachter eine Initialverknüpfung oder eine bereits etablierte Verknüpfung zu sehen bekommen?

3.2 Beschreiben Sie die eingeführten nonverbalen Signale:

3.3 Wie reagierte die Klasse auf die Verknüpfung?

3.4 Diskutieren Sie die Effektivität der Verknüpfung.

Lehrer/in:
Beobachter/in:

Unterbrechen & Atmen

Jeder mentale Zustand wird durch einen entsprechenden körperlichen Zustand repräsentiert und aufrechterhalten. Geist und Körper sind derart miteinander verwoben, daß jede Veränderung im Zustand des einen sich in dem anderen widerspiegelt.

Wenn der mentale Zustand, in dem sich jemand befindet, nicht erwünscht oder angemessen ist, dann hilft eine Veränderung der Körperhaltung, den mentalen Zustand zu verändern. Um diesen Wechsel des emotionalen und mentalen Zustandes optimal zu unterstützen, bewegen Sie beim *Atmen* zugleich den Körper (*Unterbrechen* der Körperhaltung). Dies gewährleistet eine stärkere Trennung von dem vorangegangenen Zustand. Natürlich ist es um so leichter, den gegenwärtigen Zustand zu unterbrechen, je eher man erkennt, daß er nicht angemessen ist. Daher erlaubt das *Unterbrechen & Atmen* am Ende der Klassendisziplinierung (siehe *Entgiften des Klassenzimmers*) dem Lehrer und den Schülern, sich wieder auf den Unterricht zu konzentrieren und bezüglich der Gruppendisziplin eine Amnesie zu entwickeln – sprich: zu vergessen, daß sie überhaupt stattgefunden hat. Die andere Gelegenheit, bei der man *Unterbrechen & Atmen* anwendet: wenn wir unsere Stimme verstärken müssen, um die Aufmerksamkeit der Klasse zu gewinnen (siehe *Lauter (Pause) Flüstern*). Das Manöver *Unterbrechen & Atmen* dient sowohl bei der Klassendisziplinierung als auch beim Einsatz einer lauten Stimme (zum Gewinnen der Aufmerksamkeit) dazu, die Rolle des Lehrers als Zuchtmeister von seiner Person als freundlicher und liebevoller Lehrer zu trennen.

Da das *Unterbrechen & Atmen* unsere absolut wichtigste Streßmanagementtechnik ist, empfehlen wir, daß der Lehrer den Beobachter bittet, dieses Blatt bei folgenden Gelegenheiten auszufüllen:

- Gruppendisziplinierung (*Entgiften des Klassenzimmers*)
- Disziplinierung eines einzelnen
- Verstärktes *Lauter (Pause) Flüstern*
- Ein *unvollständiger Satz* an einem rechtshemisphärischen Tag
- Eine Notfallsituation, in der Sie schreien müssen.

Es ist schwierig, genau vorauszusagen, wann die Umstände in der Klasse es rechtfertigen, daß der Lehrer seine Stimme hebt. Daher empfehlen wir, daß der Lehrer dieses Arbeitsblatt dem Beobachter an solchen Tagen gibt, an denen er schätzt, daß mehr Disziplinierung nötig sein wird. Im allgemeinen sind dies rechtshemisphärische Tage. An diesen Tagen ist eine Zunahme der genannten ersten vier Gelegenheiten zu erwarten. Die fünfte Gelegenheit (das *Schreien im Notfall*) könnte ein Beobachter ausfüllen, der seinen Kollegen häufig besucht. Wenn ein Notfall eintritt, kann der Beobachter den Abschnitt *Schreien im Notfall* auf diesem Blatt zusätzlich zum Feedback zu der jeweils ausgewählten Fertigkeit ausfüllen.

Gruppendisziplinierung

Der wichtigste Zeitpunkt, zu dem man *Unterbrechen & Atmen* sollte, ist der, wenn der Lehrer die ganze Gruppe oder einzelne diszipliniert hat (siehe *Entgiften des Klassenzimmers*). Da wir im allgemeinen nicht wissen können, wann der Lehrer eine solche Aktion durchführt, sollte er mit dem Beobachter einen Zeitpunkt verabreden, von dem er weiß, daß die Schüler lauter als normal sein werden. Dies trifft sicherlich für jeden rechtshemisphärischen Tag zu. (Fortsetzung nächste Seite)

Lehrer/in:
Beobachter/in: Unterbrechen & Atmen

Datum der Beobachtung einer Gruppendisziplinierung:

1.1 Beschreiben Sie eine Situation, in der es für den Lehrer angemessen war, die Klasse zu disziplinieren:

1.2 Beschreiben Sie das *Unterbrechen & Atmen* des Lehrers.

1.3 Beschreiben Sie den Gewinn für Lehrer und Schüler:

Einzeldisziplinierung

Manchmal arbeitet ein Lehrer mit Schülerin X und muß Schülerin Y auf der anderen Seite des Klassenraums wieder an ihre Arbeit zurückbringen. Der Lehrer weiß, daß es sowohl für Ys Selbstachtung als auch für die Konzentration der Schüler, die bei der Arbeit sind, besser ist, eine Botschaft *ohne viele Worte* zu geben (siehe *Aufrechterhalten der produktiven Atmosphäre: 5 SEK.*). Bei dieser Gelegenheit muß der Lehrer seine Stimme heben und Y verbal zur Ordnung rufen. Wenn der Lehrer sich dann wieder auf X konzentriert, aber noch Reste vom Tadeln von Y zurückbehalten hat, kriegt X möglicherweise ohne Anlaß diesen „emotionalen Schrott" ab. Daher sollte sich der Lehrer, sobald er mit Y fertig ist, aufrecht hinstellen, einen halben Schritt zur Seite machen und ganz tief durchatmen. Je stärker der Zustand, aus dem der Lehrer herauskommen will, desto wichtiger ist es für ihn, zweimal tief durchzuatmen.

2.1 Beschreiben Sie eine Situation, in der es für den Lehrer angemessen war, einen einzelnen Schüler zu disziplinieren:

2.2 Beschreiben Sie das *Unterbrechen & Atmen* des Lehrers.

2.3 Beschreiben Sie den Gewinn für Lehrer und Schüler:

Lehrer/in:
Beobachter/in:

Verstärktes **Lauter** (Pause) Flüstern

Datum der Beobachtung:

3.1 Manchmal ist der Geräuschpegel in der Klasse so hoch, daß der Lehrer laut „Leute!" rufen muß. Der Lehrer ist jedoch anfällig für Frustration, wenn er so seine Stimmbänder überanstrengt. Beschreiben Sie eine Situation, in der der Lehrer laut „Leute" (oder etwas ähnliches) rief, um die Aufmerksamkeit der Schüler zu gewinnen:

3.2 Beschreiben Sie das *Unterbrechen & Atmen* des Lehrers.

3.3 Beschreiben Sie den Gewinn für den Lehrer und die anderen Beteiligten:

Ein strenger unvollständiger Satz

Datum der Beobachtung:

4.1 Wie bei dem oben genannten Beispiel gibt es Zeiten, da ein sanfter Ansatz nicht ausreicht, um die Aufmerksamkeit der Schüler zu gewinnen. Manchmal muß der Lehrer einen scharfen *unvollständigen Satz* mit einem strengen Gesichtsausdruck sagen. Normalerweise atmet der Lehrer hoch und flach im Brustbereich. Beschreiben Sie eine Situation, in der der Lehrer einen scharfen *unvollständigen Satz* sagte:

4.2 Beschreiben Sie das *Unterbrechen & Atmen* des Lehrers.

4.3 Beschreiben Sie den Gewinn für den Lehrer und die anderen Beteiligten:

Lehrer/in:
Beobachter/in:

Schreien im Notfall

Datum der Beobachtung:

5.1 Es gibt Gelegenheiten, bei denen der Lehrer aufgrund einer Notfallsituation schreien oder sehr laut sprechen muß. Wenn es zum Beispiel so aussieht, als wenn im nächsten Moment eine Bücherkiste aus dem Regal auf einige Schüler fallen würde, schreit der Lehrer laut: „Paßt auf!" Sowohl der Lehrer als auch die Schüler müssen sich danach erst einmal wieder von dem Adrenalinschock erholen, der im Körper ausgelöst wurde. Beschreiben Sie eine Notfallsituation, in der der Lehrer laut schreien mußte:

5.2 Beschreiben Sie das *Unterbrechen & Atmen* des Lehrers.

5.3 Beschreiben Sie den Gewinn für den Lehrer und die anderen Beteiligten:

Lehrer/in:
Beobachter/in:

Gelbe Ampel

Es gibt eine Vielzahl an Situationen, in denen wir die Aufmerksamkeit der Klasse gewinnen wollen. Manchmal ist es der erste Kontakt, wie zum Beispiel zu Beginn des Unterrichts, oder während einer strukturierten Gruppenaufgabe. Es ist respektvoll, den Schülern zu signalisieren, daß es *allmählich* Zeit wird, ihre Aufmerksamkeit wieder auf den Lehrer zu richten. Beispiel: „Noch eine Minute ..." Indem wir dies den Schülern vor der direkten Anweisung signalisieren, können sie sich selbst darauf vorbereiten. Dies gilt besonders dann, wenn sie in Kleingruppen arbeiten. Denken Sie daran, wie es wäre, wenn wir an einer Ampel nur rotes und grünes Licht hätten; daher heißt dieses Vorwarnsignal „gelbe Ampel".

Der Lehrer möchte ausprobieren, ob die *gelbe Ampel* eine glatte Überleitung schafft von der Schüleraktivität in unabhängigem Lernen oder in Kleingruppen hin zur Orientierung auf den Lehrer. Der Lehrer wird die Stunde so gestalten, daß die Schüler zwischen Aktivitäten an ihrem Schreibtisch und Orientierung auf den Lehrer hin- und herpendeln. Es wäre besonders lohnend, wenn die Schreibtischaktivität in einer kooperativen Lernaufgabe bestünde. Der Lehrer wird es so einrichten, daß die Klasse sich innerhalb des fünfzehnminütigen Besuchs des Beobachters mindestens viermal wieder auf den Lehrer konzentrieren muß. Wenn der Lehrer dies nur zweimal arrangieren kann, macht er nur Nr. 2.1 und 3.1.

1. Datum der Beobachtung:

   Was war das Thema der Stunde?

2.1 Der Lehrer läßt die Schüler eine Schreibtischaktivität machen und bittet sie – absichtlich ohne die *gelbe Ampel* – um ihre Aufmerksamkeit. Beschreiben Sie die Geschwindigkeit und die Bereitschaft der Schüler, sich wieder auf den Lehrer zu konzentrieren:

2.2 Der Lehrer läßt die Schüler noch eine Schreibtischaktivität machen und bittet sie – noch einmal absichtlich ohne die *gelbe Ampel* – um ihre Aufmerksamkeit. Beschreiben Sie die Geschwindigkeit und die Bereitschaft der Schüler, sich wieder auf den Lehrer zu konzentrieren:

3. Der Lehrer signalisiert nonverbal dem Beobachter, daß er jetzt zur empfohlenen Fertigkeit, dem Übergang mit der *gelben Ampel*, wechselt. Als Beobachter achten Sie auf die Lautstärke des Lehrers, wenn er die *gelbe Ampel* ansagt. Der Lehrer möchte, daß die Schüler sich der Ansage bewußt sind, ohne sie von der Konzentration auf ihre Aufgabe abzulenken.

3.1 Beschreiben Sie die Lautstärke und die Fähigkeit der Klasse, sich auf die Aktivität zu konzentrieren:

Lehrer/in:
Beobachter/in: Gelbe Ampel

Beschreiben Sie die Geschwindigkeit und die Bereitschaft der Schülerinnen, sich wieder auf den Lehrer zu konzentrieren.

3.2 Noch einmal macht der Lehrer den empfohlenen Übergang mit der *gelben Ampel*. Als Beobachter achten Sie bitte auf die Lautstärke des Lehrers, wenn er die *gelbe Ampel* ansagt, und ob die Schüler in der Lage sind, mit ihrer begonnenen Aufgabe weiterzumachen. Beschreiben Sie die Lautstärke und die Fähigkeit der Klasse, sich auf die Aktivität zu konzentrieren:

Beschreiben Sie die Geschwindigkeit und die Bereitschaft der Schüler, sich wieder auf den Lehrer zu konzentrieren.

4. Die andere Gelegenheit, wenn man die *gelbe Ampel* anwendet, ist während der Präsentation des Lehrers, wenn Sie von der Interaktion „Schüler – Lehrer" wechseln wollen auf „Lehrervortrag". Eine typische Ansage ist: „O. k., ich rufe noch Jeanette und Frank auf, und dann werden wir ..." Wenn möglich, sollte der Lehrer diese Ansage mit einer anderen Stimme machen als in seiner Präsentation. Man könnte sogar sagen: Der Lehrer verwendet seine Stimme hier wie Gedankenstriche in einem Satz, die eine Parenthese einklammern.

4.1 Was hat der Lehrer gesagt?

4.2 Beschreiben Sie die Lautstärke des Lehrers:

4.3 Ist der Übergang von der interaktiven Aufgabe zum Wechsel auf den Lehrervortrag für die Klasse weicher geworden durch das, was der Lehrer unter 4.1 und 4.2 gemacht hat?

Kapitel 8

Beobachtungsbögen: Unterrichten

*Wir können nonverbales Kommunizieren gar nicht vermeiden;
die einzige Frage ist, ob wir es systematisch tun.*

Anmerkungen zu den hier behandelten Fertigkeiten:

Melden oder Zurufen: Die Instruktionen für diese Fertigkeit sind lang. Entscheiden Sie selbst, wie Sie die Anwendung dieser Technik durch die Lehrerin in einfacherer Weise aufzeichnen können.

Mehr nonverbale Signale: Diese Fertigkeit kann in allen vier Phasen einer Unterrichtsstunde genutzt werden. Sie kann sowohl im akademischen Rahmen als auch im Management angewandt werden.

Überlappen: Dies ist eine der am wenigsten eingesetzten Fertigkeiten; sie ist jedoch in ihrer Anwendung einfach. Helfen Sie der Kollegin zu entscheiden, wann sie diese Technik anwenden will. Manchmal brauchen die kinästhetischen Schüler eine Gelegenheit, hin und her zu laufen und sich zu bewegen; das Überlappen schließt dies aus.

Körper nah, Augen fern: Diese Technik ist bei Lehrern das ganze Jahr über beliebt. Sie ist sehr ähnlich der *5-SEK.*-Technik in Kapitel 9.

Verbaler Rapport mit „schwer erreichbaren" Schülern: Dies ist eine der wenigen individuell abgestimmten Fertigkeiten. Sie ist ideal für Risikoschüler. Da dies ein sehr anspruchsvolles Verfahren ist, empfehlen wir mehr als eine Beobachtung.

Aktivierende Wörter zuletzt: Ermutigen Sie die Kollegin, Gestik zu benutzen. Die Handfläche nach unten oder zur Klasse gerichtet ist die gleiche Technik, die sich auch beim Lehrervortrag unter *Melden oder Zurufen* findet.

Lehrer/in:
Beobachter/in:

Melden oder Zurufen: Verfeinerungen

Innerhalb der Unterrichtsphase einer Stunde, wenn die Lehrerin mit der Klasse interagieren möchte, stehen zwei Formen zur Verfügung, die sie nutzen kann: *Melden* oder *Zurufen*. Es gibt noch Variationen dieser beiden Formen, zum Beispiel *einen* Schüler aufrufen, oder die Schüler sich melden und dann alle zusammen die Antwort sagen lassen.

Bei diesem Arbeitsblatt liegt der Fokus darauf, ob man zuerst die Form und dann den Inhalt ansagt oder erst die inhaltliche Frage stellt und dann die Form ansagt. Die Faustregeln dafür sind: Wenn das Interesse an der inhaltlichen Frage hoch ist, sagen Sie die Form an, bevor Sie die Frage stellen; und wenn das inhaltliche Interesse gering ist, stellen Sie erst die Frage und entscheiden dann, welche Form Sie ansagen.

Die Lehrerin möchte Feedback dazu, inwiefern das Einhalten oder Nichteinhalten dieser Grundsätze sich auf die Klasse auswirkt. Die Lehrerin wird Sie für einen längeren Besuch (zum Beispiel fünfzehn bis zwanzig Minuten) oder zwei kürzere Besuche (zum Beispiel zehn bis fünfzehn Minuten) einladen. Sie wird die Unterrichtszeit innerhalb Ihres Besuches so gestalten, daß es häufige Interaktionen zwischen den Schülern und der Lehrerin gibt.

1. Die Lehrerin zeigt der Beobachterin nonverbal an, daß sie gleich eine hochinteressante Frage stellen wird. Sie könnte zum Beispiel mit dem „Daumen nach oben" anzeigen, daß die Inhaltsfrage von großem Interesse ist. Dann führt sie die *empfohlene* Verfahrensweise durch, das heißt sie sagt zuerst die Form an und stellt dann die Frage.

1.1 Versichern Sie sich als Beobachterin, daß die Klasse tatsächlich stark an der Frage interessiert ist. Woran erkennen Sie das?

Markieren Sie die Form, die die Lehrerin vor der Fragestellung angesagt hat: Melden, Aufrufen eines einzelnen Schülers, Zurufen, erst melden und dann alle zusammen, oder …

Beschreiben Sie die Ergebnisse:

1.2 Die Lehrerin führt noch einmal den empfohlenen Ansatz durch. Versichern Sie sich als Beobachterin, daß die Klasse tatsächlich stark an der Frage interessiert ist:

Markieren Sie die Form, die die Lehrerin vor der Fragestellung angesagt hat: Melden, Aufrufen eines einzelnen Schülers, Zurufen, erst melden und dann alle zusammen, oder …

Lehrer/in:
Beobachter/in: Melden oder Zurufen: Verfeinerungen

Beschreiben Sie die Ergebnisse:

2. Die Lehrerin zeigt der Kollegin nonverbal an, daß gleich eine nicht so spannende Frage gestellt wird. Sie könnte dies zum Beispiel mit dem „Daumen nach unten" anzeigen. Dann führt sie die empfohlene Verfahrensweise durch, das heißt sie stellt zuerst die inhaltliche Frage und sagt dann die Form an.

2.1 Versichern Sie sich als Beobachterin, daß die Klasse tatsächlich nicht besonders an der Frage interessiert ist. Woran erkennen Sie das?

Wie lange wartete die Lehrerin nach der Frage, bis sie die Form ansagte?

Markieren Sie die Form, die die Lehrerin nach der Fragestellung angesagt hat: Melden, Aufrufen eines einzelnen Schülers, Zurufen, erst melden und dann alle zusammen, oder ...

Beschreiben Sie die Ergebnisse:

2.2 Die Lehrerin führt noch einmal den empfohlenen Ansatz durch. Versichern Sie sich als Beobachterin, daß die Klasse tatsächlich nicht besonders an der Frage interessiert ist:

Wie lange wartete die Lehrerin nach der Frage, bis sie die Form ansagte?

Markieren Sie die Form, die die Lehrerin nach der Fragestellung angesagt hat: Melden, Aufrufen eines einzelnen Schülers, Zurufen, erst melden und dann alle zusammen, oder ...

Beschreiben Sie die Ergebnisse:

Lehrer/in:
Beobachter/in:

Melden oder Zurufen: Verfeinerungen

3. Die Lehrerin hat systematisch die Formeln „großes Interesse – Form zuerst" und „geringes Interesse – Inhaltsfrage zuerst" durchgeführt. Um die Gültigkeit dieser Empfehlungen zu überprüfen, macht sie auch das Gegenteil.

Die Lehrerin zeigt der Kollegin nonverbal an, daß sie gleich eine hochinteressante Frage stellen wird. (Als Signal evtl. wieder „Daumen nach oben".) Sie zeigt auch nonverbal an, daß sie das Gegenteil des empfohlenen Ansatzes macht, indem Sie zuerst die Inhaltsfrage stellt. Als Signal könnte der zunächst nach oben gerichtete Daumen nach unten gedreht werden.

3.1 Versichern Sie sich als Beobachterin, daß die Klasse tatsächlich stark an der Frage interessiert ist:

Wie lange wartete die Lehrerin nach der Frage, bis sie die Form ansagte?

Markieren Sie die Form, die die Lehrerin nach der Fragestellung angesagt hat: Melden, Aufrufen eines einzelnen Schülers, Zurufen, erst melden und dann alle zusammen, oder ...

Beschreiben Sie die Ergebnisse:

3.2 Die Lehrerin führt noch einmal das Gegenteil des empfohlenen Ansatzes durch. Versichern Sie sich als Beobachterin, daß die Klasse tatsächlich stark an der Frage interessiert ist:

Wie lange wartete die Lehrerin nach der Frage, bis sie die Form ansagte?

Markieren Sie die Form, die die Lehrerin nach der Fragestellung angesagt hat: Melden, Aufrufen eines einzelnen Schülers, Zurufen, erst melden und dann alle zusammen, oder ...

Beschreiben Sie die Ergebnisse:

Lehrer/in:
Beobachter/in: Melden oder Zurufen: Verfeinerungen

4. Die Lehrerin zeigt der Kollegin nonverbal an, daß gleich eine nicht so spannende Frage gestellt wird. (Als Signal evtl. wieder „Daumen nach unten".) Sie zeigt auch nonverbal an, daß sie das Gegenteil des empfohlenen Ansatzes macht, indem Sie zuerst die Form ansagt. Als Signal könnte sie den Daumen nach oben drehen.

4.1 Versichern Sie sich als Beobachterin, daß die Klasse tatsächlich nicht besonders an der Frage interessiert ist:

Markieren Sie die Form, die die Lehrerin vor der Fragestellung angesagt hat: Melden, Aufrufen eines einzelnen Schülers, Zurufen, erst melden und dann alle zusammen, oder ...

Beschreiben Sie die Ergebnisse:

4.2 Die Lehrerin führt noch einmal das Gegenteil des empfohlenen Ansatzes durch. Versichern Sie sich als Beobachterin, daß die Klasse tatsächlich nicht besonders an der Frage interessiert ist:

Markieren Sie die Form, die die Lehrerin vor der Fragestellung angesagt hat: Melden, Aufrufen eines einzelnen Schülers, Zurufen, erst melden und dann alle zusammen, oder ...

Beschreiben Sie die Ergebnisse:

Welche Schlüsse können Sie aus Nummer 1 und 2 im Vergleich zum umgekehrten Ansatz von Nummer 3 und 4 ziehen?

Lehrer/in:
Beobachter/in:

Mehr nonverbale Signale

Einer der größten Vorteile, die eine Lehrerin hat, die systematisch nonverbale Signale einsetzt, ist der, daß sie in der Lage ist, mehr Inhalt in einer Atmosphäre zu behandeln, die beiden Seiten Gewinn bringt. Wieso? Wenn sie nonverbale Signale zum Disziplinieren einsetzt, kann sie ihre Stimme für den Verlauf des Unterrichts reservieren. Außerdem haben nonverbale Signale im Bereich der Stoffvermittlung eine präventive Funktion, da sie die Klasse zwingen, zur Lehrerin hinzuschauen. Nebenprodukte davon sind ein geringerer Geräuschpegel und – da die Augen der Schüler auf die Lehrerin gerichtet sind – die Möglichkeit, alle nonverbalen Signale zum Disziplinieren einzusetzen.

Wenn sich die Lehrerin mit der Kollegin vor der Beobachtung trifft, gibt sie ihr folgende Liste mit nonverbalen Signalen, die sie verstärkt einzusetzen versucht.

Nonverbale Signale   **Anwendung und Bedeutung**

a)   =

b)   =

c)   =

d)   =

1. Die Beobachterin achtet besonders auf die oben aufgelisteten Signale. Vielleicht werden jedoch noch weitere Signale eingesetzt; dafür finden Sie weiteren Platz (e + f). Innerhalb der Unterrichtsphase einer Stunde richtet die Lehrerin es so ein, daß sie viele unterschiedliche nonverbale Signale (inhaltliche und disziplinarische) einsetzt, die die Beobachterin bei ihrem fünfzehnminütigen Besuch zu sehen bekommt.

Datum der Beobachtung:

Nonverbale Signale   **Anwendung und Bedeutung**

a)   =

b)   =

Lehrer/in:
Beobachter/in: Mehr nonverbale Signale

	Nonverbale Signale	**Anwendung und Bedeutung**
c)		=
d)		=
e)		=
f)		=

2. Da die Lehrerin versucht, ihre nonverbalen Signale (im Wortsinne) nur für die *Form* und ihre Sprache nur für den *Inhalt* zu benutzen, listen Sie bitte diejenigen Gelegenheiten auf, wenn ein verbales Signal eingesetzt wurde, obwohl es vielleicht effektiver gewesen wäre, entweder nur ein nonverbales zu setzten oder es mit der verbalen Botschaft zu verbinden.

	Verbale Botschaften	**Alternative nonverbale Signale**
a)		=
b)		=
c)		=
d)		=

3. Teilen Sie bitte die Erkenntnisse mit, die Sie aus dieser Übung gewonnen haben:

Michael Grinder: *Ohne viele Worte* (VAK)

Lehrer/in:
Beobachter/in:

Überlappen

Je effektiver eine Lehrerin arbeitet, desto mehr spart sie Zeit und steigert die Produktivität. Die Lehrerin bereitet die Klasse auf den Unterrichtsstoff und die Anweisungen für die nächste Übung vor, während die Klasse noch bei der ersten Aktivität ist. Sie schafft damit einen glatteren, schnelleren und leichteren Übergang zur nächsten Übung. Die Lehrerin arrangiert innerhalb des zehnminütigen Beobachterbesuches einen Übergang mit Überlappen.

1. Beschreibung der ersten Aktivität:

2. Beschreibung, wie die zweite Aktivität eingeleitet wurde, während die erste noch lief; erwähnen Sie, ob die Anleitungen für die kommende Aktivität visuell präsentiert wurden. Könnten einige oder alle Anweisungen auf Schilder gebracht werden?

3. Beschreibung des Übergangs vom Ende der ersten Aktivität in die zweite.

4. Erkenntnisse und Kommentare hinsichtlich dieser Übung:

Warnung: Wenn es sich um eine hochkinästhetische Klasse handelt, sollte die Lehrerin zwischen zwei Aktivitäten eine Unterbrechung machen, so daß die Schüler aufstehen, sich bewegen und etwas Energie loswerden können. Zu diesen Zeiten sollte man die Überlappungstechnik besser nicht benutzen.

Lehrer/in:
Beobachter/in:

Körper nah, Augen fern

Der traditionelle Stil, Rapport aufzunehmen, besteht darin, auf die Person zuzugehen, mit der man interagiert. Während das direkte Zugehen auf eine Person beim Einzelkontakt in Ordnung ist, funktioniert diese Angewohnheit in dem Gruppensetting einer Klasse nicht so gut. Die Lehrerin hat eine Technik geübt, mit deren Hilfe sie sich respektvoll auf die andere Seite des Raumes begeben kann, bevor sie einen Schüler aufruft. Die körperliche Anwesenheit der Lehrerin bedeutet präventives Management für diejenigen Schüler, in deren Nähe sie steht, während sie zugleich die entfernt sitzenden Schüler nonverbal mit ihrem Blick führen kann. Oftmals profitiert jemand, der eine neue Technik meistert, von einem zweiten Augenpaar; daher wird Ihre Kollegin Ihre Anwesenheit begrüßen. Achten Sie als Beobachterin bitte darauf, welchen Grad an Aufmerksamkeit die Klasse hat, wenn die Lehrerin die eher traditionelle Reaktion zeigt und auf einen Schüler zugeht (Nummer 1 unten), und wie es ist, wenn die Lehrerin entfernt von dem Schüler steht, den sie aufruft.

1. Die Lehrerin steht vor der Klasse und ruft mehrere Schüler auf. Hilfreich wäre, wenn die Lehrerin sogar einigen Schülern den Rücken zudrehte, während sie auf den Schüler zugeht, den sie aufgerufen hat. Diese Schüler wissen intuitiv, daß die Lehrerin sie nun nicht sehen kann. Wenn dieser Teil der Schüler nicht so aufmerksam ist wie die Schüler, die direkt vor der Lehrerin sitzen, geschieht das vielleicht nicht, weil sie absichtlich unhöflich sind. Sie interpretieren vielleicht das Verhalten der Lehrerin so, als wenn es ihnen anzeigen soll, daß sie jetzt gerade an der Interaktion mit der Lehrerin nicht beteiligt sind. – Beobachten Sie, welche Schüler sehr aufmerksam sind, welche durchschnittlich und welche wenig:

    1. Mal:

    2. Mal:

    3. Mal:

2. Wie vorher verabredet, signalisiert die Lehrerin dann, daß Sie zu der Technik *Körper nah, Augen fern* übergeht. Schreiben Sie die Effekte auf, die dieses Verfahren auf die Aufmerksamkeit der Klasse hat. Ihre Beobachtungen:

    1. Mal:

    2. Mal:

    3. Mal:

Michael Grinder: *Ohne viele Worte* (VAK)

Lehrer/in:
Beobachter/in:

Verbaler Rapport mit „schwer erreichbaren" Schülern

Es gibt einen gewissen Prozentsatz von Schülern, die nicht durch Zeugnisnoten oder die Autorität der Lehrerin zu motivieren sind. Man kann diese Schüler durch Rapport erreichen. Eine Form von Rapport besteht darin, die Unterrichtsstunde so zu gestalten, daß für diese Schüler etwas Interessantes dabei ist. Wenn ihr Interesse geweckt ist, werden sie viel aufmerksamer. Die Lehrerin möchte von Ihnen, der Beobachterin, eine Rückmeldung dazu, wie sie einige Techniken einsetzt, die sie geübt hat. Die Lehrerin füllt die ersten beiden Punkte 1.1, 1.2 sowie 2.1, 2.2 usw. jeweils selbst aus.

1.1 Initialen eines Schülers, der in die fünf bis fünfzehn Prozent der Schülerpopulation paßt, die „schwer erreichbar" sind (meistens rechtshemisphärisch orientierte Schüler, bei denen Standarddisziplinierungsmethoden kaum wirken):

1.2 Listen Sie zwei oder drei Themen auf, die bei diesem Schüler großes Interesse wecken:

1.3 Bei der Stoffpräsentation oder in der Einzelarbeit mit diesem Schüler würzt die Lehrerin die Unterrichtsinhalte mit den für den Schüler hochinteressanten Themen. Die Lehrerin wird versuchen, dies zweimal zu tun. Notieren Sie als Beobachter das (die) Beispiel(e), und beschreiben Sie die Veränderungen in der Aufmerksamkeit des Schülers:

2.1 Initialen eines zweiten Schülers, der „schwer erreichbar" ist:

2.2 Listen Sie zwei oder drei Themen auf, die bei diesem Schüler großes Interesse wecken:

2.3 Beim Präsentieren oder in der Einzelarbeit mit diesem Schüler würzt die Lehrerin die Unterrichtsinhalte mit den für den Schüler hochinteressanten Themen. Die Lehrerin wird versuchen, dies zweimal zu tun. Notieren Sie als Beobachter das (die) Beispiel(e), und beschreiben Sie die Veränderungen in der Aufmerksamkeit des Schülers. (Die Lehrerin kann mit beiden Schülern in derselben Stunde arbeiten.)

Lehrer/in:
Beobachter/in: Verbaler Rapport mit „schwer erreichbaren" Schülern

Jugendliche und Ältere

Im Unterricht in unteren Klassenstufen kann die Lehrerin den Schüler anschauen, während sie über ein Thema spricht, das für den „schwer erreichbaren" Schüler von großem Interesse ist. Beim Unterrichten von Jugendlichen und Erwachsenen ist es effektiver, wenn die Lehrerin den Schüler nicht anschaut, während sie Häppchen seines Interessengebietes in die Diskussion einstreut. Würde sie den Schüler anschauen, während sie über diese hochinteressanten Bereiche spricht, weiß der Schüler, daß sie dies mit Absicht macht. Wenn die Lehrerin jedoch anfängt, die hochinteressanten Themen des Schülers anzusprechen, und sich dabei etwas von dem Schüler wegdreht, sobald dieser beginnt, sie anzuschauen, weiß der Schüler nicht genau, welche Absicht die Lehrerin hatte. Der Schüler fühlt sich zur Lehrerin hingezogen, und das reizt ihn; rechtshemisphärisch orientierte Menschen lieben das.

3.1 Initialen eines rechtshemisphärisch orientierten Jugendlichen oder Erwachsenen:

3.2 Listen Sie die zwei oder drei Themengebiete auf, die bei dieser Person großes Interesse wecken:

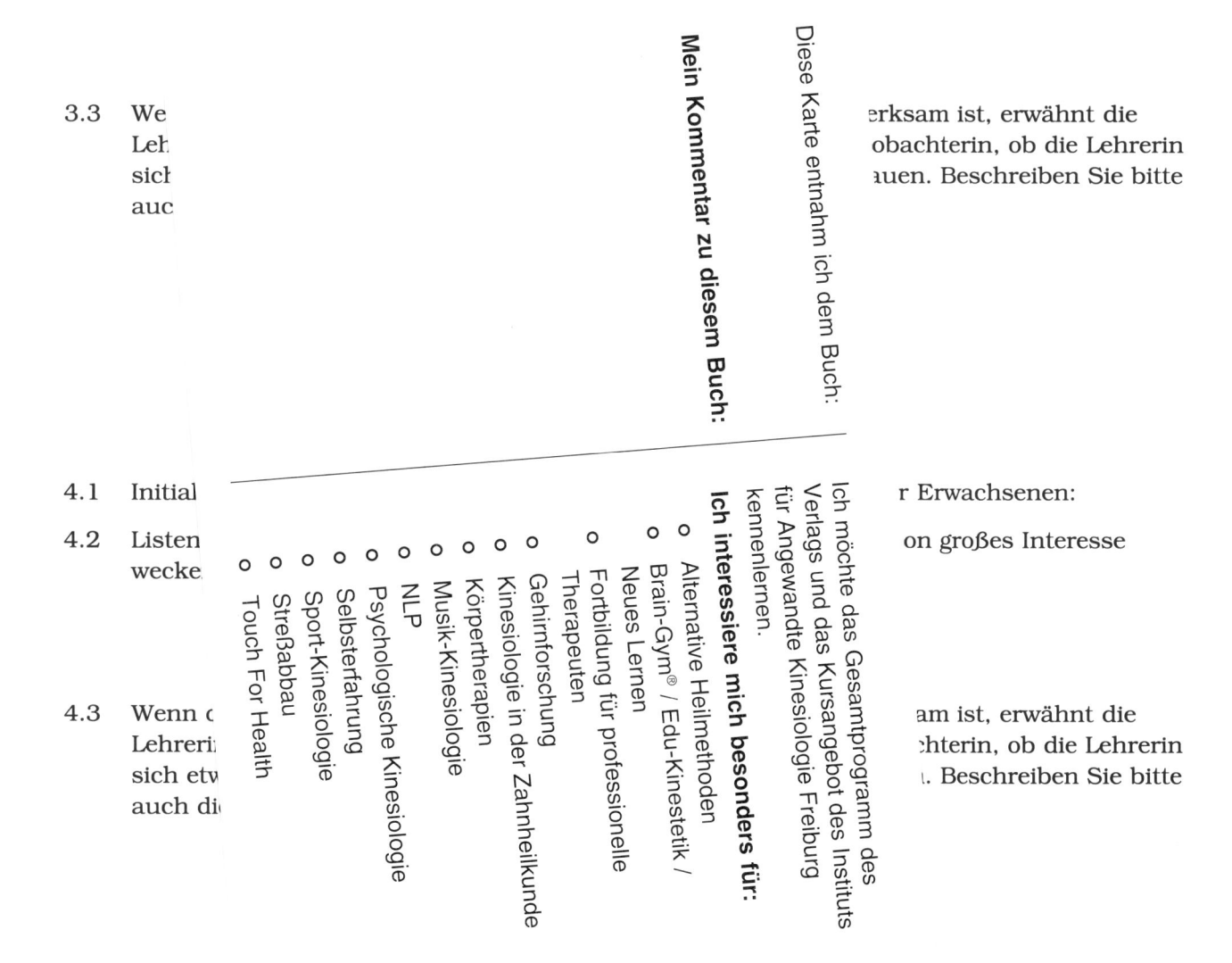

3.3 We...   ...rksam ist, erwähnt die
     Leh...   ...obachterin, ob die Lehrerin
     sich...   ...auen. Beschreiben Sie bitte
     auc...

4.1 Initial...   ...r Erwachsenen:

4.2 Listen...   ...on großes Interesse
     wecke...

4.3 Wenn...   ...am ist, erwähnt die
     Lehreri...   ...chterin, ob die Lehrerin
     sich etw...   ...t. Beschreiben Sie bitte
     auch di...

Michael Grinder: *Ohne viele Worte* (VAK)

Lehrer/in:
Beobachter/in: Verbaler Rapport mit „schwer erreichbaren" Schülern

Timing

5. Je länger jemand unaufmerksam ist, desto intensiver werden seine Tagträume. Je länger jemand in der gleichen Körperhaltung verharrt, desto tiefer geht er in den entsprechenden mentalen Zustand. Daher sollte die Lehrerin – sobald sie sieht, daß ein Schüler beginnt, sich auszublenden – sein Interessengebiet ansprechen, so daß die Wahrscheinlichkeit größer ist, daß der Schüler ihren Kommentar hört. Die Lehrerin sollte diese Behauptung testen, indem sie zuerst das Gegenteil macht: Sie wartet so lange, bis der Schüler völlig in seinen Tagtraum weggeschwebt ist, und spricht dann die für ihn interessanten Gebiete an.

Danach führt die Lehrerin die empfohlene Verfahrensweise durch, indem Sie die Interessengebiete des Schülers anspricht, sobald er beginnt abzudriften. Wenn die Lehrerin Nummer 5.3 bis 5.6 nicht in derselben Stunde durchführen kann, macht sie statt dessen in einer Stunde nur 5.3 bis 5.5 und in einer anderen Stunde 5.4 und 5.6.

5.1 Initialen eines rechtshemisphärisch orientierten Schülers:

5.2 Zwei oder drei Themen, die großes Interesse wecken:

5.3 Wenn die Lehrerin während ihres Vortrags bemerkt, daß der Schüler sich völlig ausgeblendet hat, würzt sie den Inhalt mit einigen Aspekten seiner Interessengebiete. Beschreiben Sie als Beobachterin bitte die Lautstärke der Lehrerin und jegliche Veränderungen in der Aufmerksamkeit des Schülers.

5.4 Die Lehrerin wiederholt das gleiche Verfahren mit demselben Schüler. Beschreiben Sie als Beobachterin bitte die Lautstärke der Lehrerin und jegliche Veränderungen in der Aufmerksamkeit des Schülers.

5.5 Die Lehrerin wechselt nun und streut schon in dem Moment, da der Schüler beginnt abzudriften, sein Lieblingsthema in ihre Präsentation ein. Sie versucht, ihre Stimme in der gleichen Lautstärke zu halten wie in 5.3. Beschreiben Sie als Beobachterin bitte die Lautstärke der Lehrerin und das Ausmaß, in dem der Schüler aufmerksamer wurde.

5.6 Die Lehrerin führt den empfohlenen Ansatz noch einmal durch. Sie macht das in der gleichen Stunde wie 5.4. Sie versucht, ihre Stimme in der gleichen Lautstärke wie bei 5.4 zu halten. Beschreiben Sie als Beobachterin bitte die Lautstärke der Lehrerin und das Ausmaß, in dem der Schüler aufmerksamer wurde.

Welche Erkenntnisse können Sie Ihrer Kollegin in bezug auf die Effektivität des empfohlenen Ansatzes anbieten, wenn Sie die Resultate von 5.5 und 5.6 mit denen aus 5.3 und 5.4 vergleichen? – Denken Sie daran, daß diese Verfahrensweise unglaublich wirkungsvoll ist, wenn die Lehrerin die Interessengebiete innerhalb einer *Vakuumpause* anspricht.

Lehrer/in:
Beobachter/in:

Aktivierende Wörter zuletzt

Sagt eine Lehrerin aktivierende Wörter wie „nehmt, öffnet, tut, macht", werden die Schüler körperlich aktiv und bewegen sich. So zum Beispiel wenn die Lehrerin sagt: „Nehmt eure Bücher heraus, schlagt Seite 95 auf und schaut ..." Wenn sich die Schüler bewegen, können sie die Information nicht genau hören. Ohne es zu wollen, hat die Lehrerin eine Spaltung in der Klasse hervorgerufen zwischen den Schülern, die ihre Bücher auf Seite 95 geöffnet haben, und denen, die nicht wissen, wo sie sind. Im Grunde ist die Stunde etwas aus dem Takt geraten. Es gibt einige Möglichkeiten, diese Schwierigkeit zu umgehen: Die Lehrerin kann die aktivierenden Wörter zuletzt sagen, oder sie kann eine nonverbale Geste benutzen (zum Beispiel ihre Hand zum Stopsignal hochhalten, wie ein Verkehrspolizist), um der Klasse anzuzeigen, daß sie warten soll, bis die Lehrerin die ganze Botschaft gegeben hat.

Die Lehrerin möchte Feedback dazu, ob es einen Unterschied im Zuhören und Reagieren der Schüler macht, an welcher Stelle im Satz sie die aktivierenden Wörter plaziert. Sie wird zunächst absichtlich die aktivierenden Wörter an den Anfang der Anweisungen setzen und danach ans Ende, während sie beim Aussprechen der aktivierenden Wörter mit einer nonverbalen Geste „Stop" signalisiert. Durch diese Kontrastmethode kann die Beobachterin die Reaktion der Klasse beobachten und der Lehrerin das gewünschte Feedback geben.

1.1 Listen Sie bitte die aktivierenden Wörter auf, die die Lehrerin gesagt hat:

Sie setzte diese absichtlich an den Anfang. Notieren Sie die Anweisungen, die den aktivierenden Wörtern folgten:

Notieren Sie, welcher Prozentsatz der Klasse angemessen reagierte:

Kommentieren Sie, inwiefern die Stunde aus dem Takt zu sein schien:

1.2 Listen Sie bitte die aktivierenden Wörter auf, die die Lehrerin gesagt hat:

Sie setzte diese absichtlich an den Anfang. Notieren Sie die Anweisungen, die den aktivierenden Wörtern folgten:

Notieren Sie, welcher Prozentsatz der Klasse angemessen reagierte:

Kommentieren Sie, inwiefern die Stunde aus dem Takt zu sein schien:

Michael Grinder: *Ohne viele Worte* (VAK)

Lehrer/in:
Beobachter/in: Aktivierende Wörter zuletzt

2.1 Die Lehrerin signalisiert der Beobachterin nonverbal, daß sie jetzt zum empfohlenen Ansatz wechselt. – Listen Sie die bitte die aktivierenden Wörter auf, die die Lehrerin gesagt hat:

Wie lauteten, abgesehen von den aktivierenden Wörtern, ihre Anweisungen?

Beschreiben Sie bitte, an welcher Stelle die aktivierenden Wörter eingesetzt wurden. Wenn eine nonverbale Geste benutzt wurde: Wie sah sie aus, und wurde sie beibehalten, bis die Klasse beginnen sollte?

Notieren Sie, welcher Prozentsatz der Klasse angemessen reagierte:

Kommentieren Sie, inwiefern dieser Teil der Stunde im Takt zu sein schien:

2.2 Die Lehrerin führt noch einmal den empfohlenen Ansatz durch. – Listen Sie die aktivierenden Wörter auf, die die Lehrerin gesagt hat:

Wie lauteten, abgesehen von den aktivierenden Wörtern, ihre Anweisungen?

Beschreiben Sie bitte, an welcher Stelle die aktivierenden Wörter eingesetzt wurden. Wenn eine nonverbale Geste benutzt wurde: Wie sah sie aus, und wurde sie beibehalten, bis die Klasse beginnen sollte?

Notieren Sie, welcher Prozentsatz der Klasse angemessen reagierte:

Kommentieren Sie, inwiefern dieser Teil der Stunde im Takt zu sein schien:

Kommentieren Sie den Unterschied der Schülerreaktionen bei Ansatz Nummer 1 im Vergleich mit dem empfohlenen Ansatz Nummer 2. Wenn es ein rechtshemisphärischer Tag war, hat die Lehrerin auch die Tafel oder den Overheadprojektor benutzt, um die Details der Anweisung zu zeigen?

Kapitel 9

Beobachtungsbögen: Übergang zur Stillarbeit

„Ein Mensch weiß nicht, was er sagt,
bis er weiß, was er nicht sagt."

G. K. Chesterton

Anmerkungen zu den hier behandelten Fertigkeiten:

Anweisungen zur Überleitung: Verfeinerungen: Der wichtigste Aspekt dieser Fertigkeit sind graphische Darstellungen. Ermuntern Sie den Lehrer, sie zu entwickeln. Im Lichte dessen, was beim *Einflußansatz* vorgestellt wurde, wird die Fertigkeit des „stillen Hinzeigens" dankbar angenommen. Hinter dem Ziel des „stillen Hinzeigens" sowie des Ansatzes *Von Macht zu Einfluß* steht das Konzept, das Syndrom der negativen Verstärkung zu unterbrechen. Wir möchten nicht, daß eine Schülerin Aufmerksamkeit bekommt, wenn sie sich nicht angemessen verhält.

Anweisungen zur Überleitung für Fortgeschrittene: Dies ist eine geschickte Maßnahme, die sehr schnell geht. Ermutigen Sie alle Grundschullehrer, diese Technik anzuwenden.

Aufrechterhalten einer produktiven Atmosphäre: Die *5-SEK.*-Technik ist bei weitem die stärkste unter den drei aufgeführten Techniken. Die *5 SEK.* kann man in allen Klassenstufen anwenden. Man kann sie jeden Tag während der Stillarbeit einsetzen. Je häufiger diese Technik eingesetzt wird, desto größer wird ihr Einfluß. Das Üben der *privaten Stimme* und der *Geschwindigkeit beim Gehen* ist für nichtvisuelle Lehrer besonders wichtig; machen Sie Ihren Kollegen Mut, es zu probieren.

Lehrer/in:
Beobachter/in:

Anweisungen zur Überleitung: Verfeinerungen

Im Kapitel 4, Abschnitt *Anweisungen zur Überleitung*, hat der Lehrer gelernt,
- seine Anweisungen visuell zu geben;
- konsequent einen bestimmten Platz zu nutzen und Farben systematisch zu verwenden;
- Anweisungen, die regelmäßig eingesetzt werden, auf Schilder zu schreiben.

Jetzt hätte der Lehrer gern Feedback zu seinem Einsatz weiterer Techniken aus den *Anweisungen zur Überleitung*. Aufgrund der Natur dieser Fertigkeiten werden Sie als Beobachter zu mehreren Besuchen eingeladen. Jeder Besuch wird nur kurz sein, eigentlich nur für die *Anweisungen zur Überleitung* selbst. Bei jedem Besuch wird der Lehrer Ihnen sagen, zu welcher der verschiedenen Techniken er sich bei dem jeweiligen Besuch eine Rückmeldung wünscht.

I. **Stilles Hinzeigen:** Es wäre unrealistisch zu glauben, daß sich Schüler über Nacht so verändern, daß sie den Lehrer nicht mehr bitten, die Anweisungen zu wiederholen, sondern sie direkt von der Tafel ablesen. Wenn die Schüler während der Stillarbeit Fragen stellten, die an der Tafel beantwortet waren (zum Beispiel: „Was soll ich als nächstes tun?"), hat der Lehrer bereits geübt, schweigend auf die Tafel zu zeigen. Es ist sehr wichtig, daß der Lehrer dies tut, ohne die Schülerin direkt anzugucken. Der Lehrer sollte Blickkontakt vermeiden, so daß die Schülerin dies nicht als eine Art und Weise wahrnimmt, wie sie Aufmerksamkeit vom Lehrer bekommen kann. Diese Technik sollte an den Tagen beobachtet werden, wenn der Lehrer den Übergang von mündlichen zu visuellen *Anweisungen zur Überleitung* macht.

A   Datum der Beobachtung:

B   Initialen und Sitzplatz bestimmter Schüler, bei denen der Beobachter besonders darauf achten soll, ob die Technik des stillen Hinzeigens hilfreich ist:

C   Wenn eine Schülerin etwas fragt, das an der Tafel steht, zeigt der Lehrer still auf die Tafel. Der Beobachter beschreibt bitte die Details, wie der Lehrer – ohne Blickkontakt aufzunehmen – an die Tafel gezeigt hat. Beschreiben Sie auch die Reaktionen der Schülerin:

II. **Rückfragen:** Wenn der Lehrer die *Anweisungen zur Überleitung* ansagt und sie an der Tafel oder auf Schildern zeigt und dann fragt: „Habt ihr noch Fragen?", versichern Sie sich, daß der Lehrer die zusätzliche Information an die Tafel schreibt, wenn er die Nachfragen beantwortet; andernfalls muß er wahrscheinlich die gleiche mündliche Information mehrfach geben.

A   Datum der Beobachtung:

B   Initialen und Platz bestimmter Schüler, bei denen der Beobachter besonders darauf achten soll, ob es für sie hilfreich ist, wenn der Lehrer sowohl visuell als auch mündlich die Rückfragen beantwortet:

Lehrer/in:
Beobachter/in: Anweisungen zur Überleitung: Verfeinerungen

C   Um zu sehen, ob die visuell dargestellten Antworten auf Rückfragen den Schülern helfen, führt der Lehrer einmal das Gegenteil des empfohlenen Ansatzes durch. Er schreibt also die Antworten auf die Nachfragen nicht zur Klärung an die Tafel, sondern sagt die zusätzliche Information nur mündlich an. – Der Beobachter beschreibt die Aufmerksamkeit der (unter B aufgelisteten) Schüler und inwiefern sie verstanden haben, was sie tun sollen. Erwähnen Sie auch, ob der Lehrer die zusätzliche Information mehrfach wiederholen mußte:

D   Der Lehrer wird entweder in der gleichen oder in einer anderen Stunde, in der *Anweisungen zur Überleitung* ähnlicher Länge und Komplexität gegeben werden, den empfohlenen Ansatz durchführen, indem er die zusätzliche Information anschreibt. Der Beobachter achtet wieder auf dieselben Schüler, auf ihre Aufmerksamkeit und Klarheit darüber, was zu tun ist. Achten Sie darauf, ob der Lehrer diesmal die Information weniger oft wiederholen mußte:

III. Graphische Darstellungen: Die rechtshemisphärischen Schüler achten mehr auf graphische Darstellungen, Symbole und wirkliche Gegenstände, statt auf Worte. Der Lehrer sollte dies soweit wie möglich auf seinen Folienschildern und beim Anschreiben an der Tafel berücksichtigen. Wenn er zum Beispiel ein Arbeitsbuch benutzt, könnte er eine Farbkopie des Umschlags machen und daraus ein Schild erstellen. Mit Hilfe von Haftmagneten könnte er es an die Tafel heften und die Seite des Buches danebenschreiben. Dies ist eine sehr schnelle und bequeme Weise, *Anweisungen zur Überleitung* zu geben.

A   Datum der Beobachtung:

B   Initialen und Platz bestimmter Schüler, bei denen der Beobachter besonders darauf achten soll, ob die graphischen Darstellungen hilfreich sind:

C   Um diesen Grundsatz zu testen, benutzt der Lehrer absichtlich keine graphischen Darstellungen, sondern schreibt die Anweisungen nur in Worten auf. Beschreiben Sie bitte die Aufmerksamkeit der (unter B aufgelisteten) Schüler und inwiefern sie verstanden haben, was sie tun sollen:

D   Der Lehrer wird entweder in der gleichen oder in einer anderen Stunde, in der *Anweisungen zur Überleitung* ähnlicher Länge und Komplexität gegeben werden, den empfohlenen Ansatz durchführen, indem er graphische Darstellungen verwendet. Der Beobachter achtet wieder auf dieselben Schüler, auf ihre Aufmerksamkeit und ihre Klarheit darüber, was zu tun ist:

Lehrer/in:
Beobachter/in: Anweisungen zur Überleitung: Verfeinerungen

IV. Erst versteckt, dann aufgedeckt: In Klassen, in denen der Lehrer die *Anweisungen zur Überleitung* vor seinem Vortrag oder währenddessen anschreibt, fangen einige Schüler bereits während des Unterrichtens damit an. Es hat Vorteile, wenn man die *Anweisungen zur Überleitung* noch so lange versteckt hält, bis die Unterrichtsphase der Stunde abgeschlossen und die Klasse zur Stillarbeit oder zum Beginn der Hausaufgaben entlassen wird.

A   Datum der Beobachtung:

B   Initialen und Platz bestimmter Schüler, bei denen der Beobachter besonders darauf achten soll, ob es für sie hilfreich ist, wenn die Anweisungen zuerst versteckt und erst später aufgedeckt werden (Bis jetzt hat der Beobachter unsere kinästhetischen Schüler beobachtet. Bei dieser Aktivität achtet der Beobachter vielleicht auf die „besseren", visuellen Schüler.):

C   Um diesen Grundsatz zu testen, hat der Lehrer in einer Stunde absichtlich schon alle *Anweisungen zur Überleitung* angeschrieben. Der Beobachter beschreibt bitte, ob die (unter B aufgelisteten) Schüler schon vorzeitig mit der Erledigung der Anweisungen anfangen.

D   Der Lehrer wird entweder in der gleichen oder in einer anderen Stunde, in der *Anweisungen zur Überleitung* ähnlicher Länge und Komplexität gegeben werden, erst dann die visuelle Darstellung der Anweisungen enthüllen, wenn die *Anweisungen zur Überleitung* tatsächlich gegeben werden sollen. Der Beobachter beschreibt bitte die Reaktion, der (unter B aufgelisteten) Schüler, wenn sie die Anweisungen erst dann sehen, wenn sie genannt werden:

Für einige Schüler hat es aber auch Vorteile, wenn sie die *Anweisungen zur Überleitung* schon vorher sehen können. Diskutieren Sie das Für und Wider.

Lehrer/in:
Beobachter/in:

Anweisungen zur Überleitung für Fortgeschrittene

Wenn die Klasse bei der Arbeit ist und der Lehrer eine Schülerin sieht, die sich unangemessen verhält, möchte er sie so ruhig wie möglich wieder an ihre Arbeit führen. Die Stille bewahrt eine produktive Atmosphäre. Die *Anweisungen zur Überleitung* erlauben minimale verbale Kommunikation. *Anweisungen zur Überleitung für Fortgeschrittene* ist ein Verfahren, in dem die Anweisungen an der Tafel numeriert werden. Dies gibt dem Lehrer die Möglichkeit, eine Schülerin während der Stillarbeit wieder an ihre Aufgabe zu führen, indem er sich in der Stille nur auf bestimmte Teile der *Anweisungen zur Überleitung* bezieht.

Der Lehrer gibt dem Beobachter einen Sitzplan, auf dem die Schüler markiert sind, die aller Wahrscheinlichkeit nach daran erinnert werden müssen, bei ihrer Aufgabe zu bleiben. Wir wollen uns besonders darauf konzentrieren, ob der Lehrer in der Lage ist, still zu bleiben, wenn er diese Schüler mit Hilfe von möglichst häufigem Einsatz nonverbaler Signale wieder auf ihre Arbeit zurücklenkt. Wir schlagen vor, daß der Lehrer den beobachtenden Kollegen vor der Stunde mit einigen seiner nonverbalen Signale vertraut macht. Der Beobachter bleibt circa zehn bis fünfzehn Minuten in der Stillarbeitsphase dabei. Es empfiehlt sich, daß der Beobachter in der Klasse eintrifft, bevor die *Anweisungen zur Überleitung* gegeben werden.

1. Datum der Beobachtung:

   Tageszeit:

2. Erstes Beispiel, wie der Lehrer eine Schülerin wieder an ihre Arbeit führte

2.1 Initialen der Schülerin, die wieder an ihre Arbeit geführt wurde:

2.2 Nonverbales Signal des Lehrers:

2.3 Reaktion der Schülerin:

2.4 Hat der Lehrer abgewartet, bis die Schülerin wieder AN ihrer Arbeit war und mindestens zweimal geatmet hatte, bevor er mit dem weitermachte, was er gerade tat?

   Ja / Nein

2.5 Haben die übrigen Schüler, die bei ihren Aufgaben waren, diesen Vorgang beachtet?

Lehrer/in:
Beobachter/in: Anweisungen zur Überleitung für Fortgeschrittene

3. Zweites Beispiel, wie der Lehrer eine Schülerin wieder an ihre Arbeit führte

3.1 Initialen der Schülerin, die wieder an ihre Arbeit geführt wurde:

3.2 Nonverbales Signal des Lehrers:

3.3 Reaktion der Schülerin:

3.4 Hat der Lehrer abgewartet, bis die Schülerin wieder AN ihrer Arbeit war und mindestens zweimal geatmet hatte, bevor er mit dem weitermachte, was er gerade tat?

Ja/Nein

3.5 Haben die übrigen Schüler, die bei ihren Aufgaben waren, diesen Vorgang beachtet?

4. Drittes Beispiel, wie der Lehrer eine Schülerin wieder an ihre Arbeit führte

4.1 Initialen der Schülerin, die wieder an ihre Arbeit geführt wurde:

4.2 Nonverbales Signal des Lehrers:

4.3 Reaktion der Schülerin:

4.4 Hat der Lehrer abgewartet, bis die Schülerin wieder AN ihrer Arbeit war und mindestens zweimal geatmet hatte, bevor er mit dem weitermachte, was er gerade tat?

Ja/Nein

4.5 Haben die übrigen Schüler, die bei ihren Aufgaben waren, diesen Vorgang beachtet?

Lehrer/in:
Beobachter/in:

Aufrechterhalten der produktiven Atmosphäre: Private Stimme

Wie wir wissen, entsteht produktivere Stillarbeit aufgrund einer visuellen Atmosphäre, die damit anfängt, daß der Lehrer visuelle *Anweisungen zur Überleitung* gibt und die *20-SEK.-*Technik einsetzt. Wie hält man diese Atmosphäre aufrecht und fördert sie, wenn die *wichtigsten 20 Sekunden* vorbei sind? Auf diesem Beobachtungsblatt geht es um *einen* der drei Faktoren, die für das Aufrechterhalten des produktiven Motivs dienlich sind.

Private Stimme: Während der gesamten Schullaufbahn werden die Schüler darauf konditioniert, der Aufforderung des Lehrers zur Aufmerksamkeit zu folgen. Der Lehrer weiß, daß diese Aufforderung sowohl verbal gegeben werden kann (zum Beispiel „Leute", „Jungs und Mädels", „Rasselbande", „Ruhe bitte", „Schaut mal hierher" usw.) als auch nonverbal. Eine Möglichkeit, die Schüler nonverbal um Aufmerksamkeit zu bitten, liegt in der Art der Stimme. Es ist zwingend notwendig, daß der Lehrer darauf achtet, ob er mit „öffentlicher Vortragsstimme" oder mit „privater" Stimme spricht. Erstere sollte er während seines Vortrags einsetzen, die letztere in der Stillarbeit.

Um diese Behauptung zu überprüfen, macht der Lehrer bei der Stillarbeit das Gegenteil: Während er einer Schülerin in Einzelarbeit hilft, spricht er mit seiner „öffentlichen Vortragsstimme". Einige Varianten der Reaktionen, die dadurch ausgelöst werden können:

- Die öffentliche Vortragsstimme des Lehrers ist wie ein Stein, den man ins Wasser wirft – er schlägt Wellen, so daß die Schüler ihre Körperhaltung verändern.
- Die öffentliche Vortragsstimme des Lehrers verursacht anfangs eine Wellenbewegung, dann ein Erstarren.
- Bei anderen Gelegenheiten sieht der Beobachter vielleicht, wie die Schüler mitten im Kommentar des Lehrers oder am Ende ihre Körperhaltung verändern.
- Bei anderen Gelegenheiten erstarren die Schüler, die in der Nähe des Lehrers sitzen, und diejenigen, die weiter weg sind, bewegen sich vielleicht.
- Und wenn die Stimme des Lehrers ärgerlich oder laut ist, erstarren die Schüler oft wie verängstigte Tiere.

1. Der Lehrer gibt dem Beobachter einen Wink, daß er gleich absichtlich mit seiner Unterrichtsstimme sprechen wird. Der Wink ist:

1.1 Der Beobachter beschreibt bitte das Stimmuster des Lehrers in bezug auf Lautstärke und Dauer des Gesprochenen:

1.2 Beschreibung der Reaktion der Schüler; insbesondere, wann sie beginnen, ihre Körperhaltung zu verändern, wann sie stoppen und ob bestimmte Bereiche im Raum davon mehr betroffen sind als andere:

Michael Grinder: *Ohne viele Worte* (VAK)

Lehrer/in:
Beobachter/in: Aufrechterhalten der produktiven Atmosphäre: Private Stimme

2.1 Der Lehrer macht noch eine weitere Intervention mit der „öffentlichen Vortragsstimme". Der Beobachter beschreibt bitte das Stimmuster des Lehrers in bezug auf Lautstärke und Dauer des Gesprochenen usw.:

2.2 Beschreiben Sie die Reaktion der Schüler; insbesondere, wann sie beginnen, ihre Körperhaltung zu verändern, wann sie stoppen und ob bestimmte Bereiche im Raum davon mehr betroffen sind als andere:

3.1 Der Lehrer hat die Option, noch eine dritte Intervention mit der „öffentlichen Vortragsstimme" zu machen. Beschreiben Sie als Beobachter bitte wieder das Stimmuster des Lehrers in bezug auf Lautstärke und Dauer des Gesprochenen usw.:

3.2 Beschreiben Sie die Reaktion der Schüler; insbesondere, wann sie beginnen, ihre Körperhaltung zu verändern, wann sie stoppen und ob bestimmte Bereiche im Raum davon mehr betroffen sind als andere:

4.   Wie geplant, gibt der Lehrer dem Beobachter ein nonverbales Signal, daß er jetzt den empfohlenen Ansatz anwenden will, das heißt: bei der Einzelhilfe mit seiner *privaten Stimme* zu sprechen. Der Beobachter wird hoffentlich sehen können, daß die Schülerinnen ihre Körperhaltung nicht verändern. Beschreibung der Veränderung in der Körperhaltung oder deren Ausbleiben:

Lehrer/in:
Beobachter/in:

Aufrechterhalten der produktiven Atmosphäre: Geschwindigkeit beim Gehen

Beim *Aufrechterhalten der produktiven Atmosphäre: Private Stimme* hat der Lehrer erforscht, welche Wirkung seine Stimme auf die Konzentration der Klasse hat. Der Fokus der nun folgenden Fertigkeit liegt darauf, welche Konsequenzen die Gehgeschwindigkeit des Lehrers hat, wenn er sich durch den Raum bewegt, um einzelnen Schülern zu helfen. Wenn ein Lehrer zu schnell durch die Klasse geht, ist er wie ein *Schiff, das durchs Wasser pflügt*: es hinterläßt eine Bugwelle.

Um die Gültigkeit dieser Metapher zu überprüfen, führt der Lehrer zuerst das Gegenteil und dann die empfohlene Vorgehensweise durch. Er gibt dem Beobachter einen Wink, wenn er mit Absicht schnell von einer Seite der Klasse zur anderen gehen will. Der Wink ist:

1. Beschreibung des Beobachters, von wo nach wo der Lehrer ging und mit welcher Geschwindigkeit:

2. Beschreibung der Auswirkungen, die dies auf die Schüler hatte. Machen Sie eine detaillierte Beschreibung in bezug darauf, ob die Schüler, die am meisten betroffen wurden, näher oder weiter vom Weg des Lehrers entfernt saßen. Achten Sie besonders auf die kinästhetischen Schüler (dyslektische/hyperaktive Schüler usw.):

Der Lehrer tut dies mehrmals, wegen des kumulativen Effektes des „Kielwassers". Stellen Sie sich vor, wie eine Welle ans Ufer eines Sees spült, dann wieder zurückfließt und sich mit den nächsten Wellen bricht, die von einem hin- und herfahrenden Motorboot kommen ...

3. Der Lehrer gibt sofort den Wink, daß er zu einem ruhigeren, langsameren Bewegungsmuster übergeht. Beschreiben Sie als Beobachter bitte die Auswirkungen auf die Konzentrationsfähigkeit der Schüler und (hoffentlich) das Fehlen von Wellen:

Fassen Sie zusammen, welche Wirkung die *Geschwindigkeit beim Gehen* auf die Produktivität besonders der kinästhetischen Schüler hat:

Lehrer/in:
Beobachter/in:

Aufrechterhalten der produktiven Atmosphäre: 5 SEK.

Aus früheren Kapiteln wissen wir, daß unsere Schüler mit Hilfe der *visuellen Anweisungen* und der *Pause* (der *wichtigsten 20 Sekunden*) beim Übergang zur Stillarbeit zumindest am Anfang produktiver sind. Bei *Aufrechterhalten der produktiven Atmosphäre: Private Stimme* und *Geschwindigkeit beim Gehen* haben wir zwei Variablen behandelt, die eine produktive Arbeitsatmosphäre aufrechterhalten: den Einsatz einer *privaten Stimme* und langsames Bewegen im Raum. Die folgende Fertigkeit ist eine Kombination dieser beiden.

Da die nonverbale Kommunikation des Lehrers der Schlüssel zum Unterrichtsmanagement ist und da die *Pause* das absolut einflußreichste nonverbale Signal ist, müssen wir herausfinden, wie wir die *Pause* möglichst oft einsetzen können. Einige Faustregeln:

- Jedes Mal, wenn der Lehrer seine *öffentliche Vortragsstimme* einsetzt, sollte er volle *20 SEK.* stehenbleiben oder zumindest für eine kurze Pause von fünf Sekunden. *(5 SEK.)*
- Nach jeder zweiten oder dritten Schülerin, der er hilft, *bleibt er stehen, atmet und schaut* einmal über die ganze Klasse.

Um die Gültigkeit dieses Grundsatzes zu überprüfen, führt der Lehrer zuerst das Gegenteil der empfohlenen Verfahrensweise durch. Dadurch können Sie als Beobachter dem Kollegen Rückmeldung in bezug auf die Schülerreaktionen geben.

1. Öffentliche Vortragsstimme = *ganze 20* oder *5 SEK.*

1.1 Beschreiben Sie als Beobachter, wie der Lehrer in der Stillarbeit absichtlich eine Ansage macht und dann mit dieser *Vortragsstimme* direkt zu einer Schülerin geht, um ihr zu helfen. Beschreiben Sie den Welleneffekt, den dieses Verfahren auf die Klasse hat:

Der Lehrer sollte dies mehrmals machen, damit Sie den kumulativen Effekt beobachten können, den die Ansagen ohne eine *Pause* auf die Klasse haben.

1.2 In dieser selben Stillarbeitszeit macht der Lehrer eine Ansage auf empfohlene Art und Weise:

a) Er holt sich die Aufmerksamkeit (und denkt daran, nur wenig lauter zu sprechen als die Klassenlautstärke, dann zu *pausieren* und dann seine Stimme zu senken).

b) Er macht die Ansage und zieht die Wörter am Ende des Satzes zur Betonung in die Länge.

c) Er macht eine *Pause* (*ganze 20* oder nur *5 SEK.*), dann geht er langsam zu einer anderen Schülerin. – Beschreibung von a), b), c):

Lehrer/in: _____
Beobachter/in: _____   Aufrechterhalten der produktiven Atmosphäre: 5 SEK.

Beschreibung der Wirkung von 1.2 im Vergleich zu 1.1 auf der vorhergehenden Seite:

2. **Stehenbleiben, atmen und durch die Klasse schauen**

Nachdem der Lehrer zwei oder drei Schülerinnen geholfen hat, bleibt er aufrecht stehen, schaut in der Klasse umher und atmet dabei (angenehm locker und ruhig). Diese regelmäßigen *5-20 SEK.* bringen die Klasse zur Ruhe (auch wenn keine Ansage gemacht wird). Man sollte dabei verschiedene Faktoren bedenken:

- Bleibt der Lehrer nach jeder zweiten, dritten oder vierten Schülerin stehen, atmet und schaut durch die Klasse? Der Schlüssel ist, wie oft die Klasse wieder zur Ruhe gebracht werden muß.
- Steht der Lehrer mit dem Gesicht zur Klasse, wenn er stehenbleibt, atmet und durch die Klasse schaut?
- Signalisiert er nonverbal der nächsten Schülerin, daß er in einer Minute bei ihr sein wird, um ihr zu helfen? Manchmal wird der Lehrer versuchen, einer Schülerin einen Wink geben, ohne sie anzuschauen.

2.1 Beschreiben Sie die Signale in der Klasse, auf die der Lehrer achtet, um die Häufigkeit dieses Verfahrens zu bestimmen:

2.2 Beschreiben Sie, wohin und wie lange der Lehrer durch die Klasse schaute, während er stand, atmete und schaute:

2.3 Beschreiben Sie, wie der Lehrer nonverbal der nächsten Schülerin signalisiert, daß er ihr gleich helfen wird. Kann er das tun, ohne sie anzuschauen?

2.4 Beschreiben Sie die Wirkung dieses Vorgehens auf die Ruhe in der Klasse. Achten Sie auch darauf, ob das Streßniveau des Lehrers sich gesenkt hat und Lehrer und Schüler mehr Energie haben:

Michael Grinder: *Ohne viele Worte* (VAK)

Mäusequiz

Nylon wurde 1939 auf den Markt gebracht – 12 Jahre nach der Produktentwicklung.

Der Kugelschreiber wurde 1938 erfunden. Wann kam er auf den Markt?

Kapitel 10

Beobachtungsbögen: Stillarbeit

*Der Einfluß von Macht wirkt nur für kurze Zeit,
die Kraft des Einflusses wirkt ewig.*

Wenn auch alle Kapitel von 7 bis 10 Ausführungen und Verfeinerungen sind, die auf Fähigkeiten von Kapitel 6 aufbauen, so trifft dies besonders für Kapitel 10 zu. Versichern Sie sich, daß Ihre Kollegin die Fertigkeit *AUS/Neutral/AN* und den *Einflußansatz* erarbeitet hat, bevor sie die Fertigkeiten von Kapitel 10 ausprobiert. Diese sind die anspruchsvollsten unter allen einunddreißig Fertigkeiten. Im Kapitel 10 wird auch der Rahmen dafür gesteckt, wann und wieviel *Macht* eingesetzt werden kann.

Da es hier um Unterrichtsmanagement *ohne viele Worte* geht, richtete sich das Hauptaugenmerk bisher zum größten Teil auf die Interaktion der Lehrerin mit der ganzen Klasse. In diesem Kapitel liegt die Betonung jedoch auf dem individuellen Kontakt mit einzelnen Schülern. Denken Sie daran, daß hier nur die nonverbalen *Management*aspekte der Lehrer-Schüler-Interaktion betrachtet werden. Es ist wichtig, auch andere pädagogische Perspektiven mit zu betrachten. Der Zweck der Disziplinierung liegt darin, einen Schüler, der von seiner Aufgabe abgelenkt (AUS) ist, wieder zu erfolgreicher Arbeit zu bringen (AN). Wenn wir keine Aufgaben für ihn haben, mit denen er sich beschäftigen kann, müssen wir ihn ständig disziplinieren, denn der Schüler kann nur von AUS in den Leerlauf gehen, und dann blendet er sich wieder AUS. Wie schon erwähnt, können wir nur dann effektiv mit den Schülern umgehen, wenn wir es schaffen, ihnen ein angemessenes *Curriculum* anzubieten. Wenn wir in diesem Buch – im Bild des Fernglases gesprochen – die Lehreraktivitäten beim *Disziplinieren ohne viele Worte* näher ins Auge fassen, so wird dabei nur die *eine* Linse des Fernglases benutzt; die andere dient der Betrachtung des Lehrplans.

Anmerkungen zu den hier behandelten Fertigkeiten:

Von Macht zu Einfluß: Spornen Sie die Lehrerin an, den Übergang *von Macht zu Einfluß* mehrfach zu üben, denn *Vakuumpausen* sind schwer erfaßbare Phänomene. Vielleicht möchten Sie als Coach sich mit der Kollegin verabreden, um gemeinsam die „Beobachtungsfertigkeiten" (S. 204) zu üben. Vielleicht geben Sie Ihrer Kollegin den Rat, die „Interventionen" (S. 204) erst auszuprobieren, nachdem sie die *Vakuumpausen* beobachtet hat.

***AUS/Neutral/AN*-Verfeinerungen:** Die Fertigkeit besteht aus zwei Teilen: *Punkt-zu-Punkt-Methode* und *Abgang in zwei Stufen.* Der erste Teil bietet eine Typologie zur Kategorisierung von Schülern. Wenn das der Lehrerin nicht ins Konzept paßt, lassen Sie es ganz weg. *Ohne viele Worte* soll ein pädagogisches Feinschmeckerbuffet sein, aus dem jede Lehrerin sich die Themen und Ideen auswählen kann, die in ihr Repertoire passen.

Positive Verstärkung: Einzelkontakt: Diese Fertigkeit kann sowohl in der Phase *Unterrichten* als auch bei der *Stillarbeit* eingesetzt werden. Das *Gruppenfeedback* ist ganz ähnlich wie die anderen visuell orientierten Techniken – die *Eröffnung mit visuellen Anweisungen, Anweisungen zur Überleitung, Anweisungen zur Überleitung: Verfeinerungen, Anweisungen*

Lehrer/in:
Beobachter/in:

zur Überleitung für Fortgeschrittene. Da das *Gruppenfeedback* auch während der Phase *Unterrichten* gegeben werden kann, können alle Phasen einer Unterrichtsstunde davon profitieren, wenn die Lehrerin sich visuell verhält. Die visuelle Form verstärkt den Einsatz nonverbaler Lehrerbotschaften erheblich, da das, was die Lehrerin sagt, visuell repräsentiert ist. Ermuntern Sie Ihre Kollegin, so oft wie möglich visuell zu arbeiten und Anweisungen, die täglich genutzt werden, auf Schilder zu schreiben.

Eins, zwei, drei – dann ist der Lehrer frei: Dies ist eine hervorragende Fertigkeit für Grundschullehrer.

Phantomhand: Spornen Sie Ihre Kollegin an, zuerst den *Abgang in zwei Stufen* aus den *AUS/Neutral/AN*-Verfeinerungen erfolgreich abzuschließen, bevor sie sich mit dieser Fertigkeit befaßt. Bitte probieren Sie sie gemeinsam aus, bevor Sie es in der Klasse versuchen. Die *Phantomhand* und die *Vakuumpause* sind die zwei anspruchsvollsten Fertigkeiten *ohne viele Worte*, gefolgt von *Von Macht zu Einfluß*.

Lehrer/in:
Beobachter/in:

Von Macht zu Einfluß

Für die meisten Fertigkeiten *ohne viele Worte* gilt der Vorschlag, daß die Lehrerin sie am besten zuerst mit „marginalen" Schülern praktiziert, denn dies erleichtert ihr das Üben des Timings. Beim durchschnittlichen Schüler kann die Lehrerin den *indirekten* Ansatz mit *Einfluß* nutzen, um ihn wieder zu angemessenem Verhalten zu bewegen. Die nun folgende Fertigkeit konzentriert sich auf die Arbeit mit den „schlimmsten Fällen", den Problemschülern. Die Sanftheit des *Einflußansatzes* ist bei ihnen oft zu subtil. Die Lehrerin ist gezwungen, auf *Macht* zurückzugreifen, um die Aufmerksamkeit dieser Schüler zu gewinnen. Die Schwierigkeit des Einsatzes von *Macht* bei den Problemschülern besteht darin, daß man das Risiko eingeht, sich in der Rolle des Verkehrspolizisten zu verfangen. Die Lehrerin sollte *Macht* nur dazu anwenden, den Schüler vom AUS-Sein wieder in den neutralen Zustand zu bringen, und dann sollte sie *unterbrechen und atmen*, um zum *Einfluß* zu wechseln, so daß sie den Schüler indirekt aus dem neutralen Zustand AN die Arbeit bringen kann.

Da dies eine sehr anspruchsvolle Technik ist, bitten wir die Beobachterin, zunächst die hier aufgeführten Blätter durchzuarbeiten, bevor sie mit der jetzt vorzustellenden Fertigkeit weitermacht:

- *AUS/Neutral/AN*: Arbeitsblätter und Beobachtungsbögen
- *Einflußansatz*: Arbeitsblätter und Beobachtungsbögen
- *Entgiften des Klassenraums*: Arbeitsblätter
- *Unterbrechen & Atmen*: Arbeitsblätter
- *Von Macht zu Einfluß*: Arbeitsblätter

Wenn die Beobachterin diese vorausgesetzten Übungen macht, hat sie das Wissen und die Fähigkeit, der Lehrerin bei folgenden Fertigkeiten Feedback zu geben:

- beim Erkennen, ob jemand AUS-, im Neutralen oder AN-geschaltet ist
- beim Unterscheiden zwischen *Macht* = *direkt* und *Einfluß* = *indirekt*
- beim Trennen mentaler Zustände mit Hilfe von Plätzen im Klassenzimmer
- beim Atmen zu allen diesen Fertigkeiten.

Lehrer/in:
Beobachter/in: Von Macht zu Einfluß

Überblick: Von Macht zu Einfluß

Die Lehrerin führt den Ansatz *Von Macht zu Einfluß* mit mindestens zwei „Problemschülern" durch. Sie richtet es so ein, daß die Beobachterin ihren Besuch während der *Stillarbeit* macht, also wenn die Wahrscheinlichkeit besteht, daß die Schüler sich AUS-blenden.

1.1   Initialen eines Schülers

1.2   Die Lehrerin geht *indirekt* auf den Schüler zu. Beschreiben Sie, was geschieht:

1.3   Wir nehmen an, daß die indirekte Herangehensweise nicht effektiv war. Der extrem rechtshemisphärische Schüler lebt in einer anderen Welt. Wenn die Lehrerin zu subtil vorgeht, bleibt er abwesend. Daher geht die Lehrerin *von Macht zu Einfluß*. Sie setzt dabei einige oder alle nonverbalen Aspekte des *Machtansatzes* ein:

- Lehrerin geht von vorn direkt auf den Schüler zu
- Lehrerin nimmt Blickkontakt auf
- Lehrerin atmet hoch und flach
- Lehrerin steht nah und berührt vielleicht den Schüler
- Lehrerin setzt Verbales ein, vielleicht sogar mit lauter Stimme

Natürlich führt die Lehrerin ihre Intervention in einem Zug durch, während die folgenden Fragen die unterschiedlichen Stufen separat skizzieren. Beschreiben Sie, welche Aspekte des *Machtansatzes* die Lehrerin anwandte:

Beschreiben Sie, was der Lehrerin vielleicht aufgefallen war, das darauf hindeutete, daß der Schüler wieder auf der Erde gelandet war, so daß sie – weil der Schüler wieder im Neutralzustand war – den *Machtansatz* beenden konnte:

Beschreiben Sie das *Unterbrechen & Atmen* der Lehrerin:

1.4   Da die Lehrerin jetzt die Aufmerksamkeit des Schülers hat (der Schüler ist im Neutralen), sollte sie zum indirekten Ansatz mit *Einfluß* wechseln. Die Lehrerin tut dies, indem sie alle nonverbalen Signale stoppt, die sich auf die Einzelperson beziehen. Das heißt: Sie unterbricht den Blickkontakt, hört auf, hoch und flach zu atmen, berührt den Schüler nicht mehr, spricht nicht mehr mit harter oder lauter Stimme usw. Statt dessen legt sie das Schwergewicht auf den Inhalt. Dies wird erreicht, indem sie folgendes tut:

- auf die Seite des Schülers gehen
- auf das Arbeitsheft des Schülers schauen
- tief atmen
- weiter vom Schüler entfernt stehen
- entweder gar nicht sprechen oder flüstern.

Lehrer/in:
Beobachter/in: Von Macht zu Einfluß

Dieser Wechsel von der Rolle der Disziplinierenden zur Rolle der Unterrichtenden ist im Grunde das gleiche, was wir bei *Lauter (Pause) Flüstern* beobachtet haben. Beschreiben Sie, welche Aspekte des *Einflußansatzes* von der Lehrerin eingesetzt wurden:

1.5   Beschreiben Sie den Gewinn für Lehrerin und Schüler:

2.1   Initialen eines zweiten Schülers:

2.2   Die Lehrerin geht *indirekt* auf den Schüler zu. Beschreiben Sie, was geschah:

2.3   Wir nehmen wieder an, daß die indirekte Herangehensweise zu subtil war. Beschreiben Sie, welche Aspekte des *Machtansatzes* die Lehrerin einsetzte.

Beschreiben Sie, was der Lehrerin vielleicht aufgefallen war, das darauf hindeutete, daß der Schüler wieder auf der Erde gelandet war, so daß sie – weil der Schüler wieder im neutralen Zustand war – den *Machtansatz* beenden konnte:

Beschreiben Sie das *Unterbrechen & Atmen* der Lehrerin:

2.4   Beschreiben Sie, welche Aspekte des *Einflußansatzes* von der Lehrerin eingesetzt wurden:

2.5   Beschreiben Sie den Gewinn für Lehrerin und Schüler:

Lehrer/in:
Beobachter/in: Von Macht zu Einfluß

Beobachtungsfertigkeiten

In der Rolle des Beobachters haben Sie der Lehrerin Rückmeldung zu ihrer *direkten* Intervention gegeben, mit der sie den Schüler zunächst in den Neutralzustand bringen konnte, um dann zur *indirekten* Intervention (*Einfluß*) zu wechseln, mit der sie den Schüler AN die Arbeit führte. Die Lehrerin möchte nun Ihr Feedback zu einer höchst subtilen und zugleich sehr wirkungsvollen Fertigkeit: zu einem ganz bestimmten Zeitpunkt zu intervenieren. Wir behaupten, daß ein kinästhetischer, AUS-geschalteter Schüler die folgenden möglichen Verhaltensweisen zeigt:

- Er ist impulsiv und unglaublich schnell.
- Er hat extrem kurze Konzentrationsspannen.
- Er kann sich nicht gut oder lange auf eine Sache konzentrieren.
- Seine Intelligenz liegt über dem Durchschnitt.
- Er ist nach außen orientiert, mit einer hohen Tendenz, sich ablenken zu lassen.

Aufgrund dieser Eigenschaften bleibt der Schüler nicht lange AUS-geschaltet, aber auch nicht lange AN der gleichen Aufgabe. Er ist wie eine Fliege, die willkürlich von einem Gegenstand in ihrer Nähe zum anderen fliegt.

Die Lehrerin hat die Klasse einer Kollegin besucht, um folgende Verhaltensweisen beobachten zu lernen: Meist ist der Schüler auf einen Fokus konzentriert, dann macht er eine kurze Pause, in der er „ohne Fokus" ist, und geht dann zu einem neuen Fokus über. Wir haben diese Pause als *Vakuumpause* bezeichnet. Dies ist ..., wo nichts geschieht. Welchen Vorteil haben Sie, wenn Sie *Vakuumpausen* erkennen können? Vorher hat die Lehrerin eine Intervention in zwei Schritten gemacht, um den Schüler von AUS in den neutralen Zustand und dann vom neutralen in den AN-geschalteten Zustand zu führen. Wenn man in einer *Vakuumpause* intervenieren kann, erspart das einen Schritt. Aufgrund der Ausgefeiltheit dieser Technik stellen Sie bitte sicher, daß Sie die „Beobachtungsfertigkeiten" des Arbeitsblattes (Kapitel 5, S. 109) ausgefüllt haben, bevor Sie weitergehen. Dieses Beobachtungstraining ist eine Voraussetzung, damit die Beobachterin die nötigen Wahrnehmungsfähigkeiten hat, um der Kollegin in bezug auf ihr Timing Rückmeldung zu geben.

Interventionen

Es gibt eine ganze Reihe von Interventionen, die man in der *Vakuumpause* eines Schülers machen kann:

- Visuell: die Aufmerksamkeit des Schülers mittels Blickkontakt auffangen.
- Auditiv: die Aufmerksamkeit des Schülers gewinnen, indem man seinen Namen sagt oder sich räuspert oder sonst ein Geräusch macht.
- Kinästhetisch: auf den Schüler zugehen oder ihn berühren, um seine Aufmerksamkeit zu gewinnen.

Die Schwierigkeit dabei liegt im *Timing*. Wenn die Lehrerin den Schüler in einer *Vakuumpause* sieht und *dann beginnt* zu intervenieren, verstreicht dabei so viel Zeit, daß der Schüler nicht mehr im Vakuum ist, sondern sich bereits AUS-geblendet und auf etwas Neues fokussiert hat. Die Lehrerin verpaßt buchstäblich die Pause zwischen „als sie es sah" und „als sie reagierte". Daher muß die Lehrerin den Rhythmus oder die Häufigkeit beachten, mit der die *Vakuumpause* eintritt. Ferner zeigt der Schüler auch Hinweise darauf, daß er sich dem Ende eines Fokus nähert, so daß die Lehrerin voraussehen kann, daß die *Vakuumpause* bald eintritt. Dies gestattet ihr, *am Ende* eines Fokus mit ihrer Intervention zu beginnen (zum Beispiel den Schüler anschauen, seinen Namen sagen, ihn berühren usw.),

Lehrer/in:
Beobachter/in:

und in dem Augenblick, da sie die Intervention durchführt, trifft sie den Schüler genau in seiner *Vakuumpause*.

Die Lehrerin richtet es so ein, daß die Beobachterin ihre Klasse innerhalb einer Phase von *Stillarbeit* besucht, wenn die Wahrscheinlichkeit groß ist, daß sich einige extrem kinästhetische Schüler so verhalten, als wenn sie in ihrer Phantasiewelt wären. Die Lehrerin interveniert dann innerhalb der *Vakuumpausen* dieser Schüler. Das Schöne beim Üben dieser Fertigkeit ist, daß die Lehrerin selbst im Falle, daß sie danebentrifft und den Schüler in einem Fokus erwischt, dennoch das *Timing* lernt. Wie bei fast allen Wahrnehmungstrainings gibt es kein Versagen, nur Feedback. Solange die Lehrerin in der Lage ist, gelegentlich in einer *Vakuumpause* einzugreifen, ist sie von der Effektivität des Timing überzeugt und wird daher motiviert sein weiterzuüben. Die Lehrerin hat die Wahl, ob sie mit den gleichen Schülern wie unter 1.1 und 2.1 weiterüben möchte.

3.1 Initialen des ersten Schülers:

3.2 Beschreiben Sie als Beobachterin bitte Ihre Wahrnehmung, wie häufig der Schüler zwischen einem Fokus, der *Vakuumpause* und einem neuen Fokus hin- und herschwirrte. Wie lange dauerte jeder Fokus?

3.3 Beschreiben Sie, welche spezifischen Signale es gab, die die Lehrerin vielleicht wahrgenommen hat, die ihr anzeigten, daß der Schüler sich dem Ende eines Fokus näherte und gleich in eine *Vakuumpause* eintreten würde:

3.4 Beschreiben Sie den Interventionsstil der Lehrerin (visuell, auditiv, kinästhetisch oder eine Kombination):

3.5 Für die nächste Frage brauchen Sie als Beobachterin Übung: Hat die Lehrerin *in* der *Vakuumpause*, kurz davor oder während eines Fokus interveniert?

3.6 Beschreiben Sie das strategische Vorgehen der Lehrerin. Mit anderen Worten: Wenn die Intervention in einer *Vakuumpause* des Schülers erfolgreich gelang, wechselte die Lehrerin sofort zum indirekten Ansatz mit *Einfluß*? Wenn ja, beschreiben Sie bitte Details. Wenn die Intervention *nicht* innerhalb der *Vakuumpause* gelang, beschreiben Sie die Komponenten des *Machtansatzes*, die verwendet wurden:

Lehrer/in:
Beobachter/in:

Von Macht zu Einfluß

4.1 Initialen des zweiten Schülers:

4.2 Beschreiben Sie als Beobachterin bitte Ihre Wahrnehmung, wie häufig der Schüler zwischen einem Fokus, der *Vakuumpause* und einem neuen Fokus hin- und herschwirrte. Wie lange dauerte jeder Fokus?

4.3 Beschreiben Sie, welche spezifischen Signale es gab, die die Lehrerin vielleicht wahrgenommen hat, die ihr anzeigten, daß der Schüler sich dem Ende eines Fokus näherte und gleich in eine *Vakuumpause* eintreten würde:

4.4 Beschreiben Sie den Interventionsstil der Lehrerin (visuell, auditiv, kinästhetisch oder eine Kombination):

4.5 Hat die Lehrerin *in* der *Vakuumpause*, kurz davor oder während eines Fokus interveniert?

4.6 Beschreiben Sie das strategische Vorgehen der Lehrerin. Mit anderen Worten: Wenn die Intervention in einer *Vakuumpause* des Schülers erfolgreich gelang, wechselte die Lehrerin sofort zum indirekten Ansatz mit *Einfluß*? Wenn ja, beschreiben Sie bitte Details. Wenn die Intervention *nicht* innerhalb der *Vakuumpause* gelang, beschreiben Sie die Komponenten des *Machtansatzes*, die verwendet wurden:

Lehrer/in:
Beobachter/in:

AUS/Neutral/AN-Verfeinerungen

Für Sie als Beobachterin ist es wichtig zu wissen, daß die *Stillarbeits*fertigkeiten dieses Buches sich entwickelt haben aus:

- dem *Einflußansatz* und
- dem Sicherstellen, daß der Schüler AN seiner Aufgabe ist, wenn die Lehrerin weggeht.

Bitte machen Sie sich als Beobachterin mit diesen Fertigkeiten aus den Kapiteln 1 und 6 vertraut.

Zur *Verfeinerung* von *AUS/Neutral/AN* wollen wir zwei Konzepte behandeln: Die *Punkt-zu-Punkt-Methode* und den *Abgang in zwei Stufen*. Da diese Fertigkeiten, die die Lehrerin in ihr Repertoire aufnimmt, sehr anspruchsvoll sind, werden Sie um mehrere Besuche gebeten, um der Kollegin das Feedback zu geben, das sie für zunehmenden Fortschritt braucht.

Punkt-zu-Punkt-Methode

An solchen Tagen, an denen die Lehrerin das Gefühl hat, daß sie nur noch herumwirbelt, versucht sie, die Produktivität bei der Stillarbeit mit einer Methode im Griff zu halten, die man *Punkt-zu-Punkt-Methode* nennen kann. Erinnern Sie sich, wie Sie als Kind Zeichenbücher hatten, in denen auf leeren Seiten nur Zahlen mit Punkten daneben standen? Von Zahl zu Zahl aufsteigend haben wir die Punkte miteinander verbunden. An Tagen, an denen die Lehrerin hektisch ist, rennt sie von einem Schüler zum anderen, um sie wieder an ihre Arbeit zu führen. Wenn man in der Mitte der Decke des Klassenraums eine Videokamera anbringen und sich das Band im Schnelldurchlauf anschauen würde, könnte man beobachten, wie die Lehrerin von Punkt zu Punkt zwischen bestimmten Schülern hin- und herläuft. Der Unterschied zwischen dem Malbuch und dem Video ist, daß ersteres einen Sinn ergibt.

Bestandsaufnahme:

Zum Zweck der Stillarbeit hat die Lehrerin ihre Schüler in drei Gruppen eingeteilt, mit denen sie Kontakt hat:

Gruppe H – diejenigen Schüler, denen sie einfach nur *hilft*, die sie aber nicht an ihre Aufgabe zurückführen muß. Ihre Initialen sind:

Gruppe H & D – diejenigen, denen die Lehrerin einerseits *hilft*, die sie andererseits aber von Zeit zu Zeit auch *disziplinieren* und an ihre Aufgabe zurückführen muß. Ihre Initialen sind:

Gruppe D – diejenigen, die viel *Disziplinierung* brauchen; die primäre Interaktion der Lehrerin mit diesen Schülern ist, sie wieder an ihre Arbeit zu setzen. Ihre Initialen sind:

Besuchen Sie als Beobachterin die Klasse der Kollegin mindestens zwei-, vorzugsweise dreimal während einer Phase von *Stillarbeit*. Bieten Sie der Lehrerin Feedback dazu an, ob sie tatsächlich Kontakt mit den Schülern der genannten Gruppen hat. Eine Möglichkeit dafür ist, daß die Lehrerin einen Sitzplan erstellt und mit Farben markiert, wo die einzelnen Schüler sitzen.

Lehrer/in:
Beobachter/in:

AUS/Neutral/AN-Verfeinerungen

Zum Beispiel könnten die Schüler der Gruppe H rot unterstrichen werden, die Gruppe H & D blau und die Schüler aus Gruppe D grün. Die Beobachterin kann jedesmal ein „H" daneben schreiben, wenn die Lehrerin einem Schüler hilft, und ein „D" neben den Schüler, den sie diszipliniert. Nach zwei oder drei Besuchen zu je fünfzehn Minuten kann man auf dem Sitzplan sehen, ob die Gruppe H nur „Hs" danebenstehen hat, ob Schüler der Gruppe H & D „Hs" und „Ds" neben ihren Namen stehen haben und ob die Schüler der Gruppe D nur „Ds" bekommen haben.

Vorschläge:

Da die Lehrerin ihre Klassensituation viel besser kennt als jede verallgemeinerte Theorie, sind die folgenden Vorschläge nur Leitlinien, die die Lehrerin einbeziehen und der Kollegin zur Beobachtung geben kann. Die Lehrerin kann die Leitlinien so modifizieren, wie sie möchte.

Gruppe H: Dies sind die Schüler, denen die Lehrerin gerne im Einzelkontakt helfen möchte. Manchmal ist es so frustrierend daß man als Lehrer nicht das tun kann, was man liebt: unterrichten. Lehrer lieben es, anderen etwas weiterzugeben, sie zu unterstützen und Dinge zu ermöglichen. Natürlich wurde auch dieses Buch in der Absicht geschrieben, unsere Managementfertigkeiten effektiver zu machen, so daß wir mehr Zeit haben, den Schülern etwas zu *geben*.

Die Lehrerin übt, die Tatsache zu akzeptieren, daß sie Teil eines Systems ist, das den Schülern der Gruppe H oft nicht genügen kann. Geben Sie der Kollegin Rückmeldung, ob sie entspannt erscheint, wenn sie mit diesen Schülern arbeitet, oder – wichtiger noch – wann sie diesen Schülern *nicht* helfen kann, da sie ihre Zeit damit zubringt, andere Schüler wieder zur Arbeit zu motivieren. Wenn Ihre Kollegin hohe Ziele hat, wird sie Sie an solchen Tagen einladen, an denen sie weiß, daß sie mehr Zeit damit verbringen muß, Schüler zu disziplinieren, statt ihnen zu helfen. Unser Beruf braucht Lehrer und Lehrerinnen mit einem großem Herzen, die auch wissen, wie sie für sich selbst sorgen können. Beobachten Sie die Lehrerin innerhalb einer Stillarbeitszeit, an einem Tag, der nicht gerade ihr „bester" ist. Machen Sie sich Notizen in bezug auf das, was die Lehrerin tut. Achten Sie besonders darauf, ob die Lehrerin tiefe und ruhige Zwerchfellatmung hat oder ob sie flach und mit Seufzern atmet.

Wenn Sie sich hinterher besprechen, stellen Sie vorrangig folgende Fragen:
- Worüber hast du Kontrolle?
- Worüber hast du keine Kontrolle?
- Was würdest du brauchen, um die Bedingungen zu akzeptieren, über die du keine Kontrolle hast?

Schreiben Sie als Beobachterin, ohne zu bewerten, die Antworten der Lehrerin auf:

Lehrer/in:	
Beobachter/in:	AUS/Neutral/AN-Verfeinerungen

Gruppe H & D: Dies sind die Schüler, denen die Lehrerin einerseits geholfen hat, die sie andererseits aber auch wieder an die Arbeit bringen mußte. Die Lehrerin hat darauf geachtet, ob es eine Korrelation gibt zwischen der Tatsache, daß sie ihnen geholfen hat, und einer Steigerung ihres Arbeitsverhaltens. Mit anderen Worten: Verhalten sich einige Schüler der Gruppe H & D ungehörig, weil sie nicht fähig sind, die Aufgaben selbständig zu bearbeiten? Wenn das so ist, sollte die Lehrerin es nicht mit dem *Einflußansatz* versuchen, denn dies würde nicht funktionieren. Statt dessen sollte sie direkt zu den Schülern aus H & D hingehen und ihnen sobald wie möglich helfen, nachdem sie die Klasse zur Stillarbeit entlassen hat (*Anweisungen zur Überleitung* und *20 SEK.*). Wenn sie nicht zu den Schülern der Gruppe H & D hingehen kann, versucht sie die Möglichkeit zu akzeptieren, daß diese Schüler nicht AN-geschaltet sein werden. Die Lehrerin zählt diese Schüler dann zeitweilig zur Gruppe D. Die zentrale Frage für die Gruppe D ist: Stören sie andere? Wenn nicht und wenn die Lehrerin keine Zeit hat, ihnen zu helfen, läßt Sie sie einfach. – Geben Sie als Beobachterin der Kollegin bitte Feedback zu folgenden Punkten:

- Geht die Lehrerin direkt zu den Schülern der Gruppe H & D?
- Oder überprüft sie, ob deren AUS-geschaltetes Verhalten andere beim Lernen stört?
  - Wenn ja, interveniert sie?
  - Wenn nein, läßt sie sie einfach?

Beschreiben Sie als Beobachterin die Reaktionen der Lehrerin, ohne zu bewerten:

Gruppe D: Mit diesen Schülern hat die Lehrerin vorwiegend Kontakt durch Disziplinieren, weniger durch gezielte Hilfe. Die Lehrerin hat reflektiert, ob sie die Schüler wieder zu ihrer Arbeit führt ...

- zu ihrem eigenen Besten oder
- weil ihr AUS-geschaltetes Verhalten andere beim Lernen stört.

Unser Berufsstand ist dafür berühmt, daß wir aufgrund „philosophischer" Erwägungen Dinge tun, an die wir glauben, selbst wenn sie im Hinblick auf unsere Zeit und Energie wenig effektiv sind. Geben Sie bitte als Beobachterin Ihrer Kollegin Rückmeldung dazu, ob sie *nur* bei *den* Schülern der Gruppe D interveniert, die andere beim Lernen stören. Denken Sie daran, daß wir ja nicht mit Absicht die Schüler der Gruppe D ignorieren wollen, die AUS-geschaltet sind, aber niemand anders stören, sondern daß die Lehrerin einfach nur begrenzte Zeit und Energie hat und auswählen muß. Ihre Notizen zur Beobachtung der (evtl. fehlenden) Reaktion der Kollegin auf die Schüler der Gruppe D:

Lehrer/in:
Beobachter/in:

AUS/Neutral/AN-Verfeinerungen

Zusammenfassung zur Punkt-zu-Punkt-Methode

Die Lehrerin hat einige Schüler in die folgenden drei Gruppen eingeteilt:
- Gruppe H – Schüler, denen sie hilft
- Gruppe H & D – Schüler, denen sie hilft und die sie disziplinieren und wieder an ihre Arbeit führen muß
- Gruppe D – Schüler, die sie hauptsächlich disziplinieren und wieder an ihre Arbeit zurückführen muß

Für die Lehrerin besteht der Zweck der Übung dieser Fertigkeiten darin, zu verhindern, daß sie in der Punkt-zu-Punkt-Manier durch die Klasse rennt. Sie hat nur begrenzte Zeit und Energie in der Stillarbeit. Sie muß Prioritäten setzen. Der Vorschlag war, den Schülern der Gruppen H und H & D zuerst zu helfen, ferner die Schüler der Gruppe D zu unterscheiden und bei denjenigen zu intervenieren, die andere beim Lernen stören. Die Schüler, die nicht an der Arbeit sind, aber andere auch nicht stören, sollte sie in Ruhe lassen, wenn sie keine Zeit hat.

Gedanken der Beobachterin, wie die Lehrerin diese Vorschläge umsetzt:

Abgang in zwei Stufen

Die *AUS/Neutral/AN*-Methode und der *Einflußansatz* sind beide darauf ausgerichtet, einen Schüler vom AUS-Sein durch den Neutralzustand zum AN-Sein, zur Arbeit führen. Durch das Anwenden dieser Fertigkeiten verändert sich das Syndrom des negativen Kontaktes zwischen der Lehrerin und dem „Problemschüler" zu positivem Kontakt. Jetzt taucht ein neues Problem auf: Wie kommt man wieder von dem Schüler weg? Dieses Problem entspringt zwei Gründen: Manchmal ist der Schüler „kontakthungrig" und will die Lehrerin nicht wieder weggehen lassen; zu anderen Zeiten ist unsere Anwesenheit nötig, um ihn AN der Arbeit zu halten. In beiden Fällen wird die folgende Fertigkeit hilfreich sein.

Wenn der Schüler mindestens zwei Atemzüge lang AN der Arbeit war (das heißt er hat zweimal ein- und zweimal ausgeatmet):

A   Die Lehrerin bringt langsam ihren Körper in Position, so daß Sie aufrecht und neben dem Schüler steht.

B   Da Blickkontakt in einer positiven Situation normalerweise die Wärme der Interaktion verstärkt und dadurch einen Austausch hervorruft, läßt die Lehrerin ihre Augen auf die Arbeit des Schülers gerichtet. Damit ist die erste Stufe des Abgangs beendet.

C   Die Lehrerin tritt jetzt langsam vom Schüler zurück, so daß er sie nicht sehen kann. Sie beobachtet den Schüler, um sicherzustellen, daß er unabhängig von ihr AN seiner Aufgabe bleibt.

D   Die Lehrerin geht nun langsam und schrittweise vom Schüler weg.

Lehrer/in:
Beobachter/in: AUS/Neutral/AN-Verfeinerungen

Einsetzen dieser Fertigkeit

(Die Großbuchstaben zur Gliederung korrespondieren mit denen auf der vorherigen Seite.)

1. Initialen eines Schülers, mit dem die Lehrerin diese Fertigkeit üben möchte:

A   Beschreiben Sie, wie lange es dauerte, bis sich die Lehrerin in aufrechter Haltung hinstellte, und woran sie erkannte, daß der Schüler voll atmete und an seiner Arbeit war:

B   Beschreiben Sie, wie die Lehrerin ihren Blick auf die Arbeit des Schülers gerichtet hielt:

C   Beschreiben Sie, wie die Lehrerin langsam einige *Schritte nach hinten* ging, und erwähnen Sie, ob der Schüler von selbst bei der Arbeit blieb. Notieren Sie auch, wie lange es dauerte und ob die Lehrerin aufgrund bestimmter Bedingungen etwas modifizieren mußte:

D   Beschreiben Sie, wie die Lehrerin langsam und schrittweise vom Schüler *wegging* und ob er bei seiner Arbeit blieb. Beschreiben Sie auch, wie lange es dauerte und ob die Kollegin aufgrund bestimmter Bedingungen etwas modifizieren mußte:

2. Initialen eines zweiten Schülers, mit dem die Lehrerin diese Fertigkeit üben möchte:

A   Beschreiben Sie, wie lange es dauerte, bis sich die Lehrerin in aufrechter Haltung hinstellte, und woran sie erkannte, daß der Schüler voll atmete und an seiner Arbeit war:

B   Beschreiben Sie, wie die Lehrerin ihren Blick auf die Arbeit des Schülers gerichtet hielt:

Lehrer/in:
Beobachter/in:

C   Beschreiben Sie, wie die Lehrerin langsam einige *Schritte nach hinten* ging, und erwähnen Sie, ob der Schüler von selbst bei der Arbeit blieb. Notieren Sie auch, wie lange es dauerte und ob die Lehrerin aufgrund bestimmter Bedingungen etwas modifizieren mußte:

D   Beschreiben Sie, wie die Lehrerin langsam und schrittweise vom Schüler *wegging* und ob er bei seiner Arbeit blieb. Beschreiben Sie auch, wie lange es dauerte und ob die Kollegin aufgrund bestimmter Bedingungen etwas modifizieren mußte:

Lehrer/in:
Beobachter/in:

Positive Verstärkung: Einzelkontakt

Eine Untersuchung unter Pädagogen weist darauf hin, daß Lehrer, die ja bekanntlich mehr „menschenorientiert" arbeiten als „themenorientiert", ein höheres Energieniveau und ein besseres Selbstbild haben, wenn sie ihre Schüler *loben*. Im Gegensatz dazu sinkt ihr Energieniveau, und ihr Selbstbild wird negativer, wenn sie disziplinieren. Offensichtlich sind daher Methoden höchst willkommen, die „negative Verstärkung" vermindern und die Anwendung „positiver Verstärkung" erhöhen.

Oft werden lobende Bemerkungen in ihrer Wirkung reduziert, wenn die dazwischenliegende Zeit zu lang ist. Nehmen wir an, die Lehrerin steht bei der Stillarbeit am Overheadprojektor und ruft Schüler auf, die ihr Können demonstrieren sollen. Vorausschauend hat die Lehrerin Peter (einen hochkinästhetischen Schüler) in die erste Reihe gesetzt, um ihn AN der Arbeit zu halten. Die Lehrerin wendet eine Reihe von Techniken an, um sein unangemessenes Verhalten zu unterbrechen und ihn wieder AN seine Arbeit zu bringen. Die Lehrerin setzt disziplinarische Maßnahmen ein. Ungefähr 30 bis 40 Sekunden bleibt Peter AN der Arbeit. Die Lehrerin interveniert etwa alle 60 bis 90 Sekunden. Würde sie alle 25 Sekunden ein Lob erteilen, bliebe der Schüler länger auf seine Arbeit konzentriert, und die Lehrerin würde sich besser fühlen, da sie positive Maßnahmen einsetzte.

Man kann das Wechseln von „negativer Interaktion" (Disziplinieren) zu „positiver Interaktion" (Loben) auch so handhaben, daß die Lehrerin jedesmal, nachdem sie eine Disziplinarmaßnahme ergriffen hat, innerhalb von 20 bis 25 Sekunden danach ein visuelles, auditives oder kinästhetisches Lob erteilt. Dadurch versichert sich die Lehrerin, daß der Schüler weiß, welches Verhalten sie von ihm erwartet und daß er auf positive Weise Aufmerksamkeit gewinnen kann.

Dieses Konzept trifft besonders auf rechtshemisphärische Schüler zu, da sie folgende Charakterzüge haben:
- individuelle Interaktion (von Mensch zu Mensch)
- kurze Aufmerksamkeitsspanne
- Ablenkbarkeit
- Bedürfnis nach sofortiger Verstärkung

Die Lehrerin hat diese Vorschläge geübt und möchte nun Feedback dazu haben, wie sie die Empfehlungen umsetzt und welche Wirkung diese Strategien auf die Schüler haben. Um das Timing dieser Techniken zu erlernen, hat die Kollegin erst einmal mit marginalen statt mit den „schlimmsten" Schülern geübt. Sie wird Sie zu einer solchen Gelegenheit einladen, bei der die Wahrscheinlichkeit hoch ist, daß positive Verstärkung angemessen ist. Obwohl diese Fähigkeit hier unter der Phase *Stillarbeit* eingeordnet ist, könnte sie genausogut in der Phase *Unterricht* plaziert werden.

Lehrer/in:
Beobachter/in:

Positive Verstärkung: Einzelkontakt

1.1   Initialen eines durchschnittlichen Schülers:

1.2   Beschreiben Sie als Beobachterin das unangemessene Verhalten des Schülers:

1.3   Die Lehrerin führt ihre normalen disziplinarischen Interventionen durch.

   Wie oft hat sie dies gemacht? (Zum Beispiel alle ... Sekunden oder Minuten)

   Wie lange blieb der Schüler an der Arbeit?

1.4   Nun wechselt die Lehrerin und übt die Technik der positiven Verstärkung. Zu Beginn führt sie ihre normale disziplinarische Intervention durch. Danach, während der Schüler noch AN seiner Arbeit ist, lobt sie ihn für angemessenes Verhalten.

   Wie wußte die Lehrerin, daß sie so lange warten konnte, wie sie es tat? Mit anderen Worten: Was waren die Indikatoren dafür, daß der Schüler noch AN der Arbeit war, aber die Konzentration auf die Aufgabe zu Ende ging?

   Worin bestand das Lob oder die positive Verstärkung seitens der Lehrerin? Denken Sie daran, daß nonverbale Verstärkungen manchmal besser sind als verbale:

1.5   Beschreiben Sie kurz die Ergebnisse. Achten Sie besonders darauf, ob der Schüler nun länger AN seiner Arbeit blieb.

2.1   Initialen eines weiteren durchschnittlichen Schülers:

2.2   Beschreiben Sie als Beobachterin das unangemessene Verhalten des Schülers:

Lehrer/in:
Beobachter/in: Positive Verstärkung: Einzelkontakt

2.3 Die Lehrerin führt ihre normalen disziplinarischen Interventionen durch.

   Wie oft hat sie dies gemacht? (Zum Beispiel alle ... Sekunden oder Minuten)

   Wie lange blieb der Schüler an der Arbeit?

2.4 Nun wechselt die Lehrerin und übt die Technik der positiven Verstärkung. Zu Beginn führt sie ihre normale disziplinarische Intervention durch. Danach, während der Schüler noch AN seiner Arbeit ist, lobt sie ihn für angemessenes Verhalten.

   Wie wußte die Lehrerin, daß sie so lange warten konnte, wie sie es tat? Mit anderen Worten: Was waren die Indikatoren dafür, daß der Schüler noch AN der Arbeit war, aber die Konzentration auf die Aufgabe zu Ende ging?

   Worin bestand das Lob oder die positive Verstärkung seitens der Lehrerin? Denken Sie daran, daß nonverbale Verstärkungen manchmal besser sind als verbale:

2.5 Beschreiben Sie kurz die Ergebnisse. Achten Sie besonders darauf, ob der Schüler nun länger AN seiner Arbeit blieb.

Lehrer/in:
Beobachter/in:

Positive Verstärkung: Gruppenfeedback

Die Stillarbeit ist dann am produktivsten, wenn die Schüler sowohl AN der Arbeit als auch entspannt sind. Wenn einige Schüler sich anders als angemessen verhalten, muß die Lehrerin ihnen Rückmeldung darüber geben, was sie von der Klasse erwartet und wie sie sich im Vergleich zu diesen Erwartungen gerade verhalten. Wenn die Lehrerin dieses Feedback mündlich gibt, macht sie sich zum „Verkehrspolizisten". Wenn sie Verkehrspolizist spielt, muß sie meist sichtbar anwesend bleiben und kann folglich anderen Schülern nicht helfen. Mag sein, daß die Polizistenrolle vielleicht die Produktivität der Klasse erhöht, aber die Lehrerin hat damit den *Machtansatz* benutzt. Das bedeutet unter anderem, daß die Schüler nicht entspannt sind. Die Lehrerin hat außerdem die Wahrscheinlichkeit erhöht, daß die Schüler denken, sie sollten *für die Lehrerin* arbeiten, statt daß sie *selbstmotiviert* sind.

In dem Abschnitt *Positive Verstärkung: Einzelkontakt* wurde das uralte Konzept „Fang sie, wenn sie's richtig machen" für individuelle Situationen untersucht. Wenn die Lehrerin es hier anwendet, sollte sie allen Schülern gemeinsam positives Lob geben, während sie gerade noch bei der Arbeit sind, aber schon beginnen, sich wieder auszublenden. Gleichzeitig sollte sie den *Einflußansatz* verwenden. Diese Methode hat viele positive Auswirkungen: Die Schüler denken, daß sie sich selbst motivieren; die Lehrerin kann weiterhin Schülern im Einzelkontakt helfen, und die Schüler sind entspannt. Die Lehrerin kann es erreichen, Feedback im stillen mit visuellen (nonverbalen) Signalen zu geben. Die Beispiele, die dafür in Kapitel 5 gegeben werden, funktionieren bis zum vierten Schuljahr gut und müssen für die mittleren Klassenstufen ein wenig, für die Sekundarstufe II stark modifiziert werden.

Die Lehrerin hat einen Plan entworfen, wie sie der Klasse visuelles Feedback geben kann, um das Verhalten zu verstärken, daß sie von der Klasse haben möchte. Als Beobachterin geben Sie Ihrer Kollegin bitte Feedback zu folgenden Punkten:

1. Beschreiben Sie das visuelle Feedbacksystem der Lehrerin:

2. Beschreiben Sie, wie die Lehrerin es einsetzt:

3. Beschreiben Sie die Auswirkungen auf die Klasse und die Vorteile:

Lehrer/in:
Beobachter/in:

Eins, zwei, drei – dann ist der Lehrer frei

Wir wissen, daß die produktivste Umgebung bei der Stillarbeit eine „visuelle" Atmosphäre und ein Management ist, das mit einem Maximum an nonverbaler Kommunikation arbeitet. Alles beginnt damit, daß die Anweisungen (visuell) an die Tafel geschrieben werden. Wir wissen auch, daß die Stillarbeit die Zeit ist, in der die Lehrerin individuell mit den Schülern arbeiten kann. Die nun folgende Fertigkeit zielt darauf ab, die Unabhängigkeit der Schüler bei ihrer Arbeit zu verstärken. Je selbständiger sie arbeiten, desto mehr Zeit hat die Lehrerin, anderen Schülern zu helfen. Diese Fertigkeit wurde für Schüler von der Vorschule bis zur fünften Klasse entwickelt.

Die Lehrerin trifft sich mit einer Kollegin, die sie beobachten wird. Sie zeigt ihr das Poster „Eins, zwei, drei – dann ist der Lehrer frei", das sie heute mit bestimmten Verfeinerungen einsetzen möchte, zu denen sie Rückmeldung wünscht.

1. Auf dem Poster steht:

2. Details, zu denen die zu beobachtende Lehrerin spezielle Rückmeldung haben möchte (zum Beispiel in bezug auf einen bestimmten Schüler):

3. Hat die Lehrerin nonverbale Handsignale in bezug auf das Poster gegeben? Achten Sie beim nachfolgenden Skizzieren Ihrer Beobachtungen vor allem auf folgende Punkte:

3.1 Wurde das nonverbale Signal langsam und ohne Wertung gegeben?

3.2 Wurde der Prozeß so durchgeführt, daß der Schüler, mit dem die Lehrerin gerade arbeitete, nur minimal unterbrochen wurde, als der andere auf sie zukam? Das ist deswegen so wichtig, weil es sein kann, daß ein Schüler so „kontakthungrig" ist, daß er sogar bereit ist, sich in Schwierigkeiten zu bringen, nur, um Kontakt zu haben.

3.3 Kam irgendein Schüler mit einem nonverbalen Signal (zum Beispiel: drei Finger zeigen), um anzuzeigen, daß er die „1,2,3 ..." gemacht hatte und daß es angemessen war, die Lehrerin um Hilfe zu bitten? Hat die Lehrerin die Interaktion mit dem Schüler, mit dem sie gerade noch arbeitete, respektvoll beendet, bevor sie sich dem zweiten Schüler mit ihrer Aufmerksamkeit zuwandte?

Lehrer/in:
Beobachter/in:

Phantomhand

Wir wissen, daß kinästhetische Schüler sich oft so verhalten, als bräuchten sie die permanente Anwesenheit der Lehrerin, um bei der Stillarbeit ihre Aufgaben zu machen. So sehr der Schüler sich auch individuelle „Papstvisiten" wünschen mag, muß die Lehrerin ja auch noch alle anderen Schüler unterstützen und sie im Auge behalten. Es stellt sich die Frage: Wie kann die Lehrerin aus der Entfernung (auf positive Weise) gegenwärtig sein?

Um diese Frage zu beantworten, nehmen wir an, daß sowohl die Lehrerin als auch die beobachtende Kollegin mit dem *Einflußansatz* vertraut sind; daher wissen Sie als Beobachterin um die Wichtigkeit und können erkennen, wann die Lehrerin auf einen Schüler zugeht, während dieser AN der Arbeit ist, so daß die Gegenwart der Lehrerin als „positiver Kontakt" erlebt wird. Der folgende Bogen wurde entwickelt, damit die Beobachterin der Lehrerin Rückmeldung zu ihrer Fähigkeit geben kann, einen Schüler in diesem positiven Kontakt zu *lassen*, so daß er *ihre Gegenwart noch spürt*, selbst wenn die Lehrerin schon weggegangen ist. Da diese Wahrnehmungsfertigkeit sehr anspruchsvoll ist, sollten Sie als Beobachterin das entsprechende *Arbeitsblatt* zur *Phantomhand* geübt haben. Dadurch wird sichergestellt, daß Sie die folgenden vier Bestandteile der *Phantomhand* mit einer Kollegin im Rollenspiel simuliert haben und mit Schülern ihrer eigenen Klasse anwenden:

- Berührung verstärken, • Berührung abschwächen, • Abheben, • Weggehen

Die Lehrerin wird es so einrichten, daß die Beobachterin ihren Besuch während einer Phase von Stillarbeit machen kann.

1. Initialen des ersten Schülers:

1.1 Beschreibung, wie die Lehrerin diesen Schüler vom AUS-Sein wieder AN die Arbeit brachte:

1.2 Halten Sie fest, ob die Lehrerin ihren Oberkörper und besonders ihre Füße *stillhielt*, als sie *auf die Arbeit des Schülers schaute*:

1.3 Halten Sie fest, ob die Lehrerin folgendes gemacht hat (vielleicht können Sie einige Punkte nur erahnen):

>BERÜHRUNG VERSTÄRKEN
>
>Auflegen der flachen Hand mit ausgebreiteten Fingern
>
>anfängliche Verstärkung
>
>zusätzliche Verstärkung
>
>BERÜHRUNG VERMINDERN
>
>Vermindern des Kontaktniveaus von der „zusätzlichen Verstärkung" zur „anfänglichen Verstärkung"
>
>Kontaktniveau vermindern von der „anfänglichen Verstärkung" zur „aufgelegten Hand"
>
>*g a n z   a l l m ä h l i c h* den Kontakt zu einer ganz leichten Berührung vermindern

Lehrer/in:
Beobachter/in: Phantomhand

ABHEBEN

ganz allmählich die Hand mit der ganz leichten Berührung bis zu einem Zentimeter vom Kontaktpunkt abheben

ganz allmählich die Hand von einem Zentimeter bis zu circa dreißig Zentimeter vom Kontaktpunkt abheben

ganz allmählich die Hand zur Seite nehmen

WEGGEHEN

langsam vom Schüler weggehen, so daß er die Lehrerin nicht sehen kann.

Beschreibung der Ergebnisse von 1.1 bis 1.3 (zum Beispiel: Wie lange blieb der Schüler bei seiner Aufgabe?):

2. Initialen des zweiten Schülers:
2.1 Beschreibung, wie die Lehrerin diesen Schüler vom AUS-Sein wieder AN die Arbeit brachte:

2.1 Halten Sie fest, ob die Lehrerin ihren Oberkörper und besonders ihre Füße *stillhielt*, als sie *auf die Arbeit des Schülers schaute*:

2.3 Halten Sie fest, ob die Lehrerin folgendes gemacht hat (vielleicht können Sie einige Punkte nur erahnen):

BERÜHRUNG VERSTÄRKEN

Auflegen der flachen Hand mit ausgebreiteten Fingern

anfängliche Verstärkung

zusätzliche Verstärkung

BERÜHRUNG VERMINDERN

Vermindern des Kontaktniveaus von der „zusätzlichen Verstärkung" zur „anfänglichen Verstärkung"

Kontaktniveau vermindern von der „anfänglichen Verstärkung" zur „aufgelegten Hand"

ganz allmählich den Kontakt zu einer ganz leichten Berührung vermindern

ABHEBEN

ganz allmählich die Hand mit der ganz leichten Berührung bis zu einem Zentimeter vom Kontaktpunkt abheben

ganz allmählich die Hand von einem Zentimeter bis zu circa dreißig Zentimeter vom Kontaktpunkt abheben

Michael Grinder: *Ohne viele Worte* (VAK)

Lehrer/in:
Beobachter/in:

Phantomhand

g a n z   a l l m ä h l i c h die Hand zur Seite nehmen

WEGGEHEN

l a n g s a m vom Schüler weggehen, so daß er die Lehrerin nicht sehen kann.

Beschreibung der Ergebnisse von 1.1 bis 1.3 (zum Beispiel: Wie lange blieb der Schüler bei seiner Aufgabe?):

Freiwillige Übung:

Die Lehrerin möchte vielleicht einmal die weniger effektive Berührung ausprobieren und Sie um Feedback bitten, welche Wirkung dieser Kontakt auf den Schüler hat. Um die Testvariablen wirklich zu isolieren, macht die Lehrerin zu Beginn die empfohlene Art und Weise (Nummern 1 bis 4 unten) und dann eine der nicht empfohlenen Vorgehensweisen. Die Lehrerin wird ...

    a) indirekt auf den Schüler zugehen und ihn AN die Arbeit bringen,

    b) die „aufgelegte Hand",

    c) die „anfängliche Verstärkung" des Kontaktes und

    d) die „zusätzliche Verstärkung" des Kontaktes durchführen.

Dann macht die Lehrerin den Ansatz, der nicht empfohlen wird: Sie bricht die Berührung einfach ab. Das kann auf folgende Art geschehen:

- Die Lehrerin klopft dem Schüler auf den Rücken, bewegt dabei ihre Füße und geht weg. Wir nennen das „Bäuerchen machen".
- Die Lehrerin streicht dem Schüler über den Rücken oder läßt ihre Hand über den Rücken weggleiten. Wir nennen letzteres „Abwischen" des Kontaktpunktes.
- Die Lehrerin bewegt ihre Füße, während sie die Hand vom Kontaktpunkt wegnimmt.

3. Initialen eines der beiden oben beobachteten marginalen Schüler:

Halten Sie als Beobachterin bitte fest, welche der folgenden „weniger effektiven" Formen die Lehrerin anwandte:

    „Bäuerchen machen"

    „Abwischen"

    Gleichzeitiges Loslassen der Hand und Weggehen

Beschreiben Sie die Ergebnisse, zum Beispiel: Wie lange blieb der Schüler bei der Aufgabe im Vergleich zur Anwendung der empfohlenen Form?

Kapitel 11

Das letzte Kapitel

Viele Leser sind so klug, die Güte eines Buches zu überprüfen, indem sie zuerst „das letzte Kapitel" lesen. Dies gibt ihnen eine Zusammenfassung des Wesentlichen: Worum geht es hier, und inwieweit spricht mich das an? Der letzte Abschnitt ist normalerweise der Höhepunkt des Ganzen – so meint man und denkt dabei in der Regel an eher theoretische Arbeiten. *Ohne viele Worte* allerdings ist kein Buch, in dem es um „Wissen" geht – hier geht es ums „Tun". Wenn Sie also diese Seite aufgeschlagen haben, um – wie mein studierender Sohn sagen würde – „das Wesentliche unter die Lupe zu nehmen", dann sollten Sie jetzt Kapitel 1 aufschlagen: *Die sieben Schätze*.

Mäusequiz

Dies war eines der kurzfristigeren Beispiele: Der Kugelschreiber wurde 1945 auf den Markt gebracht – sieben Jahre nach seiner Erfindung.

Hybridmais wurde erstmals 1908 gezüchtet.
Wann wurde er schließlich verbreitet?

(Ich glaube, Sie müssen nun wirklich Geduld haben und auf die Fortsetzung von *Ohne viele Worte* warten ...)

ANHANG

1. Checklisten zum Überblick über die Kapitel

Die Checklisten zum Überblick sollten nach Abschluß der Bearbeitung der Arbeitsblätter und der Beobachtungsbögen verwendet werden. Sie bieten eine ganzheitliche Zusammenschau aller Fertigkeiten *ohne viele Worte*. Sie sind in der dritten Person geschrieben und können sowohl vom Lehrer selbst als auch vom Beobachter oder von einem Vorgesetzten eingesetzt werden. Nicht alle aufgelisteten Punkte sind für jede Stunde relevant; auch passen sie nicht zu jedem Inhalt, jeder Klassenstufe oder jedem individuellen Lehrstil.

Die Checklisten sind wie folgt angelegt: Die Checkliste zu Kapitel 1 kann dazu dienen, sich eine ganze Unterrichtsstunde mit allen vier Unterrichtsphasen prüfend vor Augen zu führen; die sieben Fertigkeiten in Kapitel 1 sind bei weitem die wichtigsten Kompetenzen. Die vier Phasen einer Stunde werden in den Kapiteln 2 bis 5 in feineren Details besprochen. Die Fertigkeiten aus Kapitel 1 tauchen in Kapitel 2 bis 5 nochmals auf, bezogen auf die jeweilige Unterrichtsphase.

Da wir den abwechselnden Gebrauch des männlichen und weiblichen Genus beibehalten wollen, werden bei den Phasen *Aufmerksamkeit gewinnen* und *Übergang zur Stillarbeit* die männliche Form für „den Lehrer" und die weibliche Form für „die Schülerin" verwendet. Entsprechend werden in den Phasen *Unterricht* und *Stillarbeit* die weibliche Form für „die Lehrerin" benutzt und die männliche Form für „den Schüler".

Checkliste zu Kapitel 1: Die sieben Schätze

Wenn Sie einen Überblick über eine ganze Stunde bekommen möchten, sind die *sieben Schätze* in Kapitel 1 ideal. Haken Sie bitte die Punkte ab, sobald Sie durchgeführt wurden. Merken Sie an, wo das erforderlich oder zutreffend ist: nicht passend, irrelevant, unrealisierbar. Nutzen Sie den Raum für „Kommentare", um genauere Einzelheiten festzuhalten. Unsere Vorannahme ist, daß spezifiziertes, detailliertes Feedback bedeutungsvoll und konstruktiv ist; abstrakte und verallgemeinernde Kommentare sind zu sehr bewertend und zu vage, als daß sie dem Lehrer ermöglichen würden, das Feedback zu integrieren.

A Aufmerksamkeit gewinnen

Körperhaltung einfrieren:

Hat der Lehrer seinen Körper ruhig gehalten?

Lauter (Pause) Flüstern

War die Stimme des Lehrers lauter als die Klassenlautstärke?

Machte der Lehrer eine P a u s e, nachdem die Klasse aufmerksam geworden war?

fakultativ: Wurde der Lehrer schrittweise leiser, als die Klasse sich allmählich beruhigte?

Ging der Lehrer nach der P a u s e direkt zum Flüstern über?

Kommentare:

B Unterrichten

Melden oder Zurufen:

„Der sicherste Weg": Setzte die Lehrerin beim Einführen der folgenden Formen sowohl verbale als auch nonverbale Signale ein?

Lehrervortrag

Melden

Zurufen

„Die bessere Taktik": Ließ die Lehrerin schließlich das verbale weg und setzte nur noch das nonverbale Signal ein?

„Die optimale Technik": Wenn die Schüler auf die nonverbalen Signale der Lehrerin reagierten, ließ die Lehrerin nach dem Weglassen der verbalen schließlich auch die nonverbale Ebene weg und verließ sich auf den Impuls?

„Achtsam sein, wenn ...": Falls die Lehrerin von einer Form (zum Beispiel *Zurufen*) zu einer in der Tabelle links davon stehenden Form wechselte (zum Beispiel *Melden*), sprach sie dann leiser und hielt ihren Körper ruhig?

Checkliste zu Kapitel 1

Kommentare:

C   Übergang zur Stillarbeit

Anweisungen zur Überleitung:

Stellte der Lehrer seine Anweisungen für die Stillarbeit oder die Hausaufgaben visuell dar?

Zeigte und las der Lehrer folgende Punkte:

>Welche Aufgaben zu tun waren?
>
>Wie sie gemacht werden sollten?
>
>Bis wann?
>
>Wo sie hingetan werden sollten, wenn sie fertig waren?
>
>Was die Schüler tun sollten, wenn sie alles fertig hatten?

„Nonverbale Signale": Benutzte der Lehrer systematisch immer den gleichen Platz auf der Tafel und die gleiche Farbe der Kreide, um deutlich zu machen, welche Informationen zu welchen Anweisungen gehörten?

„Schilder": Hatte der Lehrer einen Teil der Information oder die gesamte Information auf Folienschilder geschrieben?

Die wichtigsten 20 Sekunden:

Las der Lehrer die visuellen *Anweisungen zur Überleitung* vor?

Fragte der Lehrer, ob es Nachfragen gebe, und schrieb er gegebenenfalls zusätzliche Informationen an?

Forderte der Lehrer die Schüler mündlich auf anzufangen?

Stand der Lehrer 20 Sekunden still?

Setzte der Lehrer nonverbale Signale ein, um den Schülern, die innerhalb der 20 Sekunden um Hilfe baten, anzuzeigen, daß er ihnen in einer Sekunde helfen würde?

Ging der Lehrer langsam zu den einzelnen Schülern hin?

Kommentare:

D Stillarbeit

AUS/Neutral/AN:

Ging die Lehrerin *langsam*, wenn Sie sich einem Schüler näherte, der leicht abgelenkt war?

Blieb die Lehrerin stehen, bis der Schüler zweimal geatmet hatte, als er vom AUS-geschalteten zum neutralen Zustand und dann AN die Arbeit ging?

Ging die Lehrerin auf eine solche Weise vom Schüler weg, daß er sie nicht sehen konnte?

Einflußansatz:

Näherte die Lehrerin sich, ohne Blickkontakt aufzunehmen, einem Schüler, der leicht abgelenkt war?

Hielt sie inne, als der Schüler vom AUS-geschalteten in den Neutralzustand kam?

Hielt die Lehrerin den betreffenden Schüler zumindest peripher im Blick, und stand sie in seinem Blickfeld?

Falls der Schüler in einem neutralen mentalen Zustand war und sich vom neutralen Zustand wieder AUS-schaltete: ging die Lehrerin näher auf ihn zu, und – wenn angemessen – setzte sie einige Aspekte des *Machtansatzes* ein?

Falls der Schüler in einem neutralen mentalen Zustand war und vom neutralen Zustand AN die Arbeit ging, wartete die Lehrerin, bis der Schüler zwei Atemzüge genommen hatte, bevor sie an seine Seite ging und eine Form von „positivem Kontakt" aufnahm?

Kommentare:

Checkliste zu Kapitel 2: Aufmerksamkeit gewinnen

Körperhaltung einfrieren:

Hielt der Lehrer seinen Körper still? – Kommentare:

Lauter   (Pause)   Flüstern

War die Stimme des Lehrers lauter als die Klassenlautstärke?

Machte der Lehrer eine P a u s e, nachdem die Klasse aufmerksam geworden war?

fakultativ: Wurde der Lehrer schrittweise leiser, als die Klasse sich allmählich beruhigte?

Ging der Lehrer nach der P a u s e direkt zum Flüstern über?

Kommentare:

Körperhaltung einfrieren: Verfeinerungen:

Stand der Lehrer vorne im Klassenraum, als er die Schüler um Aufmerksamkeit bat?

Waren seine Füße parallel, die Zehen nach vorn?

War das Gewicht des Lehrers auf beide Füße gleich verteilt?

Sprach der Lehrer nur kurze Sätze, als er um Aufmerksamkeit bat?

Kommentare:

Eröffnung mit visuellen Anweisungen:

Hatte der Lehrer eine inhaltliche Aufwärmübung an der Tafel?

Waren die Schüler insgesamt in der Lage, sich an der Aktivität zu beteiligen, so daß Sie annehmen konnten, daß die Aufwärmübung im Rahmen ihrer Fähigkeiten lag?

Nutzte der Lehrer die Tafel, um anzuschreiben, welche Unterlagen und Materialien herausgenommen werden und bereitliegen sollten?

Begrüßte der Lehrer die Klasse und lenkte er die Aufmerksamkeit der Schüler nonverbal auf die Instruktionen an der Tafel? [Dies gilt vorwiegend für Fachlehrer, die in ihrem Klassenraum bleiben, während die Schüler „wandern". Anmerkung der Übersetzerin]

Setzte der Lehrer Poster und Folienschilder ein?

„Unter Zeitdruck" – Vorgehen im Notfall:

Der Lehrer war noch nicht bereit zum Unterrichten, oder er übte eine solche Situation, indem er so tat, als sei er noch nicht soweit. – Schrieb der Lehrer in beiden Fällen die Anweisungen oder Instruktionen an die Tafel, als die Schüler in die Klasse kamen?

Nachdem die Instruktionen an der Tafel standen, bat der Lehrer um Aufmerksamkeit. Hielt er dabei seine Füße still, und machte er nach der ersten Bemerkung (die nur ein wenig lauter war als die kollektive Klassenlautstärke) eine Pause?

Kommentare:

Unvollständige Sätze:

Entweder war es ein rechtshemisphärischer Tag, oder der Lehrer übte diese Fertigkeit für einen solchen. – Hielt der Lehrer mitten im Satz überraschend inne? (Am effektivsten ist es mitten im Wort.)

War die Stimme des Lehrer nahe an der Gesamtlautstärke der Klasse oder etwas lauter?

Hielt der Lehrer seinen Körper während des Satzes und der kurzen Pause, die auf den unvollständigen Satz folgte, still?

Bewegte der Lehrer seinen Körper und atmete tief durch, als er die kurze Pause nach dem *unvollständigen Satz* beendet hatte?

Sprach der Lehrer nach der Pause mit einer Flüsterstimme und langsamer, als er den Satz in seiner gesamten Länge sagte?

Kommentare:

Positive Kommentare:

Gab der Lehrer positive Kommentare, um angemessene Verhaltensweisen zu verstärken?

Gab der Lehrer die positiven Kommentare, indem er einzelne Schüler lobte, so daß sie für andere zu Vorbildern werden konnten?

Gab der Lehrer positive Kommentare, indem er die Gesamtgruppe lobte, um erwünschte Verhaltensweisen zu verstärken?

Verhielt sich der Lehrer so, als habe er starken Rapport, indem er das Wort „ich" benutzte? (Beispiele: „Ich finde es ganz toll, daß ..." oder „Es gefällt mir, wie du ...")

Kommentare:

Entgiften des Klassenzimmers:

Aufgrund der besonderen Eigenart dieser Fertigkeit enthält die Checkliste Punkte, die sich auf zwei Aktivitäten beziehen, die über das normale Unterrichten hinausgehen: Disziplinieren und eine weitere Aktivität.

Wenn die Klasse diszipliniert wurde:

Ließ der Lehrer die folgenden nonverbalen Attribute des „Unterrichtens" vorn im Raum zurück, als er zu seinem festen Platz für die „Klassendisziplinierung" ging:

 Kreide

 Bücher und Unterlagen

 Gesichtsausdruck, Stimme und Körperhaltung, die mit Unterrichten assoziiert sind

 Overheadprojektor war ausgeschaltet

Als der Lehrer auf dem Platz für „Klassendisziplin" angelangt war, trennte er *Aufmerksamkeit gewinnen* von der Botschaft, die er zu sagen hatte?

Ging der Lehrer zu seinem Platz für Unterrichten zurück, und nahm er wieder den Gesichtsausdruck, die Stimme, Körperhaltung und seine übrige nonverbale Kommunikation (Kreide, Bücher, Papiere usw.) auf?

Wenn der Lehrer eine andere Aktivität durchführte als „normales Unterrichten":

Ging der Lehrer zu einem Platz im Raum, an dem er normalerweise nicht unterrichtet?

Zeigte der Lehrer gewisse Aspekte von nonverbaler Kommunikation, die anders waren, als beim „normalen Unterrichten", wie zum Beispiel einen anderen Gesichtsausdruck, eine andere Stimme, Körperhaltung oder den Einsatz von Requisiten?

Ging der Lehrer zu seinem normalen Unterrichtsort zurück und nahm wieder den Gesichtsausdruck, die Stimme, die Körperhaltung und andere Aspekte der nonverbalen Kommunikation auf, die mit normalem Unterrichten assoziiert sind?

Kommentare:

Checkliste zu Kapitel 2

Unterbrechen & Atmen:

Haken Sie bitte ab, bei welcher der folgenden Situationen die Techniken von *Unterbrechen & Atmen* eingesetzt wurden:

    Gruppendisziplinierung

    Einzeldisziplinierung

    Strenger, unvollständiger Satz

    Schreien im Notfall

Veränderte der Lehrer am Ende einer der genannten Situationen gleichzeitig seine Körperhaltung und atmete tief durch?

Arbeitete der Lehrer dann mit Amnesie in bezug auf den Vorfall, der gerade passiert war? Mit anderen Worten, wurden keine Bezüge mehr zu dem Vorfall hergestellt? (Zum Beispiel: „Machen wir weiter ...")

Nahm der Lehrer die verbale und nonverbale Kommunikation, die mit der neuen Aktivität assoziiert war, wieder auf, und unterschied sich die neue Kommunikation von der, die während des Vorfalls zu beobachten war?

Kommentare:

Gelbe Ampel:

Die Schüler arbeiteten selbständig. Sie waren nicht auf den Lehrer konzentriert ...

    Machte der Lehrer eine Ansage, die den Schülern signalisierte, daß es allmählich Zeit würde, ihre Aufmerksamkeit wieder auf den Lehrer zu richten?

    Erlaubte die Lautstärke des Lehrers den Schülern, sich weiterhin auf ihre Arbeit zu konzentrieren?

    Wiederholte der Lehrer die Ansage?

    Wenn er sie wiederholte: Sprach er die letzten Wörter langsam, leise und langgezogen?

Der Lehrer war dann in der „interaktiven Phase" der Stunde und wollte den Schülern signalisieren, daß es gleich Zeit sei, wieder zum „Lehrervortrag" zu wechseln ...

    Machte der Lehrer eine Ansage, die den Schülern bedeutete, wie viele weitere Meldungen er noch annehmen würde?

    Erlaubte die Lautstärke des Lehrers den Schülern, sich weiterhin auf ihre Arbeit zu konzentrieren?

Kommentare:

Checkliste zu Kapitel 3: Unterrichten

Melden oder Zurufen:

„Der sicherste Weg": Setzte die Lehrerin beim Einführen der folgenden Verfahrensweisen oder Unterrichtsformen sowohl verbale als auch nonverbale Signale ein?

> *Lehrervortrag*
>
> *Melden*
>
> *Zurufen*

„Die bessere Taktik": Wenn die Lehrerin einige Zeit in dieser Form war: Ließ sie schließlich das verbale weg und setzte nur noch das nonverbale Signal ein?

„Die optimale Technik": Wenn die Lehrerin lange genug in derselben Form war, ließ sie nach dem Weglassen der verbalen Ebene schließlich auch die nonverbale Ebene weg und konnte sich auf den Impuls verlassen?

„Achtsam sein, wenn ...": Falls die Lehrerin von einer Form (zum Beispiel *Zurufen*) zu einer in der Tabelle links davon stehenden Form wechselte (zum Beispiel *Melden*), sprach sie dann leiser und hielt ihren Körper ruhig?

Kommentare:

Melden oder Zurufen: Verfeinerungen:

Wenn das Interesse am Inhalt groß war:

> Nannte die Lehrerin erst die gewünschte Verfahrensweise, bevor sie die Inhaltsfrage stellte?
>
> Welche Verfahrensweise sagte sie an?
>
>> Meldet euch
>>
>> Einer wird aufgerufen
>>
>> Zurufen
>>
>> Meldet euch und sagt die Antwort dann zusammen
>>
>> Eine andere Verfahrensweise:

Wenn das Interesse am Inhalt gering war:

> Stellte die Lehrerin zuerst die Inhaltsfrage, bevor sie die Verfahrensweise ansagte?
>
> Welche Verfahrensweise sagte sie an?
>
>> Meldet euch
>>
>> Einer wird aufgerufen
>>
>> Zurufen
>>
>> Meldet euch und sagt die Antwort dann zusammen
>>
>> Eine andere Verfahrensweise:

Kommentare:

Mehr nonverbale Signale:

Die Lehrerin setzte die neuen, auf den Inhalt bezogenen nonverbalen Signale ein.
Signal: Bedeutung:

Die Lehrerin setzte die neuen disziplinarischen nonverbalen Signale ein.
Signal: Bedeutung:

Kommentare:

Überlappen:

Sagte die Lehrerin vor dem Ende der einen Aktivität die nächste an? Machten sich die Schüler bereit für die nächste Aktivität, und die Lehrerin beendete dann die vorherige?

Wurden einige oder alle Anweisungen für die folgende Aktivität visuell gezeigt?

Könnte man einige oder alle Anweisungen auf Schilder bringen?

Kommentare: (Untersuchen Sie mit der Lehrerin, ob die Überlappungstechnik, die sie heute angewandt hat, dazu führte, daß die Schüler effektiver AN ihrer Arbeit blieben, als wenn sie das Überlappen nicht eingesetzt hätte.)

Verbaler Rapport mit „schwer erreichbaren" Schülern:

Kennt die Lehrerin mindestens zwei Themen, an denen der Schüler großes Interesse hat?

Streute die Lehrerin eines der für den Schüler hochinteressanten Themen ein, als der Schüler begann, sich auszublenden?

Bemerkte die Lehrerin, wie der Schüler in ihre Richtung schaute, und wandte sie sich dann vom Schüler ab?

Konzentrierte sich der Schüler weiterhin auf die Lehrerin?

Kommentare:

Aktivierende Wörter zuletzt:

Gab die Lehrerin mehrere Anweisungen und nannte dabei die *aktivierenden Wörter* am Ende?

Gab die Lehrerin mehrere Anweisungen und setzte dabei eine „Stop"-Geste ein, bevor sie die *aktivierenden Wörter* nannte?

Zeigte die Lehrerin die spezifische Information visuell?

Kommentare:

Checkliste zu Kapitel 4: Übergang zur Stillarbeit

Anweisungen zur Überleitung:

Stellte der Lehrer seine Instruktionen für die Stillarbeit oder die Hausaufgaben visuell dar?

Zeigte und las der Lehrer folgende Punkte:

- Welche Aufgaben zu tun waren?
- Wie sie gemacht werden sollten?
- Bis wann?
- Wo sie hingetan werden sollten, wenn sie fertig waren?
- Was die Schüler tun sollten, wenn sie alles fertig hatten?

„Nonverbale Signale": Benutzte der Lehrer systematisch immer den gleichen Platz auf der Tafel und die gleiche farbige Kreide, um deutlich zu machen, welche Informationen die *Anweisungen zur Überleitung* waren?

Schilder: Hatte der Lehrer einen Teil der Information oder die gesamte Information auf Folienschilder geschrieben?

Kommentare:

Die wichtigsten 20 Sekunden:

Las der Lehrer die visuellen *Anweisungen zur Überleitung* vor?

Fragte der Lehrer, ob es Nachfragen gab, und schrieb er eventuelle zusätzliche Informationen an?

Forderte der Lehrer die Schüler mündlich auf anzufangen?

Stand der Lehrer 20 Sekunden still?

Setzte der Lehrer nonverbale Signale ein, um den Schülern, die innerhalb der 20 Sekunden um Hilfe baten, anzuzeigen, daß er ihnen in einer Sekunde helfen würde?

Ging der Lehrer langsam zu den einzelnen Schülern hin?

Kommentare:

Anweisungen zur Überleitung: Verfeinerungen:

Still hinzeigen:

> Wenn eine Schülerin den Lehrer fragte, was sie als nächstes tun sollte, zeigte der Lehrer still auf die Information, die schon an der Tafel stand?

> Vermied oder verringerte der Lehrer den Blickkontakt mit der Schülerin, als er schweigend auf die Information an der Tafel zeigte?

Nachfragen:

> Wenn Schüler um Informationen baten, die nicht an der Tafel standen, schrieb der Lehrer diese dann zusätzlich zur verbalen Beantwortung an die Tafel?

Graphische Darstellungen:

> Verwendete der Lehrer graphische Darstellungen, um rechtshemisphärisch orientierten Schülern zu helfen, die *Anweisungen zur Überleitung* zu verstehen, sich zu merken und auszuführen?

Erst versteckt, dann aufgedeckt:

> Hatte der Lehrer die *Anweisungen zur Überleitung* schon vorbereitet und hielt sie noch versteckt? Deckte er sie auf und zeigte sie den Schülern, als er die *Anweisungen zur Überleitung* erklärte?

> Kommentare:

Anweisungen zur Überleitung für Fortgeschrittene:

> Hatte der Lehrer die *Anweisungen zur Überleitung* numeriert?

> Wenn eine Schülerin AUS-geschaltet war, holte sich der Lehrer ihre Aufmerksamkeit mit einem Minimum an Worten?

> Fragte der Lehrer die Schülerin nonverbal, an welcher Aufgabe sie gerade arbeitete?

> Wartete der Lehrer, nachdem die Schülerin geantwortet hatte, so lange, bis sie wieder AN ihre Arbeit ging und zweimal geatmet hatte, bevor er sich wieder seiner vorherigen Beschäftigung zuwandte?

> Blieb die Klasse während dieses Vorgangs AN der Arbeit?

> Kommentare:

Aufrechterhalten der produktiven Atmosphäre: Private Stimme

Sprach der Lehrer mit einer *privaten Stimme*, als er den Schülern bei der Einzelarbeit half?

Kommentare:

Aufrechterhalten der produktiven Atmosphäre: Geschwindigkeit beim Gehen

Ging der Lehrer langsam, so daß die Schüler in der Lage waren, sich während der Stillarbeit zu konzentrieren?

Kommentare:

Aufrechterhalten der produktiven Atmosphäre: 5 SEK.

Wenn der Lehrer innerhalb der Stillarbeit eine Ansage machte, holte er sich die Aufmerksamkeit der Klasse, indem er mit seiner Stimme etwas lauter als die Gesamtlautstärke war?

Zog der Lehrer am Ende der Ansage die letzten Worte zur Betonung in die Länge?

Machte der Lehrer am Ende der Ansage eine Pause?

Stellte sich der Lehrer nach jedem zweiten oder dritten Schüler, dem er geholfen hatte, aufrecht hin, schaute durch die Klasse und atmete durch?

Stand der Lehrer den Schülern *gegenüber*, als er aufrecht stand, atmete und durch die Klasse schaute?

Signalisierte der Lehrer nonverbal der nächsten Schülerin, daß er ihr in einer Minute helfen würde?

Kommentare:

Checkliste zu Kapitel 5: Stillarbeit

AUS/Neutral/AN:

Ging die Lehrerin *langsam*, wenn Sie sich einem Schüler näherte, der leicht abgelenkt war?

Blieb die Lehrerin stehen, während der Schüler zweimal atmete und vom AUS-geschalteten zum neutralen Zustand und dann AN die Arbeit ging?

Ging die Lehrerin auf eine solche Weise vom Schüler weg, daß er sie nicht sehen konnte?

Kommentare:

Einflußansatz:

Näherte sich die Lehrerin dem leicht abgelenkten Schüler, ohne Blickkontakt aufzunehmen?

Hielt sie inne, als der Schüler vom AUS-geschalteten in den Neutralzustand kam?

Behielt die Lehrerin den betreffenden Schüler zumindest peripher im Blick, und stand sie in seinem Blickfeld?

Falls der Schüler in einem neutralen mentalen Zustand war und sich vom neutralen Zustand wieder AUS-schaltete, ging die Lehrerin näher auf ihn zu, und – wenn angemessen – setzte sie einige Elemente des *Machtansatzes* ein?

Falls der Schüler in einem neutralen mentalen Zustand war und vom neutralen Zustand AN die Arbeit ging, wartete die Lehrerin, bis der Schüler zwei Atemzüge genommen hatte, bevor sie an seine Seite ging und eine Form von „positivem Kontakt" aufnahm?

Kommentare:

Von Macht zu Einfluß:

Der Schüler war mit dem *Einflußansatz* nicht mehr zu erreichen; wandte die Lehrerin daher den *Machtansatz* an?

Haken Sie bitte ab, welche der folgenden Komponenten des *Machtansatzes* von der Lehrerin angewandt wurden:

        Lehrerin ging von vorn auf den Schüler zu

        Lehrerin nahm Blickkontakt auf

        Lehrerin atmete hoch und flach

        Lehrerin stand nahe beim Schüler und berührte ihn vielleicht

        Lehrerin setzte ihre Stimme ein, vielleicht sogar laut

Wechselte die Lehrerin über zum *Einflußansatz*, sobald der Schüler in einem neutralen Zustand war?

Haken Sie bitte ab, welche Komponenten des *Einflußansatzes* die Lehrerin anwandte:

    Lehrerin stand an der Seite des Schülers

    Lehrerin schaute auf die Arbeit auf dem Tisch des Schülers

    Lehrerin atmete tief und ruhig

    Lehrerin kommunizierte entweder nonverbal oder sprach im Flüsterton

Vakuumpause:

Intervenierte die Lehrerin in der *Vakuumpause* des Schülers, so daß der Schüler automatisch in den neutralen mentalen Zustand ging, und war die Lehrerin dadurch in der Lage, unmittelbar zum *Einflußansatz* zu gehen?

Kommentare:

AUS/Neutral/AN-Verfeinerungen:

Hat die Lehrerin einige Schüler den folgenden drei Gruppen zugeordnet?

    Gruppe H = Schüler, denen sie hilft

    Gruppe H & D = Schüler, denen sie hilft, die sie aber auch disziplinieren und wieder an ihre Arbeit führen muß

    Gruppe D = Schüler, die sie meist nur diszipliniert

Punkt-zu-Punkt-Methode:

Setzte die Lehrerin Prioritäten, so daß die gesamte zusätzliche Zeit für die Gruppen H und H & D zur Verfügung stand?

Verbesserte sich das AN-geschaltet-Sein bei den Schülern der Gruppe H & D, denen die Lehrerin half?

Unterschied die Lehrerin bei der Gruppe D zwischen den Schülern, die andere von ihrer Arbeit abhielten, und denen, die AUS-geschaltet waren, aber niemanden störten? Wenn die Lehrerin bei den ersteren intervenierte und die letzteren einfach in Ruhe ließ (außer, wenn sie Zeit für sie hatte), dann hatte sie Prioritäten gesetzt.

Abgang in zwei Stufen:

Wenn ein Schüler mindestens zwei Atemzüge lang AN der Arbeit war, veränderte die Lehrerin dann langsam ihre Position, so daß sie aufrecht neben dem Schüler stand?

Schaute die Lehrerin auf die Arbeit des Schülers, um keinen Wortwechsel zwischen Schüler und Lehrerin entstehen zu lassen?

Ging die Lehrerin langsam und schrittweise vom Schüler nach hinten weg, so daß er sie nicht leicht sehen konnte?

Beobachtete die Lehrerin den Schüler, um sicherzustellen, daß er selbständig AN der Arbeit blieb?

Ging die Lehrerin durch den Raum und behielt den betreffenden Schüler im Auge? Der Zweck der Sache ist, die Entfernung, in der die Lehrerin den Schüler noch beeinflussen und AN der Arbeit halten kann, zu vergrößern. Wenn der anfängliche Kontakt zwischen Lehrerin und Schüler dazu geführt hat, daß der Schüler AN der Arbeit ist, genügt häufig ein Blick von der Lehrerin, daß er weiter AN-bleibt.

Kommentare:

Positive Verstärkung: Einzelkontakt

Führte die Lehrerin einen „marginalen" Schüler AN die Arbeit?

Unterstützte die Lehrerin das AN-geschaltete Verhalten des Schülers, als er noch an der Arbeit war, aber seine Konzentration schon etwas abnahm?

Haken Sie bitte ab, welche der folgenden Verstärkungstechniken eingesetzt wurden:

Verbale Kommunikation

Nonverbale Kommunikation

Verbale und nonverbale Kommunikation

Kommentare:

Positive Verstärkung: Gruppenfeedback

Hat die Lehrerin ein visuelles Feedbacksystem *ohne Worte*, um der Klasse anzuzeigen, wie sie sich gerade verhält?

Setzte die Lehrerin ihr wortloses Feedbacksystem ein, um die Schüler positiv zu verstärken? Mit anderen Worten, lobte die Lehrerin die Klasse, als ihre Konzentration abnahm, und erhöhte dieses gute Timing das AN-geschaltet-Sein der Schüler?

Checkliste zu Kapitel 5

„Eins, zwei, drei – dann ist der Lehrer frei":

Hatte die Lehrerin ein Poster, auf dem das System erklärt war?

Falls ein Schüler sich der Lehrerin näherte, als sie gerade mit einem anderen Schüler arbeitete, nutzte sie das nonverbale Signal, um den herankommenden Schüler zu fragen, ob er die gewünschte Information schon bei den anderen Quellen erfragt hatte?

Nutzte der fragende Schüler selbst das entsprechende nonverbale Signal, um zu zeigen, daß er die anderen Quellen geprüft hatte?

Kommentare:

Phantomhand:

Führte die Lehrerin folgendes durch, als sie mit einem marginalen Schüler arbeitete, der AN seiner Arbeit war:

Hielt sie ihren Körper still, besonders die Füße?

Schaute sie auf die Arbeit des Schülers?

Verstärkte sie die *Berührung* durch ...

    Auflegen der Hand mit ausgebreiteten Fingern

    anfängliche Verstärkung

    zusätzliche Verstärkung?

Verminderte sie die *Berührung* durch ...

    Vermindern des zusätzlichen Drucks bis zu anfänglicher Verstärkung des Kontakts

    Vermindern von der anfänglichen Verstärkung bis zur aufgelegten Hand

    langsames Loslassen der Hand von der aufgelegten Hand bis zur ganz lockeren Berührung?

Hob sie ihre Hand allmählich ab ...

    ... von der lockeren Berührung bis zu einem Zentimeter vom Kontaktpunkt

    ... von einem Zentimeter bis circa dreißig Zentimeter vom Kontaktpunkt

    ... indem sie sie dann allmählich herunter- und an ihre Seite nahm?

Ging sie weg, indem sie ...

    sich langsam entfernte, so daß der Schüler die Lehrerin nicht leicht sehen konnte?

2. Kollegiales Coaching – eine Alternative zur Hospitation

*Nicht mit Macht, nur mit Einfluß können wir Menschen helfen,
ihre eigenen Stärken zu entfalten.*

Ohne viele Worte

Eine Fertigkeit will nicht nur geübt, sondern erst einmal vermittelt sein.

Im Bildungsbereich bieten wir zu schnell Übungsmöglichkeiten an, bevor die Schüler die Fertigkeit überhaupt verstanden haben. Wir machen zum Beispiel Kopfrechnen im Unterricht, indem wir sagen: „An der ersten Haltestelle steigen zehn Leute in den Bus ein, bei der nächsten Haltestelle verdoppelt sich die Menge, und bei der dritten Haltestelle steigt noch eine weitere Person dazu. An der vierten Haltestelle steigt ein Drittel der Leute aus. Wie viele Personen sind noch im Bus?" Ohne Frage werden sich die Schüler, die schon im Kopf rechnen können, durch diese Übung verbessern, aber die Übung als solche hat nichts dazu beigetragen, *den* Schülern zu helfen, die nicht wissen, wie sie im Kopf rechnen sollen. Erst das nochmalige Durchgehen an der Tafel – oder besser noch: das Durchspielen der Szene mit realen Gegenständen auf ihrem Tisch – würde diesen Schülern helfen, die Fertigkeit tatsächlich zu lernen.

Gleichermaßen können wir von Lehrern nicht erwarten, daß sie automatisch aus ihrer Erfahrung lernen; Weisheit entspringt aus dem Austauschen, dem gegenseitigen Mitteilen unserer gesammelten Reflexionen über unsere Erfahrungen. *Ohne viele Worte* stellt dies dar: eine Sammlung von Strategien und Mustern, die wir ohnehin wie selbstverständlich an solchen Tagen praktizieren, an denen wir gut in Form sind. *Ohne viele Worte* kann von Schulleitern oder Verantwortlichen für Lehrerfortbildung als *Hilfe zum Lehren der Fertigkeiten für das Unterrichtsmanagement* genutzt werden. Die zweite Hälfte des Buches unterstützt sie dabei.

Ohne viele Worte ist gedacht als Handbuch zur beruflichen Weiterentwicklung. Es kann als Alternative zur Hospitation genutzt werden, wenn es um die Bewertung des Unterrichtsmanagements geht. *Ohne viele Worte* ist so angelegt, daß diejenigen Schulen und Seminare am meisten davon profitieren, in denen ein solches Niveau von Professionalität erreicht ist, daß die Lehrer sich mit ihren Kollegen, Schul-, Fach- oder Seminarleitern über ihr berufliches Wachstum austauschen können. Dies könnte in folgenden Schritten ablaufen:

- Bestimmte Unterrichtsphasen für die angestrebte Verbesserung auswählen
- Dazugehörige Fertigkeiten auswählen
- Termine/Daten festlegen für die Bearbeitung der
- Arbeitsblätter
- Beobachtungsbögen
- Abschließende Einschätzung

Die nonverbale Pädagogik *ohne viele Worte* fördert die professionelle Entwicklung durch freiwillige Zusammenarbeit und kollegiales Coaching. Eine abschließende Einschätzung kann zusammen mit Kollegen, Schul-, Seminar- oder Fachleitern geschehen.

Ohne viele Worte kann auch dazu benutzt werden, einen Lehrer „unfreiwillig" zu Verbesserungen in einer der vier Unterrichtsphasen zu führen. Wenn Sie als Schulrat oder Schulleiter gezwungen sind, diese unfreiwillige Verwendung durchzuführen, denken Sie dabei an die Fertigkeiten, die wir bei dem Arbeitsblatt zu *Von Macht zu Einfluß* behandelt haben. Es ist in Ordnung, *Macht* einzusetzen, um jemanden (einen Lehrer oder Schüler) aufzurütteln, aber seien Sie vorsichtig, daß Sie nicht im „autoritären" Stil hängenbleiben. Wenn Sie die Aufmerksamkeit einer Person bekommen haben (denken Sie an den Esel), wechseln Sie sobald wie möglich zum *Einflußansatz*. Hier ein Planungsblatt zur Zielfindung:

Zielvereinbarung

Name der Lehrerin / des Lehrers:　　　　　　　　Zeitraum:

Schule:　　　　　　　　　　　　　　　　　　　Fach / Klasse:

Schwerpunkte der Fortbildung sind die im folgenden markierten Fertigkeiten zum Unterrichtsmanagement:

Die Aufmerksamkeit der Schüler gewinnen

Körperhaltung einfrieren (Kap. 1)

Lauter (Pause) Flüstern (Kap. 1)

Körperhaltung einfrieren: Verfeinerungen

Eröffnung mit visuellen Anweisungen

Unvollständige Sätze

Positive Kommentare

Entgiften des Klassenzimmers

Unterbrechen & Atmen

Gelbe Ampel

Unterrichten

Melden oder Zurufen (Kap. 1)

Melden oder Zurufen: Verfeinerungen

Mehr nonverbale Signale

Überlappen

Körper nah, Augen fern

Verbaler Rapport mit „schwer erreichbaren" Schülern

Aktivierende Wörter zuletzt

Übergang zur Stillarbeit

Anweisungen zur Überleitung (Kap. 1)

Die wichtigsten 20 Sekunden

Anweisungen zur Überleitung: Verfeinerungen

Anweisungen zur Überleitung für Fortgeschrittene

Aufrechterhalten einer produktiven Atmosphäre:

　Private Stimme

　Geschwindigkeit beim Gehen

　5 SEK.

Stillarbeit

AUS/Neutral/AN (Kap. 1)

Der Einflußansatz (Kap. 1)

Von Macht zu Einfluß

AUS/Neutral/AN: Verfeinerungen

Positive Verstärkung: Einzelkontakt

Positive Verstärkung: Gruppenfeedback

Eins, zwei, drei – dann ist der Lehrer frei

Phantomhand

Kollegiales Coaching

Arbeitsplan

Im folgenden wird vereinbart: wann die Lehrerin / der Lehrer die einzelnen Arbeitsblätter (Kapitel 1 bis 5) durchführt; wann und durch wen die Beobachtungsbögen ausgefüllt werden sollen; wer die abschließende Einschätzung vornehmen wird und was sie beinhalten soll.

Fertigkeit: **Arbeitsblatt:** **Beobachtung:** **Abschließende Einschätzung**

Zusätzliche Aspekte der Planung:

Unterschrift der Lehrerin/des Lehrers   Unterschrift der einschätzenden Person

3. Ausbildungsangebote

„Gewohnheit ist Gewohnheit, und man sollte sie nicht einfach aus dem Fenster werfen. Man muß sie vielmehr geduldig stufenweise herunterlocken."

Mark Twain

Das Einüben eines neuen Umgangs mit den Schülern einer Schule ist wie das Renovieren eines Hauses: Beides geht schrittweise vor sich, von einem Zimmer oder Stockwerk zum anderen. Sämtliche Aus- und Fortbildungsprogramme von *Michael Grinder & Associates* – in Europa vertreten durch das SynErgeia-Institut – haben das gleiche Ziel: das gesamte Kollegium einer Schule und die schulinternen Coaches in den *sieben Schätzen* zu trainieren. Die Coaches haben dann die Aufgabe, ihre Kolleginnen und Kollegen bei der Verfeinerung dieser Fertigkeiten zu unterstützen.

Um die Lehrerschaft einer Schule oder eines Bezirks in der *ENVoY*-Methode der nonverbalen Pädagogik zu trainieren, wird ein Minimum von drei Tagen benötigt. Dies könnte sowohl während des Schuljahrs als auch in den Ferien geschehen. Aus Zeit- und Kostengründen kann eine solche Veranstaltung allerdings nur direkt vor oder nach einem Wochenseminar mit Michael Grinder stattfinden, da er hierzu eigens aus den USA kommt.

Für die Ausbildung von schulinternen *ENVoY*-Coaches wird eine Woche während des Schuljahrs benötigt. Maximal fünf Schulen können daran teilnehmen und jeweils zwei oder drei (insgesamt maximal zwölf) Lehrer zu dieser einwöchigen Coach-Ausbildung entsenden. Idealerweise sollten diese Schulen nicht mehr als 30 Fahrminuten voneinander entfernt liegen.

Die Schulen verpflichten sich, die *ENVoY*-Coaches nach der Ausbildung für ein halbes Jahr mit drei Wochenstunden freizustellen, damit sie durch Hospitation, Supervision und Beratung dem Gesamtkollegium helfen können.

Ideale Eigenschaften des Anwärters für die Ausbildung zum ENVoY-Coach:

Einfühlsam: Wird von der Lehrerschaft anerkannt und respektiert. Es ist oft ratsam, solche Personen für die Coach-Ausbildung auszuwählen, die im Kollegium die größte Akzeptanz genießen.

Wahrnehmungsfähig: Kann Muster und Zusammenhänge erkennen zwischen den Verhaltensweisen des Lehrers (besonders nonverbal) und den darauf folgenden Reaktionen der Klasse.

Feedback: Kann wertfreies Feedback nach Robert Garmston geben, das das Glaubens- und Wertesystem des Kollegen respektiert, indem Formulierungen benutzt werden, die die Lehrkraft zu professionellem Wachstum motivieren.

„Langlebigkeit": Der Coach sollte noch eine Reihe von Jahren in der Schule oder dem Schulbezirk bleiben, damit Zeit und Geld gewinnbringend eingesetzt sind.

Sie werden selbst am besten wissen, welche der oben beschriebenen Kriterien für Ihre Schule am wichtigsten sind. Auf Wunsch kann während eines Lehrertrainings Hilfestellung bei der Auswahl von Kandidatinnen und Kandidaten für das Coach-Training gegeben werden.

ENVoY / Ohne viele Worte ist die Frucht von 5000 Unterrichtsbeobachtungen. Es versteht sich als ein Podium für gegenseitige Unterstützung in der Lehrerschaft, um professionelles Wachstum zu fördern. Daher können die Arbeitsblätter auch modifiziert werden, um Ihren besonderen Bedingungen vor Ort gerecht zu werden.

Wenn Sie an einer Ausbildung durch den Autor interessiert sind, senden Sie bitte den auf der folgenden Seite abgedruckten Info-Scheck ausgefüllt an Rudolf Schulte-Pelkum, den von Michael Grinder autorisierten Direktor des *ENVoY*-Trainingsprogramms für Europa. Sie erhalten dann nähere Informationen.

4. Michael-Grinder-Videos

ENVoY: Nonverbale Maßstäbe für ein produktives Lernklima
Videoserie von und mit Michael Grinder
Eine Koproduktion von *Michael Grinder & Associates* und dem SynErgeia-Institut, Bochum

Diese dreiteilige Videoserie wurde in professioneller Qualität während eines Trainingsseminars im Herbst 1994 in Deutschland erstellt. Sie folgt der Darstellung im vorliegenden Buch und demonstriert anschaulich die in Kapitel 1 bis 5 vermittelten Fertigkeiten. Michael Grinder wird dabei simultan übersetzt von der Übersetzerin dieses Buches, Gabriele Dolke.

Video 1: Die sieben Schätze (ca. 60 Minuten)

Einführung in die unterschiedlichen Lerntypen

Vorstellung der sieben Grundfertigkeiten aus Kapitel 1 mit Schaubildern und Hintergrundinformationen

Praktische Übungen unter Mitwirkung von Teilnehmern des Trainingsseminars

Video 2: Aufmerksamkeit bekommen und Unterrichten – Verfeinerungen (ca. 60 Min.)

Sieben Verfeinerungen zu *Aufmerksamkeit gewinnen* (Kapitel 2)

Sechs Verfeinerungen zu *Unterrichten* (Kapitel 3)

Video 3: Übergang zur Stillarbeit und Stillarbeit – Verfeinerungen (ca. 60 Minuten)

Fünf Verfeinerungen zu *Übergang zur Stillarbeit* (Kapitel 4)

Vorstellung von Kapitel 5

Nähere Informationen zu dieser Videoserie können Sie ebenfalls beim SynErgeia-Institut mit dem nachfolgend abgedruckten Info-Scheck oder per Tel./Fax anfordern.

Info-Scheck für ENVoY-Ausbildung und ENVoY-Videos

Name der Schule / Organisation:

Adresse:

Telefon (tagsüber):   Fax:

Kontaktperson (mit Angabe der Position innerhalb der Schule oder Organisation):

Wir interessieren uns für folgende Fortbildungsmöglichkeit(en):
- eintägige Einführung
- Minimum von 3 Trainingstagen
- voller Lehrgang von 4 Tagen
- 3-4tägiges Training, gefolgt von einer fünftägigen Coach-Ausbildung vor Ort

Unsere Rahmenbedingungen für die Fortbildung:

    Einzelne Schule / Einrichtung mit _____ Lehrkräften

    Mehrere Schulen, und zwar ...

        wieviele:

        wieviele Fahrminuten voneinander entfernt:

        mit wieviel Lehrern pro Schule:

    Sonstiges (bitte nennen Sie Details):

Bitte beschreiben Sie kurz, welche Modelle von kollegialem Coaching gegebenenfalls bereits in Ihrer Schule / Organisation eingesetzt werden:

( ) Ich bitte um nähere Informationen zur Videoserie
    ENVoY: Nonverbale Maßstäbe für ein produktives Lernklima.

Senden Sie dieses Formular an: SynErgeia-Institut, Rudolf Schlte-Pelkum, Freiligrathstr. 24 A, D-44791 Bochum, Tel: 02 34 - 51 06 95 (Anrufbeantworter), Fax: 02 34 - 51 06 43

5. Feedback

Die Fertigkeiten von *ENVoY/Ohne viele Worte* sind durch vielfältige praktische Versuche mit einzelnen Lehrern, ganzen Kollegien und Schulbezirken erprobt. Wir wissen, daß die Fertigkeiten am erfolgreichsten umgesetzt werden, wenn Lehrerinnen und Lehrer zuerst an einer innerschulischen Fortbildung teilnehmen und anschließend in ihrer Klasse „gecoacht" werden. Wir sind jedoch erstaunt über den Erfolg, den Lehrer und Lehrerinnen auch ohne Coaching erreichen.

Da *ENVoY/Ohne viele Worte* die gesammelte Weisheit unseres Berufsstandes in bezug auf nonverbales Unterrichtsmanagement darstellen soll, ist Ihre Rückmeldung ein Beitrag dazu, dieses Wissen zu erweitern. Es ist uns bewußt, daß Ihre individuellen Kommentare ein besonderes „Dankeschön" verdienen. Nehmen Sie dieses „Dankeschön" im voraus von Ihren Kollegen und von *Michael Grinder & Associates*!

Feedback-Fragebogen

Absender:

Schul- oder private Anschrift:

Klasse, Fächer oder Position:

Wie lange arbeiten Sie schon mit *ENVoY/Ohne viele Worte*?

Wie erfolgte die Umsetzung?   (bitte markieren)

    allein

    mit 2 oder 3 anderen Kolleginnen/Kollegen

    mit dem gesamten Kollegium

    im ganzen Bezirk

    mit einem zertifizierten *ENVoY*-Coach

Markieren Sie bitte gegebenenfalls, an welcher Art Training Sie teilgenommen haben:

    kein Training   1 Tag   3 Tage   4 Tage   mehr als 4 Tage

Parallel zum Buch wurden ein oder mehrere Videos eingesetzt:

    Video 1   Video 2   Video 3

Bitte füllen Sie die umseitig abgedruckte Bewertungstabelle aus!

Für zusätzliche Kommentare, Anmerkungen und Anregungen wären wir sehr dankbar, ebenfalls für Kommentare zu den Zeichnungen.

Bitte schicken Sie diese freiwillige Rückmeldung an:
SynErgeia-Institut, Rudolf Schulte-Pelkum, Freiligrathstraße 24 A, D-44791 Bochum

Bewertungstabelle

Nützlichkeit	Klarheit	
		Nützlichkeit: S = sehr nützlich, N = nützlich, D = durchschnittlich, NZ = nicht zutreffend
		Klarheit: K = klar, D = durchschnittlich, BÜ = bedarf einer Überarbeitung

Nützlichkeit	Klarheit	
		1. Die sieben Schätze
		Körperhaltung einfrieren
		Lauter (Pause) Flüstern
		Melden oder Zurufen
		Die wichtigsten 20 Sekunden
		AUS/Neutral/AN
		Einflußansatz
		2. Aufmerksamkeit gewinnen
		Körperhaltung einfrieren: Verfeinerungen
		Eröffnung mit visuellen Anweisungen
		Unvollständige Sätze
		Positive Kommentare
		Entgiften des Klassenzimmers
		Unterbrechen & Atmen
		Gelbe Ampel
		3. Unterrichten
		Melden oder Zurufen: Verfeinerungen
		Mehr nonverbale Signale
		Überlappen
		Körper nah, Augen fern
		Verbaler Rapport mit „schwer erreichbaren" Schülern
		Aktivierende Wörter zuletzt
		4. Übergang zur Stillarbeit
		Anweisungen zur Überleitung: Verfeinerungen
		Anweisungen zur Überleitung für Fortgeschrittene
		Aufrechterhalten einer produktiven Atmosphäre
		Private Stimme
		Geschwindigkeit beim Gehen
		5 SEK.
		5. Stillarbeit
		Von Macht zu Einfluß
		AUS/Neutral/AN: Verfeinerungen
		Positive Verstärkung: Einzelkontakt
		Positive Verstärkung: Gruppenfeedback
		Eins, zwei, drei – dann ist der Lehrer frei
		Phantomhand

6. Be-merkens-werte Zitate

Effektives Unterrichtsmanagement heißt: *leise* sein wie eine Maus. (S. 12)

Irrtümlich lieben wir den Einfluß von Macht, doch sollten wir die Macht des Einflusses lieben. (S. 13)

Aus welcher Quelle entspringt die Kompetenz im Beruf? Aus unseren kollektiven, einsichtsvollen Reflexionen über unsere Erfahrungen. (S. 14)

Wenn wir den Unterricht unserer Kollegen besuchen, wird uns dies befähigen, den Prozeß-„Wald" von den Inhalts-„Bäumen" zu unterscheiden. (S. 14)

Ein Straßenschild muß nicht selbst an dem Zielort, den es anzeigt, gewesen sein, um jemandem den Weg dorthin zu weisen. (S. 16)

Die systematische Anwendung nonverbaler Signale ist die Essenz meisterhafter Kommunikation. (S. 22)

Die wirkungsvollste nonverbale Fertigkeit ist die P A U S E. (S. 22)

Lehrer sind Saisonarbeiter, deren Zunge als allererstes Körperteil müde wird und sich abnutzt. (S. 37)

Es gelingt Kindern immer, unsere Aufmerksamkeit auf sich ziehen; die Frage, ob sie positiv oder negativ ist, hängt davon ab, wie schnell und häufig wir sie ihnen geben. (S. 45)

Eine Klasse ans Werk zu bringen ist etwas ähnliches wie ein Schiff vom Dock loszumachen und auf die Reise zu schicken: Je besser die zeitliche Abstimmung mit Ebbe und Flut, um so leichter wird die Reise. (S. 49)

Wir werden nicht dafür bezahlt, beim Disziplinieren etwas zu fühlen. (S. 49)

Vermeiden Sie den „Overkill": auf Spatzen mit Kanonen schießen. (S. 49)

Die Produktivität, die in der Stillarbeit entsteht, ist ein Nebenprodukt unserer Navigation während der Zeit, in der wir den Hafen des Unterrichtens verlassen und in Richtung Stillarbeit segeln. (S. 899)

Eines der Ziele unseres Ansatzes ist, in unserem Beruf den Wechsel zu vollziehen vom Disziplinieren mit *Macht* zum Management mit *Einfluß*. (S. 89)

Wenn Lehrer *Macht* ausüben, um Schüler wieder AN ihre Arbeit zu führen, binden sie sich quasi selbst die Hände, indem sie sich zum Auslöser für das gehorsame Verhalten des Schülers machen. Wenn wir die Methode des *Einfluß*nehmens benutzen, bringen wir die Schüler dazu zu glauben, daß sie sich selbst motivieren. (S. 103)

Im Bildungsbereich herrscht der Glaube, es gäbe eine „Systemlösung" für die Leiden in unseren Klassen; daher entpuppt sich die alljährliche Reise zu einem pädagogischen Mekka nur immer wieder als eine neue, kurzlebige Erziehungsmode. ... „Systeme" haben keine Auswirkung auf die Gruppe der „Problemschüler" – nur Beziehungen! (S. 103)

Die Frage eines *Lehrplans für kinästhetische Schüler* liegt gegenwärtig außerhalb des Blickfeldes der Schule. Diesen Schülern werden ihre Rechte entzogen, denn sie können durch Schulerfolg keine Anerkennung bekommen. Als Pädagogen haben wir die Wahl, *Beziehungen* herzustellen. (S. 104)

Der extrem rechtshemisphärische, kinästhetische Schüler lebt in einer anderen Welt, er gehört zu den Mitgliedern des „ASW-Clubs". [ASW = Alles-selbermachen-Wollen oder Anfassen-schafft-Wissen oder Ablenkbare-Selbstunterhalter+Warumfrager oder Aufmerksamkeit-schnell-weg oder Außer-sinnliche Wahrnehmung ...; in Anlehnung an das engl. Wortspiel *ESP Club* = *Extra Sensory Perception* oder *Earth as Second Planet* ...] (S. 107)

Die nonverbale Pädagogik *ohne viele Worte* vermittelt einen Ansatz, der Pädagogen dazu anregen möchte, sich nicht mehr als Bastionen von *Macht* zu sehen, sondern als Begleiter und Wegbereiter mit *Einfluß*. (S. 131)

Wir müssen uns von innen heraus entwickeln; wir brauchen Systeme, die uns befähigen, von dem Reichtum an Fähigkeiten zu profitieren, die in den Klassenzimmern sozusagen wie auf einsamen Inseln verborgen liegen. Nur durch Prozesse des Austauschens, des Miteinanderteilens und der gegenseitigen Unterstützung kann das gemeinsame Potential an Wissen, Erkenntnis, Erfahrung, Kompetenz und Weisheit eines Kollegiums in Erscheinung treten. (S. 131)

Man kann den Unterricht sozusagen durch ein pädagogisches Fernglas betrachten. *Ohne viele Worte* fokussiert die Disziplinierungs- und Managementaspekte des Lernumfelds. Genauso wichtig ist jedoch die andere pädagogische Perspektive – das Curriculum. Ein *Lehrer* kann nur dann ein *erfolg*reicher Pädagoge sein, wenn er es schafft, den *Schüler* zu einer Arbeit zu motivieren, bei der der Schüler *Erfolg*serlebnisse hat. (S. 131)

Ein ENVoY-Coach unterstützt seine Kollegen bei ihrer professionellen Entwicklung und läßt sie selbst entscheiden, in welchen Bereichen sie sich weiterentwickeln möchten. (S. 135)

Ohne viele Worte soll ein pädagogisches Feinschmeckerbuffet sein, aus dem jede Lehrerin sich die Themen und Ideen auswählen kann, die in ihr Repertoire passen. (S. 199)

Manchmal ist es so frustrierend daß man als Lehrer nicht das tun kann, was man liebt: unterrichten. Lehrer lieben es, anderen etwas weiterzugeben, sie zu unterstützen und Dinge zu ermöglichen. (S. 208)

Unser Beruf braucht Lehrer und Lehrerinnen mit einem großem Herzen, die auch wissen, wie sie für sich selbst sorgen können. ... Je realistischer wir unseren Einflußbereich sehen können, desto stolzer können wir auf das sein, was uns zu tun möglich ist – was uns wiederum zu stärkerer Motivation führt. (S. 208 u. 115)

Unser Berufsstand ist dafür berühmt, daß wir aufgrund „philosophischer" Erwägungen Dinge tun, an die wir glauben, selbst wenn sie im Hinblick auf unsere Zeit und Energie wenig effektiv sind. (S. 209)

7. Stichwortverzeichnis

Dieses Verzeichnis bezieht sich nur auf Teil I (Arbeitsblätter). Außerdem sind nur solche Fundstellen angegeben, die nicht bereits aus dem Inhaltsverzeichnis zu ersehen sind.

Abgang in zwei Stufen   117

Amnesie   63

Ampel   121

Atmen   149 f.

Anweisungen zur Überleitung   17

Aufwärmübungen   53

Bellamy, Peter   123

Beobachtungsfertigkeiten   16, 109

Berührung:

    Bäuerchen   127, 129

    Abwischen   127, 129

Bessere Taktik   32, 34

Bestandsaufnahme   33, 144

Coaching   14, 21, 131, 241, 244

Copyright   16, 134

Curriculum   104, 131, 199

Dissoziieren   17, 49, 60

Einflußansatz   13, 17, 89, 103, 113, 115, 121

Einzeldisziplinierung   64

Elmore, Dr. Richard   131

Entgiften   17, 49

Erst versteckt, dann aufgedeckt   92

Feedback   14, 112, 121, 133 f.

Freiwilligkeit   131 f.

Graphische Darstellungen   92

Gruppendisziplinierung   60, 63

Hemisphärentheorie   17

Horrortag   29

Impuls   32 f.

Interesse   70 ff., 82

Inventur   33, 144

Jugendliche   84

Kopiererlaubnis   16, 134

Kongruenz   50

Lehrervortrag   31

Livingstone, Dr.   109

Lob   59, 119, 134

Machtansatz   13, 18, 89, 103, 113, 121

McAuliffe, Christa   115

Mumford, Lewis   103

Nachfragen   37, 91

Neutraler Zustand   18

NLP   18

Optimale Technik   32, 35

Stichwortverzeichnis

Pacing 29

Pause 21, 22, 57 f., 100, 122

Phasen einer Unterrichtsstunde 15, 22

Positiver Kontakt 45 ff., 117, 125

Punkt-zu-Punkt-Methode 114, 116

Rechtshemisphärische Tage 19, 29, 54, 57, 87, 122

Rollenspiel 125

Schilder (mit Folie) 38, 53, 79, 92

Schüler:

    Gruppe H 114 ff.

    Gruppe H & D 114 ff.

    Gruppe D 114 ff.

    kinästhetische 18, 41 f., 45, 78, 81, 103 f., 107, 110, 119, 125

    marginale 43, 47, 105, 119, 128

    rechtshemisphärische 82, 84, 92, 107, 119

    Problemschüler 18, 42, 107, 109, 117

Schreien im Notfall 65

Seneca 89

Sicherster Weg 32, 34

Silberman, Charles E. 49

Stehen, atmen und durch die Klasse schauen 101

Still hinzeigen 91

Syndrom der negativen Verstärkung 18, 45 f., 117

Szenario eines Horrortages 29

Timing 85, 104 f., 109, 112

Twain, Mark 21

Unterbrechen & Atmen 19, 49

Unterrichtsmanagement 12, 75, 81, 241

Unvollständige Sätze 65

Unter Zeitdruck 55

Vakuumpause 19, 110 ff.

Verkehrspolizist 32, 50, 87, 121, 123

Videoserie 16

8. Über den Autor

Michael Grinder ist *National Director of NLP in Education* in den USA und Entwickler einer nonverbalen Pädagogik. Er studierte Theologie und Pädagogik an der Loyola-Universität. Nachdem er 17 Jahre lang in allen Schulstufen unterrichtet hatte, arbeitete er in den vergangenen 11 Jahren international als Berater an Schulen, Aus- und Fortbildungsinstituten und spezialisierte sich besonders im Bereich der „Problemschüler". Der gefragte Seminarleiter hat es sich zur Aufgabe gemacht, die Prinzipien des NLP im Bereich der Erziehung und Bildung zu erforschen und in ihrer Anwendung weiterzuentwickeln. In mittlerweile mehr als 5000 Unterrichtsbeobachtungen hat Michael Grinder Muster erfolgreichen Unterrichtens herausgearbeitet. Immer präziser verfeinert er diese Modelle effektiver Kommunikation, die den Lernstilen der Schüler entsprechen, wie er sie in seinem ersten Buch, *NLP für Lehrer* (VAK), beschrieben hat. Seine aktuelle Forschung (NLP-Coaching für Lehrer) konzentriert sich auf die Entwicklung von Lehrer-Schüler-Beziehungen, die Gewinn für beide Seiten mit sich bringen. (*win-win*) Solche Beziehungen werden durch den systematischen Einsatz der Techniken zum nonverbalen Unterrichtsmanagement, der Kommunikation *ohne viele Worte*, ermöglicht.

Michael Grinder:
NLP für Lehrer. Ein praxisorientiertes Arbeitsbuch

Dieser „Lehrgang" für Neurolinguistisches Programmieren wendet sich an alle, die in Lehre und Erziehung tätig sind. Aus seinen langjährigen Erfahrungen als Lehrer und NLP-Trainer hat Michael Grinder hier die wirkungsvollsten Unterrichtstechniken und (nonverbalen) Kommunikationsmuster zusammengestellt.

Aus dem Vorwort von John Grinder (Mitbegründer des NLP und Bruder des Autors):
„Michael Grinder hat meiner Ansicht nach mit diesem Buch etwas Außerordentliches geschaffen. Der Leser bekommt klare, ausführliche Anleitungen, damit er die bevorzugte Lernmethode seiner Schüler besser erkennen und definieren und in seinem (Lehrer-)Verhalten dem Schüler auf halbem Wege entgegenkommen kann. Das Ergebnis ist vielfältig: der Schüler bringt bessere Leistungen, und der Lehrer baut seine Beziehung zum Schüler aus..."

4. Auflage 1995, 226 Seiten, 30 Abb., 85 Arbeitsblätter, Paperback mit Fadenheftung (21 x 29,2 cm), 49,80 DM/49,80 sFr/364,- öS, ISBN 3-924077-21-5

Linda Lloyd:
Des Lehrers Wundertüte. NLP macht Schule

Mit NLP läßt sich wirkungsvoller unterrichten. Dieses Buch bietet dazu eine Wundertüte voller Ideen. Wie sie ein positives Bild von jedem Schüler gewinnen und es verwirklichen; woran Sie erkennen, wie Ihre Schüler denken, und wie Sie sie wirklich erreichen; wie Sie die gewünschten Antworten bekommen und unerwünschte Gewohnheiten verändern – Lehrer lernen hier die Grundelemente des Neurolinguistischen Programmierens und deren spielerische Vermittlung an ihre Schüler. Ein Leitfaden zur Erarbeitung der NLP-Techniken, angelegt auf ein Schuljahr, mit 38 Wochenplänen für die tägliche Unterrichtsvorbereitung.

4. Auflage 1996, 134 Seiten, 59 Abb. und 38 Arbeitsblätter, Paperback mit Fadenheftung (21 x 29,2 cm) 39,80 DM/37,- sFr/291,- öS, ISBN 3-924077-26-6

Dawna Markova:
Wie Kinder lernen. Eine Entdeckungsreise für Eltern und Lehrer

In den meisten Kindern schlummern Talente, die bisher niemand erkannt hat. Im traditionellen Schulunterricht wird nur wenig dafür getan, Begabungen, die außerhalb des geforderten Leistungsprofils liegen, zu fördern und so den Kindern ein erfolgreiches und lustvolles Lernen zu ermöglichen.

Dieses Buch richtet sich an Eltern und Lehrer, die sich damit nicht zufrieden geben wollen. Mit vielen Beispielen aus der Praxis und klar strukturiertem Anschauungsmaterial wird das Lernen so zu einer Entdeckungsreise für Eltern, Lehrer und Kinder.

1996, 168 Seiten, Paperback (13 x 20,5 cm), 36,- DM/36,- sFr/263,- öS, ISBN 3-924077-84-3

Lauren Bradway, Barbara Albers Hill:
Lernen wie von selbst. Wahrnehmungsstile spielend fördern. Materialien und Ideen für Kinder jeden Alters

Kinder verfügen – oft schon von Geburt an – über ausgeprägte, höchst individuelle Wahrnehmungsstile: Sie sind Seh-, Hör- oder Bewegungstypen. Nun kann es vorkommen, daß ein Kind durch die Bevorzugung eines Wahrnehmungskanals nicht all seine Möglichkeiten ausschöpft oder daß es sogar zu Lernstörungen in bestimmten Bereichen kommt.

Bradway und Hill, beide erfahrene Kinderpsychologinnen, entwickeln eine Checkliste, anhand derer einführend die Wahrnehmungsstile von Eltern und Kind erkundet werden können. Sie stellen Fördermöglichkeiten dar, mit dem Ziel, dem Kind alle Wahrnehmungskanäle verfügbar zu machen. Wird ein Kind in der dargestellten Weise unterstützt, kann Lernen wirklich wie von selbst geschehen, und das Kind bzw. der Jugendliche kann die eigene Einzigartigkeit selbstbewußt und glücklich erleben.

1997, ca. 350 Seiten mit zahlreichen Tabellen und Checklisten, Paperback, 15 x 21,5, ca. 39,80 DM/37,- sFr/291,- öS, ISBN 3-932098-00-5

Carla Hannaford:
Bewegung – das Tor zum Lernen

Die Entdeckung, daß Bewegung nicht nur das Lernen, sondern auch Kreativität, Gesundheit und Streßmanagement entscheidend verbessert, hat direkte Auswirkungen für die verschiedensten Kreise: für Geschäftsleute, die mit Streß fertig werden und dabei produktiv sein wollen; für alte Menschen, die ihr klares Denken, ihr Gedächtnis und ihre Vitalität behalten möchten; für Pädagogen, Lehrer und Eltern, die auf eine gesunde Entwicklung ihrer Kinder bedacht sind; und schließlich für die Kinder und Erwachsenen, denen leichtfertig „Lernstörungen" oder „Verhaltensstörungen" attestiert werden, als seien dies Krankheiten. Allen diesen Betroffenen zeigt das Buch einen Weg, Verantwortung für ihr Leben zu übernehmen und ihre Fähigkeiten zum Lernen und zu schöpferischer Tätigkeit gezielt auszubilden

1. Auflage 1996, 278 Seiten, 43 Abbildungen, Paperback (15 x 21,5 cm),
39,– DM/37,– sFr/291,– öS, ISBN 3-924077-93-2

Christina Buchner:
Brain-Gym® & Co. – kinderleicht ans Kind gebracht

Immer mehr Kinder brauchen gezielte Lernförderung. Immer mehr Lehrer interessieren sich für alternative pädagogische Ansätze, darunter auch für die Kinesiologie. Manche Lehrer, die Brain-Gym® in der Schule einsetzen wollen, machen die frustrierende Erfahrung, daß die Übungen gerade bei denjenigen Schülern nicht „ankommen", die die Übungen am dringendsten bräuchten.

Diesen Lehrern zeigt Christina Buchner Wege, wie sie einige zentrale kinesiologische Übungen auf einfache und spielerische Weise in ihren Unterricht einführen können: Freie und unreglementierte Bewegungen lassen die Wirkung von Bewegung überhaupt erst einmal spüren. Langsamer Übungsaufbau vermeidet die Frustration des Nicht-Könnens. Die Beschränkung auf wenige Kategorien macht Brain-Gym® überschaubar, und für die Kinder wird die Zunahme eigener körperlicher Fähigkeiten erlebbar. – Dieses Buch könnte *das* Praxishandbuch werden.

1997, ca. 240 Seiten, ca. 100 Fotos und zahlreiche Skizzen, Paperback, 18 x 24,5 cm,
ca. 42,– DM/39,– sFr/307,– öS, ISBN 3-932098-01-3

Joyce Wycoff:
Gedanken-Striche.
Auf neue Ideen kommen, Probleme lösen – mit Mindmapping

Mindmapping ist eine Methode zum schnellen, spontanen Skizzieren von Assoziationen, Gedanken und Ideen in Strichzeichnungen. *Mindmapping* erschließt Ihr ganzes Gehirn und bahnt Ihnen den Weg: zu kreativem Lösen beruflicher und persönlicher Probleme; zu mehr Klarheit in Entscheidungsprozessen; zu einem Ideenfeuerwerk, das alte Denkgewohnheiten sprengt; zur Verbesserung von Gedächtnis und Konzentration; zu größerem Organisationsgeschick. Wenn Ihr beruflicher und privater Alltag Ihnen immer wieder neue, schwierig erscheinende Aufgaben stellt – *Mindmapping* bringt Sie mit wenigen Strichen auf bessere Gedanken und läßt Sie effektiv handeln.

1993, 183 Seiten, 23 Abb., Paperback (15 x 22 cm),
34,– DM/34,– sFr/248,– öS, ISBN 3-924077-48-7

Das IAK INSTITUT FÜR ANGEWANDTE KINESIOLOGIE GmbH, Freiburg, veranstaltet laufend Kurse in *Touch For Health (Gesund durch Berühren)*, in *Edu-Kinestetik*, in *Entwicklungskinesiologie* und in vielen anderen Bereichen der Angewandten Kinesiologie. Dank enger persönlicher Kontakte zu den Pionieren der AK ist das Institut in der Lage, ständig die neuesten Entwicklungen auf diesem Gebiet zu präsentieren.

Außerdem fördert das Institut die Verbreitung der Angewandten Kinesiologie im deutschsprachigen Raum durch Literaturempfehlungen und Adressenvermittlung.

Wer an der Arbeit des Instituts interessiert ist, kann kostenlose Unterlagen anfordern bei:

IAK Institut für Angewandte Kinesiologie GmbH, Freiburg
Zasiusstraße 67, D-79102 Freiburg, Telefon 07 61-733 08, Telefax 07 61-70 63 84